A New Simpler French Course

BY

W. F. H. WHITMARSH, M.A.
LICENCIÉ ÈS LETTRES

LONGMAN

LONGMAN GROUP LIMITED
London

*Associated companies, branches and representatives
throughout the world*

*First published 1960
Eighth impression 1971*

ISBN 0 582 36093 5

PRINTED AND BOUND IN GREAT BRITAIN BY
HAZELL WATSON AND VINEY LTD
AYLESBURY, BUCKS

PREFACE

This work has been planned to be useful to the greatest number. The range of expression, both as regards vocabulary and grammar, was determined by an analysis of a large number of Examination papers set by the various Boards. This was a reasonable procedure since Examiners have learned by tradition and experience the limits within which the candidates are likely to achieve a fair degree of success.

The different Boards set their own types of test. It is not possible in one volume to provide full material for each and every Examination, but one may claim that in the present work the essential elements of the subject are dealt with in a thorough manner.

In each of the working Sections a start is made with relatively simple material and there is a gentle gradation to a higher standard, though none of the work can be described as over-difficult. Thus the slower pupils will have the grade of work which suits them, while the brighter classes may quickly cover the simpler material, profiting by a rapid revision of essential vocabulary, idiom and grammar.

OBSERVATIONS ON THE VARIOUS SECTIONS

SECTION I. FRENCH PASSAGES FOR TRANSLATION

The earlier passages are fairly simple. The vocabulary consists mostly of high-frequency words, while the constructions and idioms belong to the essential core of French. The texts gradually become more difficult, though even the later ones are not really hard.

SECTION II. FRENCH PASSAGES FOR TESTS IN COMPREHENSION

These passages are for obvious reasons somewhat longer and more difficult. Nevertheless, care has been taken to keep the language on essential lines, so that the pupils may read the stories with general profit. The prose passages are followed by one set of questions in French and one in English, to be used as the particular Examination requires. Comprehension of the poems is tested in English only.

SECTION III. EXERCISES IN FRENCH GRAMMAR AND COMPOSITION

Composition is of course difficult, and many candidates make a very poor showing in this part of the Examination. The author has given careful thought to the problem confronting the teacher beginning with a new Fifth Form, viz. how to set about revising and consolidating, with a view to establishing a good standard of accuracy in *thème*.

Rather than focus attention on a particular topic of grammar, the method here is to practise simultaneously the elements of the simple sentence, gradually widening the scope until a fair range of expression has been covered. Thus each of the 36 Lessons composing this Section contains several brief grammatical exercises followed by two short *thèmes*. The method is closely constructive, the points already dealt with recurring with the maximum frequency space allows.

The Subjunctive is introduced in the last few lessons. The teacher may decide to deal with the Subjunctive somewhat earlier, and in general the order of work may be varied as the teacher finds fit.

Few classes will work through the whole Section in a year. Each class will cover the proportion of the Lessons its capacity permits. Even if only 15 Lessons are done, the pupils will be able to face the Examination with a degree of confidence, since they will have practised most of the things which are ever likely to come up.

SECTION IV. FREE COMPOSITION

Success in this exercise depends to a large extent on wise guidance and careful preparation in class. The pupils should be directed into the way of keeping within their limitations, seeing the whole incident in their imagination, plotting the main divisions and then writing up the story in known language-patterns. One questions whether it is profitable to give them long lists of things they may be able to bring in. For these reasons the author has confined himself to a general note on method, a note on the use of tenses in narrative and a generous selection of subjects.

SECTION V. GRAMMAR

Average classes may confine themselves to the essentials, which are in larger print. Points of less frequent occurrence are in smaller print. A comprehensive survey must include these points, which may be assimilated by the brighter pupils and form a foundation for more advanced *thème*.

VOCABULARY

A full Vocabulary is provided. The English-French part has been made as helpful as possible by the inclusion of idioms and examples showing characteristic constructions.

In conclusion one may say that the book provides a maximum, which few classes will get through in a year. Yet provision is made for each class, however slow, to work within its powers and use its time to the best advantage.

W.F.H.W.

CONTENTS

SECTION ONE
FRENCH PASSAGES FOR TRANSLATION

SECTION TWO
FRENCH PASSAGES FOR TESTS IN COMPREHENSION

SECTION THREE
EXERCISES IN GRAMMAR AND COMPOSITION

SECTION FOUR
FREE COMPOSITION

SECTION FIVE
GRAMMAR

ix

VOCABULARY

ACKNOWLEDGMENTS

The author and publishers express their gratitude to the following, who have granted them permission to reproduce extracts from copyright works:

M. Eugène Fasquelle, éditeur, for an extract from *Topaze* by Marcel Pagnol.

M. Max Fischer, for an extract from *Dans l'Ascenseur* by Max and Alex Fischer.

M. Bernard Grasset, éditeur, for an extract from *Seul, à travers l'Atlantique* by Alain Gerbault.

MM. Hachette et Cie, éditeurs, for an extract from *Les Carnets du Major Thompson* by Pierre Daninos.

Presses de la Cité, for an extract from *Les Vacances de Maigret* by Georges Simenon.

We have been unable to trace the coypright owners of *L'Evasion du Capitaine Lux* and would welcome any information which would enable us to obtain and acknowledge formal permission to reproduce the passage from this book.

We are also indebted to the Oxford and Cambridge Schools Examination Board for permission to reproduce one passage of French.

FRENCH PASSAGES FOR TRANSLATION

1. LA BAGUE D'OR

« Pardon, monsieur, voulez-vous me passer du feu, s'il vous plaît ? »

Monsieur Gavel s'arrêta, prêta à l'homme sa boîte d'allumettes. Celui-ci alluma sa cigarette, rendit les allumettes. Monsieur Gavel allait continuer son chemin, mais l'autre lui toucha le bras et lui dit:

« Un instant, monsieur, s'il vous plaît. Dites, vous ne voulez pas acheter une jolie bague d'or pour madame ? J'en ai une que je veux vendre.

— Merci, merci, dit vivement monsieur Gavel, ma femme n'a plus besoin de bagues. »

Mais l'homme insista:

« Mais je vous assure, monsieur, que c'est pour rien. Je vais vous expliquer. Tout près d'ici nous démolissons une vieille maison. Ce matin, pendant que je travaillais, j'y ai trouvé cette bague.»

Il mit la main dans sa poche et en tira une bague:

« Tenez! Prenez-la, monsieur, dit-il, oui, prenez-la! Elle est bien lourde, n'est-ce pas ? C'est de l'or, ça. C'est une bague magnifique.»

Monsieur Gavel prit la bague et l'examina. Elle était en effet bien lourde. Était-ce de l'or ou non ?

« Vous voulez la vendre? dit monsieur Gavel. Combien en demandez-vous ?

— Cinquante francs. C'est pour rien, vous savez. Chez le bijoutier vous verrez des bagues comme ça à trois, quatre, cinq cents francs.

— Pourquoi donc ne la vendez-vous pas à un bijoutier ? demanda monsieur Gavel.

—Ah, monsieur, cela présente des difficultés. On ne vend pas facilement les objets trouvés.

— Eh bien, pourquoi essayez-vous de me la vendre, à moi?

— Parce que, si vous l'achetez, personne ne le saura, sauf vous et moi.

— Je veux bien l'acheter, dit monsieur Gavel. Seulement je veux m'assurer que je puis le faire sans danger. Venez avec moi, voulez-vous? Nous irons ensemble au poste de police.»

L'homme le regarda un instant avec de gros yeux étonnés, puis, sans dire un mot, il se sauva.

2. LE CAR DE SEPT HEURES

L'hôtelier n'eut aucune difficulté à nous persuader de ne pas entreprendre cette promenade; seulement nous n'avions aucune envie de passer la nuit chez lui: nous voulions retourner à l'hôtel Bristol. Nous sortîmes dans la rue.

«Ah! voilà l'horaire des *Cars Bleus*! dit Chamard. Voyons, il y a un car à sept heures, nous pourrons prendre celui-là. »

Nous attendîmes. Aucun car n'arriva à sept heures. Sept heures et quart . . . sept heures et demie: toujours pas de car. Nous rentrâmes dans le café. J'appelai le patron, je lui demandai si le car avait souvent du retard.

« Quel car, monsieur? dit-il. Il n'y a plus de car ce soir!

— Mais si, regardez l'horaire. Il y a un car à sept heures.

— Mais non, dit-il, le dernier car part d'ici à seize heures: il n'y a pas de car à dix-neuf heures. Ce que vous voyez ici, sept heures, c'est sept heures du matin! . . . Voyez-vous, messieurs, il faudra bien rester chez moi, n'est-ce pas?

— Mais, dis-je, n'y a-t-il pas de taxi dans le village?

— Hélas, non, monsieur.

— Mais, vous-même, vous avez une voiture. Vous pourriez peut-être. . . .

— Oui, il est vrai que j'ai une voiture; malheureusement elle est en panne, elle ne marche plus. . . . Mais j'ai le téléphone! Vous devriez peut-être téléphoner à votre hôtel. . . . »

Nous y passâmes la nuit. Nous mangeâmes bien, nous dormîmes bien. Le lendemain matin nous prîmes le car de neuf heures, pas celui de sept heures. En montant dans le car, je vis une jolie petite auto sortir de la cour de l'hôtel. Elle marchait fort bien, on n'entendait pas son moteur. C'est le patron qui conduisait. Il nous sourit et nous fit un petit signe amical.

3. UN DOMESTIQUE HONNÊTE

BAPTISTE. Voilà le café de monsieur!

ROUSSEL. Bon! . . . Mais qu'est-ce que c'est que ça? Qu'est-ce que c'est que ce billet de dix francs sur le plateau?

BAPTISTE. Oui, monsieur, c'est un billet que j'ai trouvé ce matin dans la poche de monsieur en brossant le pantalon de monsieur.

ROUSSEL. Qu'est-ce que tu me racontes là? Je n'ai pas quitté mon pantalon depuis hier soir: je ne me suis pas couché!

BAPTISTE. Alors, monsieur, je voulais dire. . . . J'ai trouvé ce billet dans le cabinet de travail de monsieur. . . .

ROUSSEL. Qu'est-ce que tout cela signifie? Tu mens! Allons, dis-moi la vérité! L'as-tu volé, ce billet?

BAPTISTE. Ah, monsieur, ne me traitez pas de voleur. Il est vrai que j'ai trouvé ce billet la semaine dernière, en balayant, et je l'ai gardé. Mais je vous prie de croire que depuis huit jours je ne mange plus, je ne dors plus. Monsieur voit bien qu'au fond je suis un honnête homme, puisque je lui rends son argent sans y être forcé.

ROUSSEL. Oui, Baptiste, je suis persuadé qu'au fond tu es un brave garçon. Je vais te donner une augmentation. Dors bien, mange de bon appétit. Maintenant va me chercher un poulet et une bouteille de bordeaux.

D'après EMILE AUGIER

4. LE CHIEN ENRAGÉ

Oui, j'ai vu cela. Laisse-moi raconter.

Il était près de deux heures. Monsieur Luchon, le notaire, est sorti de chez lui pour se promener un peu sur la place. Il

y a vu le chien de Thomas.   Tu ne l'as pas vu, ce chien?
C'est une vilaine bête, mais pas méchante.

Or, c'était la première fois que Luchon voyait ce chien.
Il en a eu peur.   La bête est passée près de lui, elle s'est
approchée de la fontaine, mais elle est partie sans boire.
Luchon a cru tout de suite que c'était un chien enragé.

A cet instant, Bouchet, le garde champêtre, est sorti de
chez lui.   Luchon l'a appelé:

« Bouchet! a-t-il crié, regardez un peu ce chien-là!   Il a
soif, mais il ne boit pas.   Il est enragé!   Vite, allez chercher
votre fusil!»

Bouchet est allé chercher son fusil.

Le chien se trouvait alors devant le Café du Commerce.
Luchon et le garde champêtre s'en sont approchés avec
précaution.   Luchon a dit:

« Allez, Bouchet, allez-y!»

Bouchet a levé son fusil.   Mais juste à ce moment-là,
Thomas, le maître du chien, est sorti du café.   Il a vu son
chien, il a vu le garde champêtre qui levait son fusil.   Il se
précipite, il saisit le bras de Bouchet.   Mais le coup part,
pan! un coup formidable, suivi d'un grand fracas de verre
qui tombait.   Bouchet avait tiré dans la fenêtre du père
Mauberge!

Le vieux Mauberge est sorti tout de suite.   Il criait:

« A l'assassin! à l'assassin!   Quel est l'imbécile qui a tiré
ce coup de fusil?   Il va me payer ma fenêtre!   Vingt-cinq
francs! vingt-cinq francs! . . . Et mon chapeau, regardez
un peu mon chapeau!»

Son chapeau était plein de trous.

Le notaire était pâle comme la mort:

« Mais, monsieur Mauberge, a-t-il dit, vous devez être
blessé, vous allez peut-être mourir.   Votre chapeau. . . .

— Mais non, monsieur, a dit Mauberge, ma tête n'était
pas dedans! »

5 · LE GROS LOT

Les deux amis continuèrent pendant quelque temps à
parler de ce qu'ils feraient s'ils étaient énormément riches.

Ils faisaient des projets amusants; ils faisaient des projets stupides; ils riaient. Enfin ils sortirent faire un tour avant de se coucher.

Le lendemain matin, lorsque Paul entra dans le bureau, personne ne travaillait. Tous les employés parlaient de la Loterie Nationale.

« Tu n'as pas vu la liste des numéros gagnants? lui demanda Jules. C'est dans le journal. Tu veux voir? Moi, je n'ai rien gagné. As-tu acheté des billets, toi?

— J'en ai acheté un seul, répondit Paul, mais je ne me souviens plus où je l'ai mis. Je crois que je l'ai perdu.»

Il tira de sa poche son portefeuille, qu'il ouvrit. Au bout d'un instant il y trouva un petit papier bleu; c'était le billet!

« Ah! le voici! s'écria-t-il. Prête-moi le journal! »

Pendant qu'il examinait la liste, les autres continuèrent à causer.

Soudain, Paul poussa un cri. Tous le regardèrent. Il était devenu très pâle.

« Qu'est-ce que tu as? lui demanda Jules, tu n'es pas malade?

— Malade! ah non! répondit Paul, je suis riche! C'est moi qui ai gagné le gros lot. C'est stupide, mais c'est vrai! »

6. UNE FILLE COURAGEUSE

Un après-midi d'automne, madame Aubain s'était rendue à la ferme de Geffosses, en compagnie de sa fille et de Félicité, sa domestique. Il était près de six heures lorsqu'elles quittèrent la ferme pour reprendre le chemin du village. La nuit tombait déjà; la lune à son premier quartier éclairait une partie du ciel.

« Rentrons par les prairies, dit madame Aubain, c'est plus vite.»

Elles traversèrent la première prairie, au milieu de laquelle des bœufs, couchés sur l'herbe, regardèrent tranquillement ces trois personnes passer. Dans la prairie suivante il y avait encore des bœufs, dont quelques-uns se levèrent et se mirent en rond devant elles.

« Ne craignez rien,» dit la domestique, et elle flatta le dos de celui qui se trouvait le plus près.   L'animal fit demi-tour et s'éloigna; les autres le suivirent.

Elles étaient arrivées au milieu de la troisième prairie, lorsqu'un beuglement formidable s'éleva. C'était un taureau que cachait le brouillard. Il s'approchait. Au bout d'un instant il apparut. Les femmes virent avec terreur son énorme tête, ses cornes, son cou épais, ses oreilles dressées. Il était à moins de cent mètres. Il avança vers elles, il se mit à galoper.

L'enfant poussa des cris, madame Aubain voulut courir, mais Félicité leur cria: « Non! non! moins vite! Surtout ne courez pas! »

La domestique se retourna sur le taureau. Elle ramassait des pierres, des mottes de terre, qu'elle lui jetait dans les yeux. Il baissait la tête, secouait les cornes, beuglait horriblement.   Félicité   criait   à   madame   Aubain: « Dépêchez-vous! dépêchez-vous! »

Madame Aubain et sa fille étaient arrivées au bout de la prairie. Elles descendirent le fossé, essayèrent de gravir le haut talus, tombèrent plusieurs fois, mais elles arrivèrent en haut et sortirent de la prairie.

Félicité reculait toujours devant le taureau et continuait à lui lancer des mottes de terre dans les yeux. Derrière elle se trouvait la barrière, vers laquelle l'animal la poussait. Une seconde de plus et il la tuait. Mais elle eut juste le temps de se glisser entre deux barreaux, et le taureau, tout surpris, s'arrêta.

7. ON PARLE DE CUISINE

HENRI. Moi, mademoiselle, je vous demanderai la recette de la salade que nous avons mangée ce soir? Il paraît qu'elle est de votre composition.

ANNETTE. Parfaitement. J'aime beaucoup m'occuper de cuisine.

GEORGES. Et dans quel but avez-vous appris à faire la cuisine, mademoiselle? Car ce n'est pas avec l'idée d'en faire votre profession?

ANNETTE. J'ai appris à faire la cuisine comme j'ai appris à lire, à jouer du piano, à danser, à parler anglais, à monter à cheval, dans le but de trouver un mari. Tout ce que font les jeunes filles, n'est-ce pas, messieurs, dans le but de vous plaire? . . . Alors, monsieur de Symeux, si vous voulez prendre un crayon, je vais vous dicter ma recette. Mais vous m'assurez que cette communication ne sera faite qu'à des personnes dignes de l'apprécier?

HENRI. C'est pour maman. Excusez-moi de dire encore maman à mon âge, mais comme je vis avec elle, j'ai gardé cette habitude d'enfance.

ANNETTE. Je ne vous excuse pas, monsieur, je vous félicite, et moi qui n'ai plus ma mère, je vous envie.

D'après ALEXANDRE DUMAS FILS

8. LE JOUEUR DE FLÛTE

Le conseil municipal se réunit pour discuter cette grave question. Au milieu de la séance, on fit entrer un homme habillé d'un costume étrange; d'une main il tenait un chapeau vert, de l'autre une flûte. Le maire lui demanda ce qu'il voulait. Il répondit qu'il était musicien et qu'il pourrait débarrasser la ville de tous les rats si on lui payait une forte somme. On le pria de jouer de sa flûte. Quand il eut joué, les conseillers se regardèrent étonnés, car il avait joué une musique charmante, extraordinaire. On pria le musicien de se retirer. Quand il fut sorti, les conseillers discutèrent la somme qu'ils lui offriraient. Ils décidèrent de lui offrir cent ducats. On le fit entrer de nouveau. Le maire lui dit qu'il recevrait cent ducats dès qu'il aurait débarrassé la ville des rats. L'homme accepta.

Quelques minutes après, on entendit dans la rue principale une musique surprenante. Les ménagères mirent la tête à la fenêtre, les enfants sortirent voir ce qui se passait. Un homme habillé d'un costume bizarre avançait dans la rue en jouant de la flûte. Et de toutes les maisons, de toutes les boutiques sortaient des rats sans nombre. Ces bêtes n'avaient point l'air méchant: elles semblaient charmées par la musique et suivaient l'homme en une vaste foule.

Le musicien les conduisit jusqu'au bord de la rivière. Là il entra dans un bateau, en jouant toujours de sa flûte. Les rats ne purent s'empêcher de le suivre. Ils se jetèrent à l'eau, nagèrent quelque temps, mais à la fin tous se noyèrent.

9. CHIENS DE CHASSE

Après déjeuner, les deux chasseurs parlèrent des chiens de chasse.

« Il y a des chiens qui sont merveilleux, dit Chartier. Une fois je parlais de mon chien à un camarade. A son tour il m'a parlé du sien. Il m'a dit: J'ai un chien qui vaut une fortune. Il aime surtout la chasse au canard. Je n'ai même pas besoin d'emporter mon fusil: mon chien trouve les canards, il saute dessus et me les rapporte. S'il y a le moindre canard dans les environs, mon chien sait le trouver. Figure-toi qu'un jour que je chassais, mon chien part comme une flèche. Au bout d'un instant il se met à aboyer et j'entends la voix d'un homme. Je cours voir ce qui se passe. Un paysan, qui s'était endormi sur l'herbe, se mettait debout en se frottant les yeux. Il dit: « Je n'aime pas qu'on me réveille quand je dors si bien. Votre chien m'a dérangé au bon moment: je rêvais que je mangeais du canard! »

« Ha! ha! elle est forte, ton histoire! s'écria Mayer. Écoute maintenant la mienne. Un chasseur achète un chien. Il l'emmène à la chasse. Dans le premier champ une perdrix se lève, le chasseur la tue. Au lieu d'aller rapporter le gibier, ce chien se couche par terre et fait le mort. « Allez! lève-toi » dit le chasseur. Aussitôt le chien saute sur le dos de son maître. « Allez! allez! » crie le chasseur : le chien lui monte sur la tête. « Descends! descends! » crie le chasseur. Le chien saute à terre, se lève sur ses pattes de derrière et fait un salut militaire!

— Ha! ha! rit Chartier, un chien savant?

— Oui, sans le savoir, ce chasseur avait acheté un chien savant! »

10. UNE GRANDE IMPRUDENCE

Poissard venait d'apprendre la mort de son vieil oncle Victor.

« Ah! dit-il à sa femme, il est mort, ce pauvre Victor. Quel brave homme! Je l'aimais beaucoup.»

Ils parlèrent longtemps de l'oncle décédé, sans cependant rien dire de ce qui les préoccupait. Enfin ils abordèrent la question de l'argent que l'oncle était censé leur avoir laissé.

« Vois-tu, dit Poissard, je suis son seul parent vivant. Je sais qu'il m'a laissé tout son bien, j'ai vu son testament il y a quelques mois. Ça va nous changer la vie, chère amie. Je puis te dire que j'en ai assez du bureau. Depuis trente ans je travaille dans le même maison de commerce. Tous les jours je copie des chiffres, je classe des papiers, j'écris à des clients. C'est ennuyeux à la fin. J'aimerais aller vivre tranquillement à la campagne. Et toi?

— Moi aussi, dit sa femme. Seulement il faut être prudent. Il ne faut rien faire avant que la question du testament soit bien réglée.

— Penses-tu! Puisque je te dis que j'ai lu le testament! Pourquoi attendre? »

Le vendredi suivant, Poissard arriva chez lui, le sourire aux lèvres:

« Ma chère amie, dit-il à sa femme, c'est fini. Vendredi prochain je quitterai le bureau pour toujours; je l'ai dit aujourd'hui au directeur. . . . Et voici ce que nous ferons demain: avec nos économies, nous irons acheter cette petite maison à Margny-les-Roses. Avec l'argent de Victor, nous pourrons y vivre largement pour le reste de nos jours.»

Ils achetèrent la maison. Poissard quitta son bureau. Ils attendirent. Trois semaines s'écoulèrent, puis, un matin, le facteur leur remit une longue enveloppe blanche. Fiévreusement Poissard ouvrit la lettre et se mit à lire. Soudain il s'arrêta de lire, l'œil fixe; il devint très pâle.

« Qu'est-ce qu'il y a? » demanda sa femme, inquiète.

Alors, d'une voix faible, désespérée, Poissard prononça:

« Nous sommes perdus. Il ne nous a pas laissé un sou. Il n'avait rien, il avait même des dettes.»

11. LE CHIEN QUI PARLE

(Scène de Tribunal)

LATRANCHE (*le cafetier*).　Monsieur Pivot est entré dans mon établissement avec son chien, qui était un caniche.

M. LE PRÉSIDENT.　Vous le connaissiez?

LATRANCHE.　Le chien?

M. LE PRÉSIDENT.　Non, monsieur Pivot.

LATRANCHE.　Je ne les connaissais ni l'un ni l'autre. Alors il se met à une table, le chien saute sur un tabouret à côté de son maître et se met sur son derrière.　Je m'approche, je demande à l'individu ce qu'il faut lui servir; il me répond: « Un bock.»　Là-dessus, voilà une voix toute drôle qui dit: « Moi, un veau.»　Je reste là, tout étonné, me demandant qui avait dit ça avec cette voix-là.　Le maître me dit: « Ne faites pas attention, c'est mon chien. — Comment, votre chien? dis-je. — Oui, répond-il, je lui ai appris à parler.» Moi, je ne pouvais pas en revenir; je croyais qu'il se moquait de moi.　Je lui dis: « Faites-le encore parler.»　Alors il dit: « Demandez-lui ce qu'il faut lui servir.»　Moi, je n'y croyais pas, mais pour voir la chose, je dis au chien: « Qu'est-ce qu'il faut te servir? »　Il recommence: « Un veau! »

M. LE PRÉSIDENT.　Et vous les avez servis tous les deux?

LATRANCHE.　Oui, monsieur.

M. LE PRÉSIDENT.　Le chien vous a-t-il dit merci? (*rires*)

LATRANCHE.　Non, il a sauté sur la viande. . . . Alors ma femme m'emmène dans un coin et me dit: « Il faut acheter ce chien-là; tu feras faire une enseigne: *Au chien qui parle.* Il viendra chez nous un monde fou; il y a de l'argent à gagner.»

M. LE PRÉSIDENT.　Enfin vous l'avez acheté?

LATRANCHE.　Oui, monsieur, deux cents francs; mais quand j'avais donné mon argent, voilà le chien qui dit à son maître: « Ah, tu me vends!　Eh bien, je ne parlerai plus.»

M. LE PRÉSIDENT.　Et, en effet, il n'a pas reparlé après le départ de son maître?

LATRANCHE.　Pas un mot, pas une virgule, rien.

JULES MOINAUX, *Les Tribunaux comiques*

12. LA LETTRE DU MINISTÈRE

Un jour M. Morisset, l'instituteur du village, m'a raconté l'histoire suivante:

« Un matin (je crois que c'était au mois d'avril) je suis sorti de chez moi, et comme je passais près de ma boîte aux lettres, qui se trouve dans le mur près de la porte du jardin, j'ai aperçu un rouge-gorge qui en sortait. Je me suis dit: Ah bon! il y a des rouges-gorges qui font leur nid dans ma boîte aux lettres. Ça, c'est excellent! Puisque je ne reçois jamais de lettres, ils peuvent bien y rester quatre ou cinq semaines, je ne les dérangerai pas. Quand j'entendrai les petits, j'ouvrirai la boîte.

« Eh bien, pendant quelques jours je voyais les deux oiseaux qui allaient et venaient, occupés à faire leur nid. Puis, au bout de quelque temps, je ne voyais plus qu'un oiseau: je savais donc qu'il y avait des œufs.

« J'ai attendu trois semaines, puis un matin je me suis approché doucement de la boîte aux lettres, j'ai prêté l'oreille et j'ai entendu un petit *srrr-srrr*: c'était les petits! Vite, je suis allé chercher la clef, j'ai ouvert la boîte. Qu'est-ce que j'y ai vu? Il y avait non seulement le nid et les petits rouges-gorges, mais aussi une longue enveloppe très sale. J'ai saisi cette lettre, j'ai refermé la boîte, je suis rentré dans la maison. Là j'ai ouvert l'enveloppe et j'ai lu la lettre. Le ministère m'offrait une place comme directeur d'une grande école! On désirait une réponse immédiate.

« Voyez-vous, monsieur, c'est comme ça que j'ai manqué une bonne place! Mais cela ne fait rien. Je suis heureux ici; personne ne m'ennuie, je mène la vie que je veux. Au fond je ne regrette rien.»

13. L'ARRESTATION

L'inspecteur et les deux agents s'assirent au fond de la chambre, près du mur, et l'on coupa la lumière.

Le silence, après minuit, devint si profond que l'on n'aurait jamais cru que trois hommes étaient là, l'œil ouvert, attentifs au moindre bruit, comme des chasseurs qui attendent une bête sauvage.

Les heures s'écoulèrent lentement, lentement. Je m'étais couché sur mon lit, mais je ne dormais pas. J'entendis sonner une heure . . . deux heures . . . et rien n'apparaissait.

A trois heures, un des agents bougea; je crus que l'homme arrivait, mais tout se tut de nouveau. Je me mis alors à penser que les policiers devaient me prendre pour un imposteur, qu'ils devaient m'en vouloir.

Comme j'étais à retourner les mêmes idées pour la centième fois, tout à coup, sans que j'eusse entendu le moindre bruit, la fenêtre s'ouvrit et une tête d'homme parut. Pendant quelques secondes la tête resta là, attentive, comme si l'intrus se doutait de quelque chose. Puis, subitement, il parut se décider et il se glissa dans la chambre avec la même prudence que la veille.

Mais au même instant un cri bref, vibrant, retentit: « Nous le tenons! »

14. UN ACCIDENT DE LA CIRCULATION

Lorsque les jeunes filles sortent du lycée pour rentrer chez elles, il y a toujours foule au prochain arrêt de l'autobus.

Un jour de printemps elles attendaient ainsi en bavardant et en se plaignant, l'une des maîtresses, l'autre des devoirs, la troisième de ce qu'il ne leur arrivait rien d'intéressant.

Voilà que l'autobus arrive, déjà plein. Grâce à des efforts énergiques, les demoiselles finissent par trouver place sur la plate-forme. De là elles voient toute l'animation des boulevards, les voitures élégantes, les passants qui se pressent et se bousculent.

Tout d'un coup une belle auto sort d'une petite rue qui débouche sur le boulevard et entre en collision avec l'autobus. Un choc violent se fait sentir sur la plate-forme; les gens se trouvent jetés les uns contre les autres. Le conducteur de l'autobus sort furieux de sa place à l'avant et regarde sa machine.

« Voyez-vous, s'écrie-t-il en colère, c'est ce qui arrive toujours lorsque les dames prennent le volant. Tout va de travers, tout le monde est en danger! »

Les jeunes filles pourtant ont les yeux collés sur la dame qui conduisait l'auto et qui reste après l'accident droite et pâle à sa place. Elles ont bien d'autres pensées en tête que celles du conducteur. L'une d'entre elles dit à voix basse:

« Qu'il serait beau de conduire une auto comme cette dame! »

By permission of the Oxford and Cambridge
Schools Examination Board

15. LE BIFTECK D'OURS

J'avais pris le bifteck sur mon assiette, le tournant et retournant sur les deux faces, lorsque mon hôte, qui me regardait sans rien comprendre à mon hésitation, m'encouragea par un dernier: « Goûtez-moi cela, vous m'en direz des nouvelles! »

En effet, j'en coupai un petit morceau et, en écartant mes lèvres, je le portai à mes dents dans l'espoir de vaincre ma répugnance. L'hôtelier, debout près de moi, suivait tous mes mouvements, avec l'impatience bienveillante d'un homme qui se fait un bonheur de la surprise que l'on va éprouver. La mienne fut grande, je l'avoue. Je coupai un second morceau deux fois plus gros que le premier. Quand je l'eus avalé, je dis:

« C'est vrai? C'est de l'ours?

— Parole d'honneur!

— Eh bien, c'est excellent! »

Au même instant, on appela mon hôte, qui s'en alla, me laissant en tête-à-tête avec mon filet d'ours.

Les trois quarts avaient déjà disparu lorsque l'hôtelier revint, et reprenant la conversation où il l'avait interrompue:

« C'est, me dit-il, que l'animal auquel vous avez affaire était une fameuse bête.»

J'approuvai d'un signe de tête. Je ne perdais pas un coup de dent. Mon hôte reprit:

« Qu'on n'a pas eu sans peine, je vous en réponds!

— Je crois bien! »

Je portai mon dernier morceau à la bouche.

« Ce gaillard-là a mangé la moitié du chasseur qui l'a tué! »

Le morceau me sortit de la bouche comme repoussé par un ressort.

« Que le diable vous emporte! criai-je en me retournant de son côté, de faire de pareilles plaisanteries à un homme qui dîne! »

D'après ALEXANDRE DUMAS

16. LE CRÉANCIER

DUPUIS. J'aurais donné beaucoup, mademoiselle, beaucoup, pour ne pas vous faire cette visite. Quand j'ai appris la mort de votre père, j'ai dit à ma femme: Je crois bien que monsieur Vigneron nous devait encore quelque chose, mais la somme n'est pas bien grosse. . . .

MARIE. Il me semblait bien, monsieur Dupuis, que mon père s'était acquitté avec vous.

DUPUIS. Ne me dites pas cela, vous me feriez de la peine.

MARIE. Je suis certaine, cependant, autant qu'on peut l'être, que mon père avait réglé son compte dans votre maison.

DUPUIS. Prenez garde. Vous allez me fâcher. Il s'agit de cent vingt francs, la somme n'en vaut pas la peine. Vous êtes peut-être gênées en ce moment, dites-le-moi, je ne viens pas vous mettre le couteau à la gorge. . . .

MARIE. Je dirai à ma mère que vous êtes venu lui réclamer cent vingt francs, mais je vous le répète, il y a erreur de votre part, je suis bien sûre que nous ne vous les devons pas.

DUPUIS. Eh bien, mademoiselle, je ne sortirai pas d'ici avant de les avoir reçus. Je me suis présenté poliment, mon chapeau à la main; vous avez l'air de me traiter comme un voleur.

HENRY BECQUE

17. RENCONTRE EN PLEIN ATLANTIQUE

[Seul, à bord de son yacht, le *Firecrest*, Alain Gerbault traversait l'Atlantique. Il était encore à 400 milles de New-York, lorsqu'un paquebot grec se rapprocha de son petit navire.]

De la passerelle de commandement, le capitaine se servant d'un mégaphone me demanda en mauvais français et anglais

ce que je désirais; je n'avais pas de porte-voix, mais je lui
criai que je ne voulais pas m'arrêter et lui demandais
seulement de me signaler à New-York; j'ajoutai que j'étais
parti pour une promenade à la voile, que j'étais parfaitement heureux et que je n'avais besoin de rien. Mais
comme un millier d'émigrants parlaient tous à la fois, je ne
pouvais pas me faire comprendre.

Les passagers semblaient très excités et surpris de voir un
petit navire et son solitaire équipage, et ils parlaient avec
bruit, tous ensemble. Quand je me souviens maintenant
que je ne portais presque aucun vêtement et étais entièrement
bruni par le soleil, je comprends leur étonnement.

En vain j'essayai de leur signaler de poursuivre leur route,
que je n'avais pas besoin d'eux, mais le vapeur s'approcha
dangereusement près et stoppa ses machines. Sa grande
coque m'abritait du vent, je ne pouvais plus avancer et nous
dérivions ensemble. La houle poussait le *Firecrest* contre les
flancs d'acier du vapeur.

Le *Firecrest* était maintenant en plus grand danger d'avoir
des avaries que dans aucune des tempêtes qu'il avait ren-
contrées. Ils me jetèrent un câble et je l'amarrai au mât.
Je leur demandai de me tirer un peu en avant pour sortir de
leur dangereux voisinage, mais fus très étonné de voir qu'ils
avaient remis leurs machines en marche et essayaient de
remorquer le *Firecrest*. En vain je leur criai que je ne
désirais pas d'aide pour atteindre New-York. Finalement
je fus obligé de couper l'amarre avec un couteau.

[Le paquebot s'éloigna et Gerbault fut heureux d'être seul à
nouveau.

Quelques jours plus tard, le *Firecrest* entrait dans le détroit de
Long-Island, après une traversée hasardeuse qui avait duré
94 jours.]

ALAIN GERBAULT, *Seul, à travers l'Atlantique*
(Grasset, éditeur)

18. CACHÉ DANS LA CAVE

Je n'eus que le temps de me cacher derrière un tonneau.
La vieille, courbée sous la voûte basse de la cave, allait d'un
tonneau à l'autre, et je l'entendais murmurer:

« Oh! comme cette fille laisse couler le vin! Attends, attends, je vais t'apprendre à mieux fermer les robinets! A-t-on jamais vu! a-t-on jamais vu! »

J'essayais de me dissimuler de plus en plus.

Tout à coup, au moment où je croyais la visite terminée, j'entendis la grosse femme pousser un soupir, mais un soupir si long, si lugubre, que l'idée me vint aussitôt qu'il se passait quelque chose d'extraordinaire. Je risquai un œil, et qu'est-ce que je vis? La mère Grédel, la bouche ouverte, les yeux hors de la tête, contemplait le bas du tonneau derrière lequel je me tenais immobile. Elle venait d'apercevoir un de mes pieds, et s'imaginait sans doute avoir découvert un assassin, caché là pour l'égorger pendant la nuit. Ma résolution fut prompte: je me redressai en murmurant:

« Madame, au nom du ciel, ayez pitié de moi, je suis. . . .»

Mais alors, elle, sans me regarder, sans m'écouter, se mit à jeter des cris perçants, des cris à vous déchirer les oreilles, tout en grimpant l'escalier aussi vite que le lui permettait son énorme corpulence.

19. LES DEUX MARCHANDS

Tous les jours, vers une heure, M. Collery, l'instituteur, en se rendant à l'école, passe devant la porte de Grantalot.

Grantalot, cet après-midi, l'arrête au passage:

« Ça va, monsieur Collery? Et vous n'avez besoin de rien aujourd'hui?

— Ma foi, non, merci.

— Tant pis! Mais si vous aviez besoin de quelque chose, il serait de votre intérêt, croyez-moi, de l'acheter chez moi, plutôt que chez Charpiat.»

Grantalot reprend:

« Mais oui, mais oui, monsieur Collery. Et je ne vous dis pas cela uniquement parce que Charpiat est mon concurrent! Tenez, voici dix francs. Ne me demandez pas d'explication. Prenez simplement la peine de traverser. Entrez chez Charpiat. Achetez-lui un mètre de serge. Revenez ici ensuite. Je vous montrerai quelque chose qui vous paraîtra édifiant.»

M. Collery ne tarda pas à revenir, muni de son emplette. Grantalot lui tend son mètre:

« C'est bien un mètre que vous avez payé, monsieur Collery? Combien cela doit-il avoir, un mètre? Cent centimètres? Bon! Mesurez, oui, mesurez. Eh bien, combien trouvez-vous? Quatre-vingt-dix-sept centimètres? Parfait! C'est tout ce que je souhaitais vous faire constater. Au plaisir de vous revoir, monsieur Collery.»

Au cours de l'après-midi, Grantalot répète cette manœuvre plusieurs fois. Le soir, ayant fermé son magasin, il se rend au café, où il voit Charpiat. Celui-ci s'approche de lui, le visage épanoui, comme un homme qui a fait d'excellentes affaires. Il vient remercier Grantalot. Il explique:

« Figurez-vous, en effet, que ce matin, en ouvrant le magasin, il m'a été impossible de me rappeler où j'avais serré mon mètre. Pendant un quart d'heure, j'ai fouillé tous mes tiroirs sans parvenir à le retrouver. J'étais fort ennuyé. Comment remplacer cet objet indispensable? J'ai eu, alors, l'heureuse inspiration, mon cher Grantalot, d'envoyer acheter, chez vous, un mètre de ruban. Ce morceau de ruban m'a servi de mesure durant toute la journée qui, je ne sais pas pourquoi d'ailleurs, a été particulièrement brillante. Encore merci, mon cher Grantalot, encore merci! »

MAX et ALEX FISCHER, *Dans l'Ascenseur*

20. UN MONSIEUR RÈGLE SES DETTES

Comme je sortais du collège, la loge du concierge s'ouvrit brusquement et j'entendis qu'on m'appelait:

« Monsieur Eyssette! Monsieur Eyssette! »

C'était le patron du café Barbette et son digne ami, M. Cassagne, qui se tenaient là, l'air inquiet, presque insolents.

Le cafetier parla le premier:

« Est-ce vrai que vous partez, monsieur Eyssette?

— Oui, monsieur, répondis-je tranquillement, je pars aujourd'hui même.»

M. Barbette fit un bond, M. Cassagne en fit un autre;
mais le bond de M. Barbette fut bien plus fort que celui de
M. Cassagne, parce que je lui devais beaucoup plus d'argent.

« Comment! aujourd'hui même!

— Aujourd'hui même, messieurs. J'ai déjà réservé ma
place dans le train.»

Je crus qu'ils allaient me sauter à la gorge.

« Et mon argent? dit M. Barbette.

— Et le mien? » hurla M. Cassagne.

Sans répondre, j'entrai dans la loge, et, tirant de ma poche
les billets que je venais de recevoir, je me mis à leur compter
sur le bord de la table ce que je leur devais à tous les deux.

Quand ils eurent empoché leur argent, ils eurent un peu
honte des craintes qu'ils m'avaient montrées. Ils se mirent
à sourire et à me débiter des compliments, des protestations
d'amitié:

« Vraiment, monsieur Eyssette, vous nous quittez? Oh!
quel dommage! Quelle perte pour le collège!»

Je coupai court à leurs effusions ridicules et je m'en allai.

D'après ALPHONSE DAUDET

21. UNE AVENTURE EFFRAYANTE

Paul ne tarda point à s'endormir. Moi, je restai quelque
temps à regarder les dernières lueurs du feu mourant, puis je
m'endormis à mon tour.

Vers deux heures du matin je fus réveillé par un bruit
inexplicable. Je crus d'abord que c'était un chat courant
sur les gouttières; mais, ayant mis l'oreille contre le mur,
je ne restai pas longtemps dans l'incertitude: quelqu'un
marchait sur le toit.

Je poussai Paul du coude:

« Chut! » fit-il en me serrant la main.

Il avait entendu comme moi. J'allais me lever, quand,
d'un seul coup, la petite fenêtre, fermée par un fragment
de brique, fut poussée et s'ouvrit. Une tête d'homme,
les yeux hagards, parut, regardant à l'intérieur. Notre
terreur fut telle, que nous n'eûmes pas la force de jeter
un cri. L'homme passa une jambe, puis l'autre, par la

fenêtre et descendit dans notre chambre avec tant de précautions qu'il ne fit pas le moindre bruit.

Paul et moi, nous nous crûmes perdus. Mais lui ne parut pas nous voir dans l'obscurité. Il s'assit près de la cheminée et se mit à grelotter d'une façon bizarre.

Subitement ses yeux s'arrêtèrent sur moi, il me regarda une longue minute. Puis il tira de la poche de sa culotte une grosse montre, fit le geste d'un homme qui regarde l'heure. Alors, se levant comme incertain, il considéra la fenêtre, parut hésiter, et sortit enfin par la porte, qu'il laissa grande ouverte.

22. L'HEURE DE LA SOUPE

MADAME. Daignerez-vous au moins répondre à la seule question que je vais vous faire?

MONSIEUR. Laquelle?

MADAME. Pouvez-vous me dire si vous avez l'intention de rentrer tous les jours à pareille heure?

MONSIEUR. Voyons, chère amie, est-ce que tu vas me gronder pour une seule fois que je suis rentré de sept minutes en retard? J'ai été retenu par une affaire sur laquelle je dois garder le secret.

MADAME. Rien ne dit qu'à l'avenir vous n'allez pas être en retard d'une semaine; on commence par sept minutes, et l'on finit par des années.

MONSIEUR. Ça ne s'est jamais vu.

MADAME. Comment? Ça ne s'est jamais vu?... Mais, hier soir encore, ne me parliez-vous pas de ce marin, le capitaine La Pérouse,[1] qui partit en promettant de revenir, et qui n'a pas encore reparu au foyer conjugal?

MONSIEUR. Mais il y a cent cinquante ans de cela!

MADAME. Il n'en est que plus coupable.

MONSIEUR. Et puis, souviens-toi, j'ai ajouté qu'il avait péri dans un naufrage.

MADAME. Il est bien facile de dire qu'on a péri dans un naufrage quand il n'y avait là personne pour vous démentir. — Ah! vous vous trompez étrangement si vous croyez que, le jour où il vous plaira de ne plus rentrer, vous vous tirerez

d'affaire en faisant mettre dans les journaux que vous êtes
parti dans un spoutnik qui n'est jamais redescendu; avec moi
ces histoires ne prennent pas, je vous préviens . . . pas plus
que celle d'aujourd'hui.

D'après EUGÈNE CHAVETTE

1. La Pérouse, célèbre navigateur français du dix-huitième siècle, qui
partit pour un voyage de découverte avec deux frégates, mais qui ne
revint plus jamais en France.　Lui et ses hommes furent massacrés par
les indigènes d'une île de la Polynésie.

23.　L'ENFANT ABANDONNÉ

On se mit en route à travers la neige.　Il fallait lever très
haut la jambe pour marcher.　A mesure que nous avancions,
la voix du chien devenait plus claire, plus forte.　Mon
oncle cria: «Le voici!»　On s'arrêta pour l'observer,
comme on doit faire en face d'un ennemi qu'on rencontre
dans la nuit.

Je ne voyais rien, moi.　Alors, je rejoignis les autres, et je
l'aperçus.　Il était effrayant à voir, ce chien, un gros chien
noir, un chien de berger à longs poils et à tête de loup,
dressé sur ses quatre pattes, tout au bout de la longue
traînée de lumière que faisait la lanterne sur la neige.　Il ne
bougeait pas, il s'était tu, il nous regardait.

Mon oncle dit:

«C'est singulier, il n'avance ni ne recule.　Si je lui
flanquais un coup de fusil. . .»

Mon père reprit d'une voix ferme:

«Non, il faut le prendre.»

Alors mon frère Jacques ajouta:

«Mais, il n'est pas seul.　Il y a quelque chose à côté de
lui.»

Il y avait quelque chose derrière lui, en effet, quelque
chose de gris, d'impossible à distinguer.　On se remit en
marche avec précaution.

En nous voyant approcher, le chien s'assit sur son derrière.
Il n'avait pas l'air méchant.　Il semblait plutôt content
d'avoir réussi à attirer des gens.　Mon père alla droit à
lui et le caressa.　Le chien lui lécha les mains.　Ce fut
alors qu'on reconnut qu'il était attaché à la roue d'une

petite voiture enveloppée tout entière dans trois ou quatre
couvertures de laine.   On enleva ces couvertures avec soin,
et comme Baptiste approchait la lanterne de la petite
voiture, on aperçut dedans un petit enfant qui dormait.

D'après GUY DE MAUPASSANT

24. LE CAPORAL

Le colonel mit la main dans sa poche et en retira une
pièce d'or qu'il essaya de faire entrer dans la main fermée
que le jeune homme appuyait sur le bord du bateau.

Le jeune Corse rougit, se redressa, se mordit les lèvres et
paraissait disposé à répondre avec emportement, quand tout
à coup, changeant d'expression, il éclata de rire.   Le
colonel, sa pièce à la main, demeura tout surpris.

« Colonel, dit le jeune homme reprenant son sérieux,
permettez-moi de vous donner deux conseils: le premier,
c'est de ne jamais offrir de l'argent à un Corse, car il y a de
mes compatriotes assez impolis pour vous le jeter à la tête;
le second, c'est de ne pas donner aux gens des titres qu'ils ne
réclament point.   Vous m'appelez caporal et je suis lieutenant.   Sans doute la différence n'est pas bien grande,
mais. . . .

— Lieutenant! s'écria le colonel anglais, lieutenant!
Mais le capitaine du navire m'a dit que vous étiez caporal,
ainsi que votre père et tous les hommes de votre famille!»

A ces mots le jeune homme se mit à rire de plus belle, et
de si bonne grâce que le capitaine et ses matelots éclatèrent
en chœur.

« Pardon, colonel, dit le jeune homme.   Je viens seulement
de comprendre votre petite erreur.   En effet, ma famille se
glorifie de compter des caporaux parmi ses ancêtres; mais
nos caporaux n'ont jamais eu de galons sur leurs habits.   Vers
l'an de grâce 1100, le peuple corse, révolté contre les grands
seigneurs, se choisit des chefs qu'on nomma *caporaux*.   Dans
notre île, nous tenons à honneur de descendre de ces chefs
des vieux temps.

D'après PROSPER MÉRIMÉE

25. LE COLLIER PERDU

Le fiacre les ramena jusqu'à leur porte, rue des Martyrs, et ils remontèrent tristement chez eux. C'était fini, pour elle. Et il songeait, lui, qu'il lui faudrait être au bureau à dix heures.

Elle ôta les vêtements dont elle s'était enveloppé les épaules, devant la glace, afin de se voir encore une fois dans sa gloire. Mais soudain elle poussa un cri. Elle n'avait plus son collier autour du cou.

Son mari, à moitié déshabillé déjà, demanda:

« Qu'est-ce que tu as? »

Elle se tourna vers lui, affolée:

« J'ai . . . j'ai . . . je n'ai plus le collier de madame Forestier. »

Il se dressa éperdu:

« Quoi! . . . Comment! . . . Ce n'est pas possible! »

Et ils cherchèrent dans les plis de sa robe, dans les plis du manteau, dans les poches, partout. Ils ne le trouvèrent point.

Il demandait:

« Tu es sûre que tu l'avais encore en quittant le bal?

— Oui, je l'ai touché dans le vestibule du ministère.

— Mais si tu l'avais perdu dans la rue, nous l'aurions entendu tomber. Il doit être dans le fiacre.

— Oui. C'est probable. As-tu pris le numéro?

— Non. Et toi, tu ne l'as pas regardé?

— Non. »

Ils se contemplaient, atterrés. Enfin Loisel se rehabilla.

« Je vais, dit-il, refaire tout le trajet que nous avons fait à pied, pour voir si je ne le retrouverai pas. »

Et il sortit. Elle demeura en toilette de soirée, sans force pour se coucher, abattue sur une chaise, sans feu, sans pensée.

Son mari rentra vers sept heures. Il n'avait rien trouvé.

D'après GUY DE MAUPASSANT

26. ÉVASION D'UNE FORTERESSE

Caché dans l'ombre, mon couteau ouvert entre les dents, j'attends le retour du factionnaire. Aussitôt qu'il a fait demi-tour, je m'élance et à la force du poignet je passe par-dessus la grille. Je traverse la rue et en passant à côté du factionnaire je l'interpelle en disant: « Es ist kalt » (« il fait froid »); mais il ne souffle mot. J'enfile la rue qui descend à la gare; à mesure que je m'éloigne, j'allonge le pas et quand à cent mètres j'ai disparu dans l'obscurité, je prends les jambes à mon cou. Je traverse le pont de la Neisse qui coule en murmurant sur son lit de gravier, semblable à un grand serpent d'argent sous les reflets de la lune. Je m'arrête au pied d'un réverbère et, tirant de ma poche miroir et ciseaux emportés dans ce but, je me coupe les moustaches pour les transformer en brosse à dents, selon la mode du jour. Puis je m'enveloppe la joue d'une feuille d'ouate et d'un bandeau. Ainsi camouflé je me dirige vers la gare en laissant à ma droite la route de Reichenstein. Je contrefais le bossu en demandant en allemand un billet de troisième classe pour Dittersbach. Le train est à l'heure; nous sommes en tout quatre voyageurs. Je monte dans un compartiment vide. Le convoi part: je n'ai plus à craindre le chien de police, je suis sauvé et une grande joie me remplit le cœur.

CAPITAINE LUX, *L'Évasion du Capitaine Lux*

27. VELUTTI

LE MÉDECIN. Bonjour, monsieur, entrez, s'il vous plaît. Donnez-vous la peine de vous asseoir. C'est dommage que je ne puisse vous accorder que quelques minutes. On vient de me téléphoner: un cas urgent, vous comprenez. . . . Eh bien, je regrette que vous soyez souffrant. Dites-moi, qu'est-ce qui ne va pas?

LE CLIENT. Il faut que je vous dise, docteur, que je ne suis pas précisément malade, seulement je suis las, indifférent, je dors mal, je n'ai point d'appétit. . . .

LE MÉDECIN. Ah! je vois. Il est possible que vous soyez surmené, que vous ne vous reposiez pas assez. Vous savez, monsieur, quand on est malade, la première chose à faire, c'est se reposer.

LE CLIENT. Il est impossible, docteur, que je sois surmené, puisque je ne travaille que deux heures par jour.

Je ne crois pas que ce soit le travail qui me rend malade,
c'est plutôt l'ennui. Il faut que je vous dise que ma femme
est morte il y a six mois. Depuis ce temps-là je reste seul
dans une chambre d'hôtel pendant une grande partie de la
journée. Que voulez-vous que je fasse? Je n'ai rien à
faire, je m'ennuie. J'ai peur que la vie ne me dise plus rien.

Le Médecin. Eh bien, monsieur, je regrette que vous
meniez une vie aussi triste. C'est cette vie qui vous
empêchera de guérir. Évidemment il faut changer tout
cela. Il faut que vous sortiez, que vous voyiez des gens.
Allez au concert, au théâtre. Agissez, exécutez-vous!

Le Client. Comment, docteur, vous voulez que je me
tue devant vos yeux?

Le Médecin. Pensez-vous! Je veux dire: décidez-
vous, faites quelque chose! . . . Mais, dites, est-ce que vous
êtes allé voir le célèbre clown Velutti, aux Ambassadeurs?
Il est extraordinaire. Je suis allé le voir hier soir avec ma
femme et ma fille. Nous avons ri, nous avons ri! Et après,
nous nous sentions gais, heureux. Voilà, commencez par
aller voir Velutti. Cela vous guérira, j'en suis sûr.

Le Client. Hélas, docteur, j'ai bien peur que Velutti ne
puisse rien faire pour moi. Je connais ce bonhomme-là
depuis longtemps. Je ne pense pas que ce soit un type
intéressant.

Le Médecin. Comment! Vous connaissez Velutti,
personnellement?

Le Client. Si je le connais! Voyez-vous, docteur, je
suis Velutti, moi.

28. L'INCENDIE

Je courus à l'échelle. J'étais en haut avant de savoir ce
que je faisais.

Rosier voulut m'arrêter: « Je suis père, m'écriai-je, je ne
laisserai pas mourir cet enfant! »

Une fois dans la chambre, j'eus peur; la flamme sifflait
autour de moi, les boiseries craquaient, les glaces éclataient;
c'était un bruit sinistre. Étouffé par la chaleur, aveuglé par
la fumée, j'appelai—point de réponse; je criai—point

d'écho. J'étais au désespoir, quand une longue flamme rouge, perçant la nuit, me montra en face de moi une porte fermée. Briser la serrure d'un coup de hache, entrer dans la chambre, courir au berceau où pleurait un enfant, m'emparer de ce trésor, ce fut l'affaire d'un instant; quelle joie! mais elle fut courte. Entouré de fumée, presque asphyxié, je ne savais plus où j'étais; le cœur me battait, la tête me tournait, j'étais perdu.

« Par ici, docteur! par ici, Daniel! criait la voix de Rosier; venez, mais en reculant! Attention! »

Le conseil était sage; j'étais à peine retourné qu'un vigoureux jet d'eau dirigé par l'habile main du pharmacien, m'inonda de la tête aux pieds, au risque de me renverser. Grâce à cette diversion stratégique qui, pour un instant, arrêtait la flamme et dissipait la fumée, je vis la fenêtre, j'y courus et, enjambant l'échelle, je me laissai glisser à terre, noir et fumant comme un tison. Un instant après, le toit s'abîmait avec un fracas épouvantable.

E. LABOULAYE, *Paris en Amérique*

29. UN HOMME PLUTÔT STUPIDE

Monsieur Marin dit au prêtre:

« Peut-on vous demander dans quel quartier vous allez? »

Le curé parut hésiter, puis il prononça:

« Je vais du côté du Palais-Royal.

— Dans ce cas, si vous le permettez, monsieur l'abbé, je vais vous offrir l'abri de mon parapluie.»

Le vieux prêtre leva le nez et regarda son voisin, puis il déclara:

« Je vous remercie beaucoup, monsieur, j'accepte avec plaisir. . . .»

Alors monsieur Marin prit son bras et l'entraîna. Il le dirigeait, le surveillait, le conseillait:

« Prenez garde à ce ruisseau, monsieur l'abbé. Surtout méfiez-vous des voitures; elles vous éclaboussent quelquefois des pieds à la tête. Faites attention aux parapluies des gens qui passent; il n'y a rien de plus dangereux pour les yeux. Les femmes surtout sont insupportables; elles ne

font attention à rien et vous plantent toujours en pleine
figure les pointes de leurs parapluies. Et jamais elles ne
se dérangent pour personne. On dirait que la ville leur
appartient. Elles règnent sur le trottoir et dans la rue. Je
trouve, quant à moi, que leur éducation a été fort négligée.»
Et monsieur Marin se mit à rire.

Le curé ne répondait pas. Il allait, un peu voûté,
choisissant avec soin les places où il posait le pied, pour ne
salir ni ses souliers ni sa soutane.

D'après GUY DE MAUPASSANT

30. DERNIER EN MATHÉMATIQUES

[Le jeune Pitart-Vergniolles est dernier de sa classe en mathématiques. Sa mère, la baronne Pitart-Vergniolles, vient au
collège demander des explications. Une vive discussion s'élève
entre elle et le professeur, M. Topaze. Le directeur, M. Muche,
tâche de jouer le rôle d'intermédiaire conciliant entre la baronne
et le professeur.]

LA BARONNE. Et pourquoi a-t-il eu zéro?

MUCHE, *se tournant vers Topaze, sévèrement.* Pourquoi a-t-il
eu zéro?

TOPAZE. Parce qu'il n'a rien compris au problème.

MUCHE, *à la baronne, en souriant.* Rien compris au
problème.

LA BARONNE. Et pourquoi n'a-t-il rien compris au
problème? Je vais vous le dire, monsieur Topaze, puisque
vous me forcez à changer de ton. (*Avec éclat.*) Mon fils a
été dernier parce que la composition était truquée.

MUCHE. Était truquée!... ho! ho! ceci est d'une
gravité exceptionnelle.

Topaze est muet de stupeur et d'émotion.

LA BARONNE. Le problème était une sorte de labyrinthe
à propos de deux terrassiers qui creusent un bassin rectangulaire. Je n'en dis pas plus.

MUCHE, *à Topaze, sévèrement.* Madame la baronne n'en
dit pas plus!

TOPAZE. Madame, après une accusation aussi infamante,
il convient d'en dire plus.

MUCHE. Calmez-vous, cher ami.

LA BARONNE, *à Topaze.* Nierez-vous qu'il y ait dans votre classe un élève nommé Gigond?

MUCHE, *à Topaze.* Un élève nommé Gigond?

TOPAZE. Nullement. J'ai un élève nommé Gigond.

MUCHE, *à la baronne.* Un élève nommé Gigond.

LA BARONNE, *brusquement.* Quelle est la profession de son père?

TOPAZE. Je n'en sais rien!

LA BARONNE, *à Muche sur le ton de quelqu'un qui porte un coup décisif.* Le père du nommé Gigond a une entreprise de terrassement. Dans le jardin du nommé Gigond, il y a un bassin rectangulaire. Voilà. Je n'étonnerai personne en disant que le nommé Gigond a été premier.

MUCHE, *sévèrement.* Que le nommé Gigond a été premier. (*A la baronne en souriant.*) Mon Dieu, madame. . . .

TOPAZE, *stupéfait.* Mais je ne vois nullement le rapport. . . .

LA BARONNE, *avec autorité.* Le problème a été choisi pour favoriser le nommé Gigond. Mon fils l'a compris tout de suite. Et il n'y a rien qui décourage les enfants comme l'injustice et la fraude.

TOPAZE, *tremblant et hurlant.* Madame, c'est la première fois que j'entends mettre en doute ma probité . . . qui est entière, madame . . . qui est entière. . . .

MARCEL PAGNOL, *Topaze*
(Fasquelle, éditeur)

[La dispute devient plus aigre. Topaze dit sur le compte du jeune Pitart-Vergniolles des choses franches mais peu complimentaires. La baronne se fâche tout rouge et menace de retirer ses trois fils de l'école.

A la suite d'autres incidents pénibles, Topaze change de métier, se fait homme d'affaires et fait fortune!]

31. UNE CHAMBRE A SOI

Il ne connaissait personne en ville, puisqu'il n'avait aucune liberté pour se faire des relations.

— Pas même les nuits, mon ami, et c'est le plus dur pour moi. Tout mon rêve serait d'avoir une chambre avec mes meubles, mes livres, de petites choses qui m'appartiendraient

et auxquelles les autres ne pourraient pas toucher. Et je
n'ai rien à moi, rien que ma culotte et mon veston, rien, pas
même mon matelas et mon oreiller! Je n'ai pas quatre murs
où m'enfermer, excepté quand je viens pour donner une
leçon dans cette chambre. Comprenez-vous ça, vous; un
homme qui passe toute sa vie sans avoir jamais le droit, sans
trouver jamais le temps de s'enfermer tout seul, n'importe où,
pour penser, pour réfléchir, pour travailler, pour rêver? Ah!
mon cher, une clef, la clef d'une porte qu'on peut fermer,
voilà le bonheur, le voilà, le seul bonheur! . . . Ici,
pendant le jour, l'étude avec tous ces élèves qui remuent, et,
pendant la nuit, le dortoir avec ces mêmes élèves qui
ronflent. Et je dors dans un lit public au bout des deux
files de ces lits de polissons que je dois surveiller. Je ne
peux jamais être seul, jamais! Si je sors, je trouve la rue
pleine de monde, et quand je suis fatigué de marcher,
j'entre dans un café plein de fumeurs et de gens qui jouent
aux cartes. Je vous dis que c'est un bagne.

D'après GUY DE MAUPASSANT

32. LA RUSE DE L'ALOUETTE

[Deux garçons essaient d'attraper des oiseaux. Au bord d'une
petite mare, où les oiseaux viennent boire, ils forment un rempart
de grosses pierres, laissant çà et là des ouvertures, où ils posent
leurs gluaux. Ils se cachent et attendent. Au bout d'un
moment, une alouette vient se poser tout près de la mare.]

Du premier coup d'œil, elle jugea la situation: on voulait
l'empêcher de boire. Elle fit le tour de la mare pour
s'assurer si tous les abords en étaient défendus. Convaincue
qu'il n'existait plus d'autre brèche que les brèches dangereu-
ses, elle se retira sur un petit tas de sable, à deux pas de
l'eau. . . .

Enfin elle revint à la mare, se dirigeant droit sur nos
gluaux. Je retins mon haleine pour faire moins de bruit.
L'alouette avançait toujours, redressant sa petite huppe et
grésillant. Elle était arrivée à l'endroit fatal. La fine bête
le comprit, et, par un léger battement d'ailes, fit un saut en
arrière. Elle fut un instant immobile et sembla hésiter.

Pourtant elle ne pouvait pas partir sans avoir bu! Elle revint vers l'eau; cette fois, lentement, posément. Elle marcha de ce pas réfléchi jusqu'à l'une de nos petites ouvertures; puis, là, par une pirouette rapide, tournant la tête vers la lande et jetant la queue sur le gluau, elle entraîna celui-ci à travers le sable, ayant soin de ne pas déployer ses ailes de peur de les embarrasser. Tant qu'elle sentit les plumes de sa queue alourdies par le fardeau qu'elles traînaient après elles, l'alouette alla à travers le sable, sans repos et sans trêve. Enfin, le gluau, terreux, chargé de brindilles, se détacha. L'oiseau, libre, but et s'envola.

FERDINAND FABRE, *Julien Savignac*

33 . L'ONCLE JULES

Mais tout à coup mon père me parut inquiet; il s'éloigna de quelques pas, regarda fixement sa famille pressée autour du matelot, et, brusquement, il vint vers nous. Il me sembla fort pâle, avec des yeux singuliers. Il dit à mi-voix à ma mère:

« C'est extraordinaire comme cet homme qui ouvre les huîtres ressemble à Jules.»

Ma mère, interdite, demanda:

« Quel Jules? »

Mon père reprit:

« Mais . . . mon frère. . . . Si je ne le savais pas en bonne position, en Amérique, je croirais que c'est lui.»

Ma mère, effarée, balbutia:

« Tu es fou! Du moment que tu sais bien que ce n'est pas lui, pourquoi dire ces bêtises-là? »

Mais mon père insistait:

« Va donc le voir, Clarisse; j'aime mieux que tu t'en assures toi-même, de tes propres yeux.»

Elle se leva et alla rejoindre ses filles. Moi aussi, je regardais l'homme. Il était vieux, sale, tout ridé, et ne détournait pas le regard de sa besogne.

Ma mère revint. Je m'aperçus qu'elle tremblait. Elle prononça très vite:

« Je crois que c'est lui. Va donc demander des renseignements au capitaine. Surtout, sois prudent, pour que ce garnement ne nous retombe pas sur les bras maintenant! »

Elle ajouta:

« Donne de l'argent à Joseph pour qu'il aille payer ces huîtres, à présent. Il ne manquerait plus que d'être reconnu par ce mendiant. Cela ferait un joli effet sur le navire. Allons-nous-en à l'autre bout, et fais en sorte que cet homme n'approche pas de nous!»

D'après GUY DE MAUPASSANT

34 · LES PRISONNIERS

Les soldats-citoyens piétinaient dans la neige, se frappant les épaules à grands coups de bras pour se chauffer, et ils regardaient le soupirail de la cave avec une envie grandissante et puérile de passer devant.

Un d'eux, enfin, se hasarda, un nommé Potdevin, qui était très souple. Il prit son élan et passa en courant comme un cerf. La tentative réussit. Les prisonniers semblaient morts.

Une voix cria:

« Y a personne.»

Et un autre soldat traversa l'espace libre devant le trou dangereux. Alors ce fut un jeu. De minute en minute, un homme se lançait, passait d'une troupe dans l'autre, et il jetait derrière lui des éclaboussures de neige, tant il agitait vivement les pieds. On avait allumé, pour se chauffer, de grands feux de bois mort, et ce profil du soldat courant apparaissait illuminé dans un rapide voyage du camp de droite à celui de gauche.

Quelqu'un cria:

« A toi, Maloison! »

Maloison était un gros boulanger dont le ventre donnait à rire aux camarades.

Il hésitait, mais enfin, prenant son parti, il se mit en route, d'un petit pas gymnastique régulier et essoufflé. Tout le détachement riait aux larmes.

Il arrivait environ aux deux tiers de son trajet quand une flamme longue, rapide et rouge jaillit du soupirail. Une détonation retentit et le vaste boulanger s'abattit sur le nez avec un cri épouvantable.

D'après GUY DE MAUPASSANT

35. LA PETITE ANNETTE

Comme nous étions assis tranquillement à boire un verre de vin, voilà que la petite Annette, la fille de l'auberge, monte l'escalier quatre à quatre, frappe à la porte, et vient se jeter dans mes bras, toute réjouie.

Je connaissais cette jolie petite depuis longtemps; nous étions du même village, et puisqu'il faut tout vous dire, ses yeux pétillants, sa gaieté et sa gentillesse m'avaient captivé le cœur.

« Je viens causer un instant avec toi, me dit-elle, en s'asseyant à côté de moi. Je t'ai vu monter tout à l'heure, et me voilà! »

Elle se mit alors à bavarder, me demandant des nouvelles de celui-ci, de celui-là, enfin de tout le village: c'était à peine si j'avais le temps de lui répondre. Nous serions restés là jusqu'au lendemain, si la mère Tripote ne s'était mise à crier dans l'escalier:

« Annette! Annette! viendras-tu? »

— Me voilà, madame, me voilà! » fit la pauvre enfant, se levant toute surprise. Elle me donna une petite tape sur la joue et s'élança vers la porte; mais au moment de sortir elle s'arrêta:

« Ah! s'écria-t-elle en revenant, j'oubliais de vous dire: prenez garde, si vos papiers ne sont pas en règle. Demain, à huit heures, on viendra vous les demander. On arrête tant de monde depuis huit jours! Ainsi, mon pauvre Jean, veille bien sur toi, et que tes papers soient en ordre.»

Tandis qu'elle parlait, on criait toujours en bas:

« Annette! Annette! viendras-tu? Oh! la malheureuse, qui me laisse toute seule! »

Il fallut bien partir. Annette descendit en courant comme elle était venue, et répondant de sa voix douce:

« Mon Dieu, qu'y a-t-il donc, madame, pour crier de la sorte! Ne croirait-on pas que la maison a pris feu! »

36. LES PÊCHEURS

A la fin M. Sauvage se décida: « Allons, en route! mais avec précaution.» Et ils descendirent dans un champ de vigne, courbés en deux, rampant, profitant des buissons pour se couvrir, l'œil inquiet, l'oreille tendue.

Une bande de terre nue restait à traverser pour gagner le bord du fleuve. Ils se mirent à courir, et dès qu'ils eurent atteint la berge, ils se cachèrent dans les roseaux secs.

Morissot colla sa joue par terre pour écouter si on ne marchait pas dans les environs. Il n'entendit rien. Ils étaient bien seuls, tout seuls.

Ils se rassurèrent et se mirent à pêcher. M. Sauvage prit le premier goujon. Morissot attrapa le second, et d'instant en instant ils levaient leurs lignes avec une petite bête argentée au bout du fil; une vraie pêche miraculeuse. Une joie délicieuse les pénétrait, cette joie qui vous saisit quand on retrouve un plaisir aimé dont on est privé depuis longtemps.

Mais ils furent saisis d'une peur subite, sentant bien qu'on venait de marcher derrière eux; et ayant tourné les yeux, ils aperçurent, debout contre leurs épaules, quatre hommes, quatre soldats qui les tenaient en joue au bout de leurs fusils.

Les deux lignes s'échappèrent de leurs mains et se mirent à descendre la rivière.

En quelques secondes ils furent saisis, emportés, jetés dans un bateau.

Et derrière la maison qu'ils avaient crue abandonnée, ils aperçurent une vingtaine de soldats ennemis.

D'après GUY DE MAUPASSANT

SECTION TWO

FRENCH PASSAGES FOR TESTS IN COMPREHENSION

I. DANS LA MONTAGNE

Ayant franchi dans la matinée le col de Bergeret, Chamard et moi descendions vers le village de Bionnat, où nous allions prendre un petit chemin qui franchissait le col du Corbier, pour descendre ensuite dans la vallée de Sanches. A Saint-Gervais, petite ville située dans cette vallée, nous comptions prendre un car pour nous ramener à l'hôtel Bristol.

Quand nous arrivâmes à Bionnat, nous étions assez fatigués, nous avions faim et soif. Nous entrâmes dans le café d'un petit hôtel. Le patron, petit gros aux yeux vifs, vint nous serrer la main. Nous lui posâmes quelques questions sur le chemin que nous devions prendre pour aller à Saint-Gervais.

« Ah! messieurs, dit-il, il est un peu tard pour y aller aujourd'hui. C'est une promenade qui demande trois ou quatre heures. Vous auriez dû partir plus tôt. Voyez-vous, c'est un chemin difficile. Il y a des précipices, des endroits dangereux. D'ailleurs, là-haut, il n'y a aucun hôtel, aucune auberge ; il n'y a que quelques huttes qu'habitent des paysans qui, en été, montent là-haut avec leurs bêtes. Les voyageurs surpris par la nuit sont parfois obligés de coucher dans une étable avec les vaches. . . . Puis il y a les chiens : ils sont féroces, vous savez ; il faut prendre un gros bâton pour se protéger. Et j'ai entendu dire, messieurs, qu'il y a des fourmis grosses comme ça et des serpents longs comme mon bras! Enfin, je vous conseille sérieusement de ne pas essayer de passer le col ce soir. . . . Pourquoi ne pas rester ici, chez moi? Vous mangerez bien, vous dormirez bien. Ah! mes chambres, mes lits : tout ce qu'il y a de plus confortable! »

1. Comment les promeneurs allaient-ils regagner l'hôtel Bristol? 2. En arrivant à Bionnat, pourquoi entrent-ils au café? 3. Comment était le patron du café? Que fait-il en voyant entrer les promeneurs? 4. Combien de temps faut-il pour aller à pied de Bionnat à Saint-Gervais? 5. Selon le patron, pourquoi serait-il imprudent d'entreprendre cette promenade le soir? 6. Quels gens pourrait-on rencontrer dans la montagne? 7. Nommez trois choses qui, dans la montagne, pourraient faire du mal aux promeneurs. 8. Comment le patron cherche-t-il à retenir les promeneurs chez lui?

1. How did the travellers expect to get back to their hotel? 2. How did they feel when they reached Bionnat? 3. What was the hotel proprietor like? How did he greet the men? 4. What information did the two men seek? 5. The hotel proprietor gave several reasons why the men should not undertake their journey. Give two of these reasons. 6. Where did travellers overtaken by the dark sometimes have to sleep? 7. What creatures would cause annoyance, if not danger, in the mountains? 8. The hotel-keeper wants the men to stay the night. What inducements does he offer?

2. LE PATRON SE TROMPE

Le patron était un gros homme robuste. Il était intelligent et dur. Lui-même travaillait beaucoup et il comptait que chacun de ses ouvriers devait faire de même. Il surveillait constamment son usine pour voir si tout marchait bien. Tout le monde le craignait.

Un matin, vers dix heures, il sortit de son bureau faire le tour de l'usine. En chemin, il aperçut, à côté d'une porte ouverte, un jeune homme de dix-sept à dix-huit ans, assis sur une caisse, les jambes pendantes, et qui sifflait un air populaire. Le patron fut fâché. Il s'approcha du jeune homme. Celui-ci entendit le pas du gros homme, leva la tête, s'arrêta de siffler et dit: « Bonjour, monsieur »; puis il recommença à siffler.

« Un instant, mon garçon, dit le patron d'une voix dure, combien gagnes-tu par semaine? »

L'autre cessa de siffler et répondit tranquillement:

« Quatre-vingts.

— Eh bien, dit le patron, je te donne ta semaine. Voici tes quatre-vingts francs. Et maintenant va-t'en, rentre chez toi où tu pourras siffler autant que tu voudras! Allez! Je ne veux pas de paresseux chez moi! »

Le patron entra dans l'usine, appela son contremaître.

« Rateau, dit-il d'une voix forte, je me demande quelquefois ce qui se passe ici. Je me demande ce que font mes ouvriers quand je ne suis pas là. Est-ce que chacun fait bien son travail? Moi, j'ai l'impression qu'il y en a quelques-uns qui ne font presque rien.

— Mais, monsieur . . ., protesta le contremaître.

— Laissez-moi parler! Pour moi, ce qui compte, c'est le travail. Le travail, c'est l'argent. Ceux qui ne travaillent pas, je les mettrai tous à la porte, et plus vite que ça! »

Le contremaître se fâcha à son tour:

« Monsieur, dit-il, vous savez tout ce qui se passe ici. Vous savez que je surveille bien le personnel, que chacun de vos ouvriers connaît son métier et travaille ferme. . . .

— Est-ce que je puis croire ce que vous dites? Je vous répète qu'il y a des paresseux! D'ailleurs je viens d'en mettre un à la porte: celui qui était assis sur cette caisse-là et sifflait. Je lui ai donné sa semaine, à celui-là, et je lui ai dit de s'en aller siffler chez lui. . . .

— Mais, monsieur! s'écria Rateau, celui-là n'était pas un ouvrier, c'était un petit employé des chemins de fer; il venait de nous apporter un colis! »

1. Quel genre d'homme était le patron? Pourquoi les ouvriers le craignaient-ils? 2. Pourquoi le patron se fâche-t-il en voyant le jeune homme? 3. Que fait le jeune homme quand le patron s'approche? 4. Quel âge le jeune homme avait-il? Combien gagnait-il par semaine? 5. Quel ordre le patron donne-t-il au jeune homme? 6. Qui était Rateau? 7. Pourquoi Rateau se fâche-t-il? 8. Expliquez l'erreur du patron.

1. What was the boss's attitude to his employees? 2. Why did everybody fear him? 3. What was the young fellow doing when the boss caught sight of him? 4. What did the youth do when the employer came up? 5. How did the boss treat him? 6. Who was Rateau? What made him angry on this occasion? 7. Why does the master doubt Rateau's word? 8. What was the boss's mistake?

3. ON ASSASSINE CHOPIN!

Vingt minutes après, Gustave revint.   Son fils causait avec un voisin nommé Gilbert.   Sur le comptoir, sur les tables se trouvait une quantité invraisemblable de bouteilles.

« Tiens! dit Gustave, qu'est-ce que c'est que toutes ces bouteilles?   Je t'ai dit de n'en prendre qu'une douzaine!

— Non, père, tu as voulu que j'en prenne douze douzaines; cela fait cent quarante-quatre.   Les voilà!

— Sapristi! que veux-tu que je fasse de cent quarante-quatre bouteilles?   Tu me prends pour un imbécile?   J'ai dit: douze, une douzaine, pour que tu entendes bien ce que je te disais.   Tu es tellement distrait, tu ne fais pas attention à ce que je dis, je dois te répéter les choses dix fois!   Allez, je veux que tu remportes tout ça chez le limonadier, tu comprends? »

Il s'emportait, il criait fort.   Il marcha vers son fils, le prit par les épaules, le secoua.   Gilbert se leva, lui saisit le bras, essaya de le calmer.

A ce moment-là, une dame, entendant le bruit de la dispute, jeta un coup d'œil dans le café, crut que trois hommes se battaient et s'en alla chercher un agent de police.

Mais Gustave se calma vite, et Gilbert le fit sourire en disant:

« C'est aujourd'hui mon anniversaire.   Voulez-vous que je vous offre du champagne? »

On alla chercher une bouteille du meilleur champagne, on la déboucha, *pan!* on versa.   Tous les trois levaient leur verre lorsqu'un agent entra:

« Qu'est-ce qui se passe ici? demanda celui-ci.   On vient de me dire qu'on assassinait un homme.   On a entendu un coup de feu.

— On assassinait un homme? dit Gustave.   Pensez-vous!   Le coup de feu qu'on a entendu, c'était le bouchon de cette bouteille de champagne!   Voulez-vous que nous vous offrions un verre?

— Merci, pas quand je suis de service.»

Gustave reprit:

« D'ailleurs, il est vrai que nous parlions d'un homme assassiné.   Écoutez.   Vous entendez la dame du premier qui joue du piano?   Je disais tout à l'heure qu'elle assassinait Chopin!

— Et il est mort? demanda l'agent.

— Bien sûr qu'il est mort!   Il mourut il y a plus de cent ans.   A votre santé! »

1. Qu'est-ce qui surprend Gustave quand il revient chez lui? 2. Combien y avait-il de bouteilles?   3. Expliquez l'erreur du fils. 4. Qu'est-ce que le jeune homme devait faire de toutes ces bouteilles?   5. Entendant du bruit dans le café, une passante y jette un coup d'œil.   Qu'est-ce qu'elle y voit?   6. La dame s'en va chercher un agent de police.   Que lui raconte-t-elle?   7. Quand l'agent arrive au café, qu'est-ce qu'il y voit?   8. Qu'est-ce qui prouve que l'agent n'était pas très instruit?

1. What was the son doing when his father returned?   2. How had the mistake arisen concerning the number of bottles?   3. What was Gustave's opinion of his son?   4. What did the lady see when she looked inside the café?   5. What did the lady tell the policeman?   6. What shows that Gustave was a man of uncertain temper?   7. What " murder " was Gustave talking about?   8. What shows that the policeman was rather ignorant?

4. LE FOYER

Le salon est paisible.   Au fond, la cheminée
Flambe, par un feu clair et vif illuminée.
Au dehors le vent siffle, et la pluie aux carreaux
Ruisselle avec un bruit pareil à des sanglots.
Sous son abat-jour vert la lampe scintille,
Baigne de sa clarté la table de famille.
Le père écrit.   La mère, active et recueillie,
Couvre un grand canevas de dessins bigarrés,
Et l'on voit sous ses doigts s'élargir par degrés
Le tissu nuancé de laine rouge et noire.
Assise au piano, sur les touches d'ivoire
La jeune fille essaye un thème préféré. . . .

ANDRÉ THEURIET

1. How many people are in the room?   2. What is the season? What is the weather like?   3. What sounds are heard inside the room?   What sounds come from the outside?   4. What

illumines the room? 5. What is the mother doing? What materials is she using? What will be the colour of her fini shed work? 6. What are the father and daughter doing?

5. UNE RUSE

Vers onze heures, un monsieur très distingué, très bien habillé est entré chez moi. Il a examiné quelques articles, puis il a ramassé ce violon: « Tiens! a-t-il dit, qu'est-ce que vous avez ici? Il est vrai que c'est un vieil instrument, mais c'est un violon superbe, un véritable Stradivarius! Je voudrais bien l'acheter, s'il est à vendre. Combien en demandez-vous? » Je lui ai dit qu'il m'était impossible de le vendre, puisqu'il ne m'appartenait pas, et je lui parle de l'enfant qui l'avait apporté ce matin-là. Eh bien, cet homme voulait à tout prix acheter le violon. Il a dit qu'il le payerait cinq cents francs et qu'il me ferait en plus un cadeau de cinquante francs. Il est parti, disant qu'il reviendrait dans l'après-midi. . . . Eh bien, un peu avant midi, mon petit musicien est revenu. Il me rapportait mes sept francs. . . .

— Mais vous ne lui aviez prêté que cinq francs! dit le docteur.

— Et mon bénéfice? Il me faut un petit bénéfice, n'est-ce pas, docteur? . . . Eh bien, je parle au petit de la visite du monsieur, des quatre cents francs qu'on lui offrait pour son violon. . . .

— Mais le client avait offert cinq cents!

— Je sais, je sais! Seulement, docteur, il est évident que je ne suis pas dans les affaires simplement pour m'amuser! Les affaires sont les affaires: vous comprenez cela aussi bien que moi! . . . Bref, le petit avait l'air enchanté. Il m'a laissé son violon, je lui ai donné ses quatre cents et il est parti en me remerciant et en me parlant de sa pauvre mère . . .

— Alors? demanda le docteur.

— Alors quoi? dit le brocanteur. Vous pouvez me prendre pour un imbécile. Ai-je besoin de vous dire que le monsieur distingué n'est jamais revenu? Voyez-vous, docteur, je suis dans les affaires depuis vingt ans, et on m'a eu comme le dernier des derniers! »

1. Quelles sont les deux personnes qui causent ensemble? 2. Pourquoi le monsieur distingué voulait-il acheter le violon? 3. Pourquoi le brocanteur ne pouvait-il pas vendre le violon? 4. Quelle somme le brocanteur avait-il prêtée au propriétaire du violon? 5. Quels bénéfices le brocanteur comptait-il faire? 6. Quand le garçon est revenu, qu'est-ce que le brocanteur lui a raconté? 7. Comment le brocanteur a-t-il perdu son argent? 8. Pourquoi a-t-il honte de lui?

1. How many people were involved in this swindle? 2. What was there about the swindlers which put the dealer off his guard? 3. How did the violin come to be in the shop? 4. On what grounds did the caller make a big offer for the instrument? 5. What special inducement did the client offer the dealer to get him the violin? 6. The dealer was " on the make ". Give instances of the way in which he made, or expected to make, profit. 7. How did the dealer come to lose his money? 8. Why was he rather ashamed of himself?

6. SUR UNE PLAGE ITALIENNE

Voyant que les jeunes filles hésitaient, le batelier italien s'approcha en souriant et leur dit:

« Bonjour, mesdemoiselles, vous ne voulez pas faire une petite promenade en bateau? Vous ne voulez pas visiter les grottes? Ah! c'est beau! C'est une promenade qu'il faut faire! Cela vous fera plaisir!

— Combien prenez-vous par personne? lui demanda Madeleine.

— Deux cents *lire*, mademoiselle, répondit le batelier, souriant toujours. Pour vous ce n'est rien! Ah, vous savez, quand on est en vacances, il faut s'amuser, il faut voir tous les beaux endroits!

— Malheureusement, dit Madeleine, nous n'avons pas de monnaie; nous n'avons qu'un billet de dix mille *lire*.

— Rien de plus facile, dit l'Italien en mettant la main dans sa poche et en retirant des billets dont quelques-uns étaient assez sales. Tenez, je vous donne tout de suite la monnaie de dix mille.»

Avant de passer à Madeleine chaque billet de mille *lire*, il le levait vers la lumière et le regardait en transparence pour voir s'il était bon. Il compta dix billets.

Madeleine, voulant payer ses services tout de suite, lui remit le dernier billet. Il le prit, le leva vers la lumière pour l'examiner.

« Mais vous savez qu'il est bon, celui-là! s'écria Denise. C'est celui que vous venez de nous donner!

— Ah! mademoiselle, dit le batelier en secouant la tête, on ne sait jamais, on ne sait jamais! . . . Ah, l'argent, ce sale argent! Regardez un peu ce qui arrive quand on en a trop! Voyez-vous là-bas cette jolie villa, la villa blanche? Elle appartenait à un monsieur qui était énormément riche, mais il avait mal au ventre, il ne pouvait pas manger le spaghetti! Vous entendez: c'était un Italien qui ne pouvait pas manger le spaghetti! Ah! c'est triste. . . . Et il est mort, le pauvre. . . . Le spaghetti, mes amies, c'est ce qui fait vivre! »

Le batelier flatta son gros ventre:

« Ça, dit-il en riant, c'est le spaghetti! »

Les jeunes filles éclatèrent de rire. Elles entrèrent dans le bateau, suivies de l'Italien. Celui-ci se mit à ramer tout doucement en chantant d'une belle voix de ténor *Santa Lucia*. C'était un homme heureux.

1. Qu'y avait-il d'intéressant à voir dans les environs? 2. Quel genre d'homme était le batelier? 3. Quel était le prix de la promenade en bateau? 4. Pourquoi les jeunes filles ne croient-elles pas pouvoir faire cette promenade? 5. Comment le batelier règle-t-il la question du payement? 6. Que fait le batelier pour s'assurer que les billets sont bons? 7. L'Italien fait quelque chose qui surprend ses clientes. Que fait-il exactement? 8. Où habitait l'homme riche dont parle le batelier? Quel était son mal? Qu'est-il devenu?

1. Where does this incident take place? What was there to see in the neighbourhood? 2. What sort of man was the boatman, physically and otherwise? 3. What is the cost of the trip? 4. The girls see difficulties in paying. Why? 5. How does the boatman solve the question of payment? 6. What shows that the Italian was a cautious man with regard to banknotes? 7. The boatman does something which surprises the girls. What is it? 8. Where did the poor rich man live? What was his trouble? What has become of him?

7. UN FAUX SUICIDE

Ce soir-là je me rendis au casino, j'entrai dans la salle de jeu, j'y perdis un peu d'argent que j'avais emprunté à un ami. Je pris alors mon air le plus malheureux, je dis au portier: « C'est fini, il n'y a qu'une chose à faire.» Je sortis. Il faisait nuit, le soir était beau, beaucoup de gens se promenaient. A quelques mètres de la porte du casino, je tirai de ma poche un pistolet, un jouet d'enfant, que j'avais acheté avant d'aller dîner. Je le chargeai avec une espèce de bouchon et je tirai, *pan!* Je poussai un cri terrible, je tombai par terre. Des femmes criaient, des gens se groupèrent autour de moi. J'entendais: «Ah, ce pauvre homme!» « Ah! le malheureux!» « Oh! c'est affreux!» etc. Moi, je ne bougeais pas, je faisais le mort, j'attendais.

Au bout de quelques secondes quelqu'un s'approcha de moi, se baissa, et j'eus la joie de sentir qu'on glissait quelque chose dans la poche de mon veston. Cet individu dit: « Non, il n'y a rien à faire,» se leva et s'éloigna. J'attendis encore quelques secondes, car je ne devais pas me lever trop tôt, puis je me mis lentement debout. Les gens s'étonnèrent. Un jeune homme cria: « Il n'est que blessé! »

J'allais m'éloigner lorsque quelqu'un me saisit par l'épaule. Je me retournai: c'était un employé du casino:

« Qu'est-ce que c'est que cette histoire? me dit celui-ci. C'est un faux suicide! Rendez-moi ces deux cents francs!

— Mais, je ne vous dois rien! répondis-je.

— Si, vous avez deux cents francs qui sont à nous! Je viens de mettre les billets dans la poche de votre veston! Allez, donnez, ou je vous emmène au poste de police!

— Cela m'est égal, lui dis-je. Emmenez-moi au poste, si cela vous plaît.»

A cet instant un homme bien habillé, que je reconnus comme le directeur du casino, arriva en courant:

« Allons, messieurs, dit-il, pas d'histoires, pas d'histoires! Venez avec moi.»

Je refusai de le suivre. Alors il s'approcha très près, me regarda sous le nez et me dit à voix basse:

« Écoute. Tu nous as joué un sale tour, mais on te

connaît. Tu ne recommenceras pas. J'espère ne plus te voir au casino. C'est compris? »

C'était compris! Mais j'avais mes deux cents francs!

1. A quelle heure, à peu près, cet incident se passe-t-il? 2. Quand le narrateur a perdu son argent, où va-t-il? 3. Comment prévient-il les gens du casino qu'il va se suicider? 4. Le narrateur fait semblant de se suicider. Où le fait-il? Avec quoi le fait-il? 5. Quand il tombe, que font les passants? 6. Qui vient examiner le suicidé, pendant que celui-ci est étendu par terre? Que fait cet individu? 7. Qu'est-ce qui fait croire que le narrateur se lève un peu trop tôt? 8. Pourquoi le directeur veut-il emmener le narrateur au casino?

1. When the gambler had lost his money, where did he go? 2. What hint did he drop that he was going to stage a suicide? 3. Where did he stage his " suicide "? What did he do it with? 4. What was the effect of the shot on the passers-by? 5. What happened, as the narrator lay on the ground? 6. What shows that he had a good idea of what would happen? 7. What leads us to think that he got up too soon? 8. What were the respective attitudes of the two men who came to talk to him?

8. CE QUE VEUT L'ENFANT

Jeanne songeait, sur l'herbe assise, grave et rose;
Je m'approchai: « Dis-moi si tu veux quelque chose,
Jeanne? »—car j'obéis à ces charmantes amours,
Je les guette, et je cherche à comprendre toujours
Tout ce qui peut passer par ces divines têtes.—
Jeanne m'a répondu: « Je voudrais voir des bêtes.»
Alors je lui montrai dans l'herbe une fourmi.
« Vois! » Mais Jeanne ne fut contente qu'à demi.
« Non, les bêtes, c'est gros,» me dit-elle.

Leur rêve

C'est le grand. L'océan les attire à sa grève,
Les berçant de son chant rauque et les captivant
Par l'ombre, et par la fuite effrayante du vent;
Ils aiment l'épouvante, il leur faut le prodige.
« Je n'ai pas d'éléphant sous la main, répondis-je.

Veux-tu quelque autre chose, ô Jeanne, on te le doit!
Parle! » Alors Jeanne au ciel lève son petit doigt:
« Ça, » dit-elle. C'était l'heure où le soir commence.
Je vis surgir à l'horizon la lune immense.

VICTOR HUGO

1. What made the poet think that the child wanted something?
2. What did she want? 3. Why was not Jeanne entirely pleased
with what her grandfather showed her? 4. The poet tries again.
What does Jeanne ask for this time? 5. What makes us think
that the poet is an understanding observer of children? 6. What
has he observed about children's imagination? 7. According to
him, what things hold a special attraction for children?

9. DANS LA GRANGE

Près de la route se trouvait une ferme dont les volets
étaient fermés. On y voyait pourtant briller de la lumière.

« Peut-être pourrai-je y passer la nuit, » pensa Christophe.
Et aussitôt il frappa à la porte.

Une femme lui ouvrit:

« Que voulez-vous? lui demanda-t-elle; mais lorsqu'elle
apprit ce qu'il voulait, elle lui dit de passer son chemin; son
mari était sorti, elle ne recevait pas d'étrangers.

— Soit! je coucherai dehors, » répondit Christophe d'un
ton résigné. Et la femme referma la porte.

Près de la maison était une grange, dont le haut était
rempli de foin.

« J'y coucherai bien, se dit Christophe, le lit sera bon, » et
il se glissa dans la grange, où il se coucha. Malgré sa fatigue,
il ne s'endormit pas tout de suite; il se retourna plusieurs
fois sans trouver le sommeil.

A un moment donné, en ouvrant les yeux dans l'obscurité,
il aperçut, à travers un trou dans le mur, un filet de lumière:
les volets de la maison ne se fermant pas entièrement, il
put voir ce qui se passait à l'intérieur.

Au milieu de la salle se dressait une table, sur laquelle se
trouvait une cassette ouverte. Devant la table était assise la
fermière, occupée à compter des billets de banque qu'elle

venait de retirer de la cassette. De temps en temps elle s'arrêtait de compter et paraissait écouter attentivement.

Tout à coup Christophe entendit dans la cour des pas lourds. C'était sans doute le mari qui rentrait. La bonne femme avait entendu, elle aussi, ces pas, car elle fourra en hâte tous les billets dans la cassette, qu'elle s'empressa de serrer dans une grande armoire.

1. Comment Christophe sait-il qu'il y a quelqu'un dans la ferme? 2. Qu'est-ce que le jeune garçon demande à la fermière? 3. Pourquoi la fermière refuse-t-elle sa demande? 4. Où Christophe couche-t-il? 5. Qu'est-ce qui lui permet de voir ce qui se passe à l'intérieur de la maison? 6. Que faisait la fermière dans la salle? 7. Qu'est-ce qui trahissait les craintes de la bonne femme? 8. Que fait la fermière lorsqu'elle entend les pas de son mari?

1. Although the shutters were closed, how did Christophe know that there was still someone up? 2. What did the boy ask the farmer's wife? On what grounds did she refuse his request? 3. Where and on what did Christophe spend the night? 4. How did the boy manage to see what was going on inside the house? 5. What objects could he see in the room? 6. What was the woman doing? 7. What betrayed her apprehension? 8. What did she do when she heard her husband coming?

10. LE PRISONNIER DU MOULIN

Alors, quand elle eut inspecté les lieux avec soin, Françoise revint s'asseoir sur son lit. Elle y resta une heure, profondément absorbée. Puis elle écouta de nouveau: la maison était complètement silencieuse, la nuit était toute noire. Elle retourna à la fenêtre, près de laquelle passait une vieille échelle de fer, dont les barres disparaissaient sous les lierres épais couvrant ce côté du moulin.

Françoise enjamba la balustrade de sa fenêtre, saisit une des barres de fer et commença à descendre. Brusquement, une pierre se détacha de la muraille et tomba bruyamment dans la rivière. Françoise, saisie de terreur, s'était arrêtée. Mais au bout d'un instant, elle se rendit compte que la chute d'eau couvrait de sa rumeur continue tous les bruits qu'elle pouvait faire, et elle descendit alors plus hardiment.

Lorsqu'elle fut à la hauteur de la chambre qui servait de prison à Dominique, elle s'arrêta. Une difficulté imprévue s'était présentée. La fenêtre de la pièce du bas n'était pas placée précisément sous celle de la chambre, mais se trouvait plus à gauche. Donc, lorsque Françoise étendit la main, elle ne rencontra que la muraille. Lui faudrait-il donc remonter, sans pousser son projet jusqu'au bout ?

Alors, elle eut une idée. Elle arracha du mur de petits fragments de brique et de plâtre et les lança dans la fenêtre de Dominique. Il ne l'entendait pas, peut-être dormait-il. Françoise était à bout de force, ses bras se lassaient, elle se sentait près de tomber, lorsque Dominique ouvrit enfin doucement.

« C'est moi, Françoise, murmura-t-elle. Prends-moi vite, je tombe. »

D'après ÉMILE ZOLA

1. On lit au commencement du récit que Françoise « resta une heure, profondément absorbée. » A quoi pensait-elle ? 2. Comment espère-t-elle gagner la chambre de Dominique ? 3. Pourquoi cette descente était-elle particulièrement difficile et hasardeuse ? 4. Comment parvient-elle à mettre le pied sur l'échelle ? 5. Quand elle n'a fait qu'une partie du chemin, quelque chose d'alarmant se produit. Qu'est-ce qui arrive ? 6. Qu'est-ce qui rassure Françoise, de sorte qu'elle continue hardiment de descendre ? 7. Pourquoi trouve-t-elle impossible d'arriver jusqu'à la fenêtre de Dominique ? 8. Comment Françoise réussit-elle à attirer l'attention du jeune homme ?

1. Where exactly was Dominique ? 2. How did Françoise propose to get to him ? 3. Why was this enterprise awkward and dangerous ? 4. What frightened the girl when she was part of the way down ? 5. What reassured Françoise and gave her fresh courage ? 6. Why could she not get to Dominique's window ? 7. Why was her position particularly dangerous ? 8. How did she attract Dominique's attention ?

11. UN HOMME D'AFFAIRES EN VACANCES

Cette année-là, le 2 août, M. Belin partit en voiture avec sa femme, sans but déterminé. Quand ils trouveraient un endroit agréable, ils y resteraient.

Ayant roulé tout le jour à travers la France, ils arrivèrent le soir dans une jolie petite ville au bord de la mer. Cet endroit leur plut. Ils décidèrent d'y rester au moins une partie de leurs vacances. Ils descendirent à un bel hôtel.

Le lendemain matin, avant de se lever, bien qu'il fût en vacances, M. Belin pensait à ses affaires. Il sonna pour savoir s'il n'y avait pas de courrier pour lui. Il n'y en avait pas. Il n'y en eut pas le lendemain non plus. M. Belin se tourmentait. Il avait peur que Mlle Vannier n'eût oublié ses instructions ou qu'elle ne fût tombée malade. Le troisième jour, quand lui et sa femme eurent déjeuné, il dit à Mme Belin:

« Qu'en penses-tu, toi? Bien que j'aie dit à Mlle Vannier de faire suivre mon courrier, elle n'a rien fait: aucune lettre n'est arrivée pour moi. Est-il possible qu'elle soit malade ou qu'elle ait mal compris ce que je lui ai dit? Impossible de téléphoner au bureau: il n'y a personne, et ma secrétaire n'a pas le téléphone chez elle. Que faire?

— Écoute, mon ami, répondit sa femme, quand je suis en vacances, je veux que tu me laisses tranquille. Si tu savais combien tu m'ennuies! On ne peut pas se promener, on ne peut même pas manger sans que tu regardes au loin, la figure longue comme ça, réfléchissant à tes sales affaires! J'en ai assez, tu entends! . . . A propos, as-tu communiqué notre adresse à ta secrétaire, puisque nous somme partis sans laisser d'adresse?

— Ah! sapristi, s'écria M. Belin, tu as raison, elle ne connaît pas notre adresse! . . . Tu ne veux pas que je la lui envoie?

— Non! et non!

— Bon, bon.»

1. Quand les Belin partent en voiture, où ont-ils l'intention d'aller? 2. Les Belin descendent à un hôtel. Comment savons-nous que cet hôtel était loin de chez eux? 3. Qu'est-ce qui empêche M. Belin de profiter des vacances? 4. Pourquoi Belin est-il tourmenté pendant les premiers jours? 5. Qui était Mlle Vannier? 6. Quelles instructions Belin a-t-il données à cette demoiselle avant de partir? 7. Pourquoi Belin ne peut-il

pas téléphoner à Mlle Vannier?   8. Pourquoi Mlle Vannier
n'a-t-elle rien envoyé?

1. Where had Belin and his wife arranged to spend their
holiday?   2. How do we know that the resort where they stayed
was a long way from their starting-point?   3. Why was Belin
worried in the early days of the holiday?   4. Who was Mademoiselle Vannier?   5. What instructions had Belin given
Mademoiselle Vannier before he left?   6. Why could he not get
into touch with her by telephone?   7. Why does Madame Belin
find her husband poor company?   8. Why has not Mademoiselle
Vannier written?

12. LES ELFES

Ils l'entourent tous d'un essaim léger
Qui dans l'air muet semble voltiger.
— Hardi chevalier, par la nuit sereine,
Où vas-tu si tard? dit la jeune Reine.
De mauvais esprits hantent les forêts:
Viens danser plutôt sur les gazons frais.—

— Non! ma fiancée aux yeux clairs et doux
M'attend, et demain nous serons époux.
Laissez-moi passer, Elfes des prairies,
Qui foulez en rond les mousses fleuries;
Ne m'attardez pas loin de mon amour,
Car voici déjà les lueurs du jour.—

— Reste, chevalier.   Je te donnerai
L'opale magique et l'anneau doré,
Et, ce qui vaut mieux que gloire et fortune,
Ma robe filée au clair de la lune.
— Non! dit-il.— Va donc!— Et de son doigt blanc
Elle touche au cœur le guerrier tremblant.

Et sous l'éperon le noir cheval part.
Il court, il bondit et va sans retard;
Mais le chevalier frissonne et se penche:
Il voit sur la route une forme blanche
Qui marche sans bruit et lui tend les bras:
— Elfe, esprit, démon, ne m'arrête pas!—

LECONTE DE LISLE

1. At what time of the night does this encounter take place? Where does it take place? 2. What warning and what invitation does the Queen offer the knight? 3. Why cannot the knight tarry? 4. What is due to take place on the morrow? 5. What gifts does the Queen promise the knight if he will stay? 6. What does the Queen do when the knight finally refuses? 7. What betrays the knight's great fear? 8. Does the knight realize what the white figure is? What do you think it was?

13. LES DEUX AUBERGES

En entrant, je trouvai une longue salle déserte et morne, éclairée de trois grandes fenêtres sans rideaux. Au fond de la salle il y avait une femme debout contre la vitre, très occupée à regarder dehors. Je l'appelai deux fois:

« Hé! l'hôtesse! »

Elle se retourna lentement et me laissa voir une pauvre figure de paysanne, ridée, couleur de terre. Pourtant ce n'était pas une vieille femme, mais les larmes l'avaient toute fanée.

« Qu'est-ce que vous voulez? me demanda-t-elle en s'essuyant les yeux.

— M'asseoir un moment et boire quelque chose.»

Elle me regarda tout étonnée, sans bouger de sa place, comme si elle ne comprenait pas.

« Ce n'est donc pas une auberge ici?

— Si . . . c'est une auberge, si vous voulez . . . mais pourquoi n'allez-vous pas en face comme les autres? C'est bien plus gai. . . .

— C'est trop gai pour moi. . . . J'aime mieux rester chez vous.»

Et, sans attendre sa réponse, je m'installai devant une table.

Elle me servit. Tout en buvant, j'essayai de la faire causer.

« Il ne vous vient pas souvent du monde, madame?

— Oh! non, monsieur, jamais personne. Quand nous étions seuls dans le village, c'était différent. Mais depuis que les voisins sont venus s'établir, nous avons tout perdu. Les gens aiment mieux aller en face. Chez nous, on trouve que c'est trop triste. Je ne suis pas belle, mes deux petites

sont mortes. . . . Là-bas, au contraire, on rit tout le temps.
Celle qui tient la maison est une belle femme; elle est
jeune, gaie. Tout le monde va chez elle. Moi je reste ici
tout le jour sans voir personne.»

A ce moment une voix d'homme se mit à chanter, une
belle voix vibrante. A cette voix, l'hôtesse se tourna vers
moi:

«Entendez-vous? me dit-elle tout bas, c'est mon mari.»

Je la regardai, stupéfait:

«Comment! votre mari! . . . Il va donc là-bas, lui
aussi?»

D'après ALPHONSE DAUDET

1. Pourquoi le narrateur entre-t-il dans cette auberge, et non
dans l'autre? 2. Où se trouvait l'autre auberge? 3. Le client
entre dans une salle. Comment était cette salle? 4. Quelle
personne se trouvait déjà dans cette salle? Que faisait cette
personne? 5. Selon l'hôtesse, pourquoi tous les clients vont-ils à
l'autre auberge? 6. Qu'est-ce qui a vieilli cette femme et l'a
rendue si triste? 7. Quelle était sa vie avant l'arrivée de la
concurrente? 8. Qu'est-ce que le narrateur considère comme
particulièrement cruel?

1. Why had the customer come to this inn? 2. Where was the
other inn? 3. The customer entered a room. What was this
room like? 4. What was the hostess like? What was she doing?
5. What was the cause of her sorrow? 6. What had caused the
big change in her life? 7. Why was her competitor so successful?
8. What did the customer feel was particularly tragic and cruel?

14. LA FAÇON DONT LES FRANÇAIS SE DISENT AU REVOIR

Je dois le confesser: j'ai toujours trouvé étrange l'attraction exercée sur les Français par le pas des portes. Ils ont
notamment, arrivés à cet endroit, une façon de se dire au
revoir en ayant soin de ne pas se quitter, dont on chercherait
en vain l'équivalent dans le Commonwealth, et sans doute
dans le reste du monde. Au moment même où ils doivent se
séparer après avoir causé pendant deux heures, ils trouvent
une quantité de choses capitales à se dire. C'est un peu ce

qui se passe avec les femmes au téléphone: il suffit qu'elles
se disent « au revoir » pour trouver soudain à parler d'une
foule de choses.

J'ai été plus particulièrement frappé par cette attitude le
jour où, de retour en France après une longue mission en
Mésopotamie, je crus être l'objet d'une hallucination;
j'aperçus en effet mon vieil ami M. Taupin dans la position
exacte où je l'avais laissé six mois auparavant: sur le seuil de
sa maison, il disait toujours au revoir à M. Charnelet. La
fréquentation du désert m'ayant accoutumé aux mirages, je
n'en crus d'abord pas mes yeux. Discrètement je me
rapprochai. Je vis alors M. Taupin reculer de quelques pas,
lever les bras en l'air et revenir d'un air menaçant sur M.
Charnelet, qu'il saisit par le revers de son manteau et
commença à secouer d'avant en arrière. Il était évident,
pour un Anglais du moins, qu'ils allaient en venir aux mains.
Je m'apprêtais à les séparer lorsque je les entendis éclater de
rire. A ce moment ils me reconnurent:

« Ma parole, cria M. Taupin, mais voilà notre major
Thompson de retour! Quelle surprise! »

Je compris alors que mes yeux ne m'avaient pas trahi.
M. Taupin m'invita aussitôt à entrer chez lui et M. Charnelet,
lui ayant dit une nouvelle fois au revoir, nous rejoignit
bientôt pour faire, réflexion faite, un *petit brin de causette*.

PIERRE DANINOS, *Les Carnets du Major Thompson*
(Hachette et Cie, éditeurs)

1. Selon le major, qu'est-ce qui exerce sur les Français une
attraction extraordinaire? 2. D'après lui, que font les Français
après s'être dit au revoir? 3. Le major trouve que deux
Français qui causent sont comme deux femmes au téléphone.
Pourquoi? 4. Qu'est-ce qui étonne le major quand il revoit ses
deux amis après une absence de six mois? 5. Le major croit que
les deux hommes vont se battre. Pourquoi? 6. Qu'est-ce qui
avertit le major qu'il ne s'agit pas d'une dispute sérieuse? 7.
Que fait Charnelet après avoir dit au revoir à Taupin et au
major? 8. Le major anglais parle du *manteau* de M. Charnelet.
Est-ce une faute?

1. According to the Major, what seems to hold a special
attraction for the French? 2. According to his observations,

what do Frenchmen do after saying good-bye? 3. Why do Frenchmen remind the Major of women on the telephone? 4. How long had the Major been away? What had he been doing? 5. What astonished him when he saw his old friends, M. Taupin and M. Charnelet? 6. What made the Major think the two men were going to fight? 7. What made him realize that there was nothing serious? 8. Show that, at the end, Charnelet acts like a typical Frenchman.

15. LA CHÉVRIÈRE

J'y rencontre parfois sur la roche hideuse
Un doux être; quinze ans, yeux bleus, pieds nus, gardeuse
De chèvres, habitant, au fond d'un ravin noir,
Un vieux chaume croulant qui s'étoile le soir;
Ses sœurs sont au logis et filent leur quenouille;
Elle essuie aux roseaux ses pieds que l'étang mouille;
Chèvres, brebis, béliers, paissent; quand, sombre esprit,
J'apparais, le pauvre ange a peur et me sourit;
Et moi, je la salue, elle étant l'innocence.

. . . .

Je passe; enfant, troupeau s'effacent dans la brume;
Le crépuscule étend sur les longs sillons gris
Ses ailes de fantôme et de chauve-souris;
J'entends encore au loin dans la plaine ouvrière
Chanter derrière moi la douce chévrière.

VICTOR HUGO

1. Through what sort of country does the poet walk? 2. In the course of his walk he sometimes saw a girl. What was she like? How old was she? 3. What animals was the girl tending? 4. Where was the girl's home? 5. What sort of house was it? 6. With what expression does the girl look at the poet? Can you account for this? 7. What images arise in the poet's imagination with the gathering of the night? 8. What sound comes to the poet's ear when he has walked on some distance?

16. L'EMBUSQUÉ

Quand il se réveilla, le soleil lui parut arrivé à peu près au milieu du ciel; il devait être midi. Aucun bruit ne

troublait la paix morne des champs; et Walter Schnaffs
s'aperçut qu'il était atteint d'une faim aiguë.

Il bâillait, la bouche humide, à la pensée du saucisson,
du bon saucisson des soldats; et son estomac lui faisait
mal.

Il se leva, fit quelques pas, sentit que ses jambes étaient
faibles, et se rassit pour réfléchir. Pendant deux ou trois
heures encore, il établit le pour et le contre, changeant à
tout moment de résolution, malheureux, tourmenté par les
raisons les plus contraires.

Une idée lui parut enfin logique et pratique, c'était de
guetter le passage d'un villageois seul, sans armes, sans
outils de travail dangereux, de courir à sa rencontre et de
se remettre en ses mains, en lui faisant bien comprendre
qu'il se rendait.

Alors il ôta son casque, dont la pointe pouvait le trahir,
et il sortit sa tête au bord du fossé, avec des précautions
infinies.

Aucun être isolé ne se montrait à l'horizon. Là-bas,
à droite, un petit village envoyait au ciel la fumée de ses
toits, la fumée des cuisines! Là-bas, à gauche, il apercevait,
au bout des arbres d'une avenue, un grand château flanqué
de tourelles.

Il attendit jusqu'au soir, souffrant affreusement, ne
voyant rien que des vols de corbeaux, n'entendant rien que
les plaintes de ses entrailles.

Et la nuit encore tomba sur lui.

Il s'allongea au fond de sa retraite et il s'endormit d'un
sommeil hanté de cauchemars, d'un sommeil d'homme
affamé.

D'après GUY DE MAUPASSANT

1. Où se trouve ce soldat? Qu'est-ce qu'il y fait? 2. Il a
très faim. Que voudrait-il manger? 3. Qu'est-ce qui fait croire
qu'il n'a rien mangé depuis plusieurs jours? 4. Ce soldat veut
se rendre. A qui voudrait-il se rendre? De quoi a-t-il peur?
5. Comment savons-nous que cet homme ne parlait pas français?
6. Pourquoi ôte-t-il son casque avant de sortir sa tête du fossé?
7. Lorsqu'il sort sa tête du fossé, que voit-il? 8. Que fait-il
quand la nuit tombe?

1. Where was this soldier?   Why was he there?   2. At about what time did he wake up?   How did he know what time it was approximately?   3. What shows that he had eaten nothing for quite a long time?   4. To what sort of person would he like to give himself up?   5. How do we know that this man did not speak French?   6. Before peeping out, why does he remove his helmet?   7. When he looks out, what does he see?   8. What does he do when night falls?

17. ASSASSINAT

Voici les faits tels qu'ils furent établis en cour de justice:

Le 2 août, le jour tombant déjà, la femme Madeleine Pietri, qui portait du grain à Pietranera, entendit deux coups de feu très rapprochés, tirés, comme il lui semblait, dans un chemin creux menant au village, à environ cent cinquante pas de l'endroit où elle se trouvait.   Presque aussitôt elle vit un homme qui courait en se baissant, dans un sentier des vignes, et se dirigeait vers le village.   Cet homme s'arrêta un instant et se retourna; mais la distance empêcha la femme Pietri de distinguer ses traits, et d'ailleurs il avait à la bouche une feuille de vigne qui lui cachait presque tout le visage.   Il fit de la main un signe à un camarade que le témoin ne vit pas, puis disparut dans les vignes.

La femme Pietri monta le sentier en courant et trouva le colonel della Rebbia étendu par terre, gravement blessé, mais respirant encore.   Près de lui était son fusil chargé et armé, comme s'il s'était mis en défense contre une personne qui l'attaquait en face au moment où une autre le frappait par derrière.

En vain la femme Pietri le souleva et lui adressa quelques questions.   Elle voyait bien qu'il voulait parler, mais il ne pouvait se faire comprendre.   Ayant remarqué qu'il essayait de porter la main à sa poche, elle s'empressa d'en retirer un petit portefeuille, qu'elle lui présenta ouvert.   Le blessé prit le crayon du portefeuille et chercha à écrire.   En effet, le témoin le vit former avec peine plusieurs caractères, mais, ne sachant pas lire, elle ne put en comprendre le sens.   Épuisé par cet effort, le colonel laissa le portefeuille

dans la main de la femme Pietri, qu'il serra avec force, en
la regardant d'un air singulier, comme s'il voulait lui dire:
« C'est important, c'est le nom de celui qui a tiré sur moi. »

D'après PROSPER MÉRIMÉE

1. Que faisait Mme Pietri quand elle a entendu les coups de feu?
2. D'après les observations du témoin, où ces coups de feu avaient-
ils été tirés? 3. Quelques instants après les coups de feu, Mme
Pietri a vu un homme. Que faisait cet homme? Qu'y avait-il
de suspect dans son attitude? 4. Qu'est-ce qui a empêché le
témoin de reconnaître l'agresseur? 5. Qu'est-ce qui indiquait
qu'il y avait un second agresseur? 6. Quand la femme a trouvé
le colonel, dans quel état était-il? 7. Qu'est-ce que le colonel a
écrit dans le portefeuille? Pourquoi la femme ne comprend-
elle pas ce qu'il a écrit? 8. Comment le colonel a-t-il fait
comprendre à la femme que ce qu'il avait écrit était important?

1. What was the woman doing near the scene of the attack?
2. According to the woman's impression, where did the shooting
take place? 3. The witness saw a man. What was he doing?
What, in his attitude, made her suspicious? 4. What made the
witness realize that there were two attackers? 5. Why could not
Madame Pietri identify the attacker she saw? 6. What evidence
was there that the colonel had tried to defend himself? 7. What
did the colonel write in the note-book? 8. How did he convey to
the woman that what he had written was important?

18. CHANGEMENT DE MÉTIER

Elle poussa un cri de joie. Elle avait trouvé:

« Alors, nous achèterons une épicerie! Oh! quelle
chance! nous achèterons une épicerie! Pas grosse par
exemple; avec l'argent que vous avez on ne va pas loin.»

Il eut une révolte:

« Non, je ne peux pas être épicier. Je suis . . . je
suis . . . je suis trop connu . . . je ne sais que . . .
que le latin . . . moi.»

Mais elle lui enfonçait dans la bouche un verre plein
de champagne. Il but et se tut.

Nous remontâmes dans le bateau. La nuit était noire,
très noire. Je vis, cependant, qu'ils se tenaient par la
taille et qu'ils s'embrassèrent plusieurs fois.

Je passai mon examen six semaines plus tard. Ensuite j'allai à Paris continuer mes études, et ne revins dans ma ville natale qu'après deux ans.

Au détour de la rue du Serpent, une boutique attira mes regards. On lisait: *Produits coloniaux Piquedent*. Puis dessous, afin de renseigner les plus ignorants: *Épicerie*.

Je m'écriai:

« *Quantum mutatus ab illo!*»

Piquedent leva la tête, lâcha sa cliente et se précipita sur moi les mains tendues:

« Ah! mon jeune ami, mon ami, vous voici! Quelle chance! Quelle chance!»

Une belle femme, très ronde, quitta brusquement le comptoir et se jeta à mon cou. J'eus de la peine à la reconnaître, tant elle avait engraissé.

Je demandai:

« Alors, ça va?»

Piquedent s'était remis à peser:

« Oh! très bien, très bien.

—Et le latin, monsieur Piquedent?

—Oh! mon Dieu, le latin, le latin, voyez-vous, il ne nourrit pas son homme!»

D'après GUY DE MAUPASSANT

1. Dans la première partie de l'histoire, combien de personnes se trouvaient ensemble? Où étaient ces personnes? Que faisaient-elles? 2. A ce temps-là, quelle était la profession de Piquedent? 3. La jeune fille fait des projets. Quels sont ces projets? 4. Quelles objections Piquedent soulève-t-il? 5. Le narrateur ne revoit ces deux personnes que longtemps après. Pourquoi? 6. Quand il a revu Piquedent et sa femme, où étaient-ils? Que faisaient-ils? 7. Pourquoi le narrateur a-t-il eu de la difficulté à reconnaître la jeune femme? 8. Que fait Piquedent après avoir serré la main à son ami?

1. In the first part of the story, how many people were out together? Where were they? What were they doing? 2. What was Piquedent's occupation at that time? 3. What did the girl want Piquedent to go in for? What shows that she was poor? 4. How does the girl deal with Piquedent's objections? 5. Why did not the narrator see these two people again for a long

time? 6. Eventually he saw Piquedent again. Where was Piquedent, and what was he doing? 7. Why did the narrator have difficulty in recognizing the young woman? 8. After the first greetings, what did Piquedent do?

19. ELLE AVAIT PRIS CE PLI . . .

Elle avait pris ce pli dans son âge enfantin
De venir dans ma chambre un peu chaque matin.
Je l'attendais ainsi qu'un rayon qu'on espère;
Elle entrait, et disait: Bonjour, mon petit père!
Prenait ma plume, ouvrait mes livres, s'asseyait
Sur mon lit, dérangeait mes papiers, et riait,
Puis soudain s'en allait comme un oiseau qui passe.
Alors, je reprenais, la tête un peu moins lasse,
Mon œuvre interrompue, et, tout en écrivant,
Parmi mes manuscrits je rencontrais souvent
Quelque arabesque folle et qu'elle avait tracée,
Et mainte page blanche entre ses mains froissée,
Où, je ne sais comment, venaient mes plus doux vers.
Elle aimait Dieu, les fleurs, les astres, les prés verts,
Et c'était un esprit avant d'être une femme.
Son regard reflétait la clarté de son âme.
Elle me consultait sur tout à tous moments.
Oh! que de soirs d'hiver radieux et charmants,
Passés à raisonner langue, histoire et grammaire,
Mes quatre enfants groupés sur mes genoux, leur mère
Tout près, quelques amis causant au coin du feu!
J'appelais cette vie être content de peu!
Et dire qu'elle est morte! Hélas! que Dieu m'assiste!
Je n'étais jamais gai quand je la sentais triste;
J'étais morne au milieu du bal le plus joyeux
Si j'avais, en partant, vu quelque ombre en ses yeux.

VICTOR HUGO

1. The poet is in a mood of recollection. About whom is he thinking? What has become of this person? 2. How many persons made up the poet's family? 3. In those days where did the poet work? What work was he doing? 4. What sort of things did the child do when she came in? 5. How did

the poet view these interruptions? What was their effect on him? 6. What evidence of her visits did the poet sometimes come across? 7. What sort of evenings does the poet recollect with pleasure? 8. What shows the deep bond of love and sympathy that existed between the poet and the child in question?

20. SUR LA PISTE D'UN DISPARU

[Le disparu, Émile Duffieux, qu'on croit parti pour Paris, disait dans une lettre écrite à sa mère, qu'il avait pris son billet à l'avance.

Le célèbre détective, le commissaire Maigret, se rend à la gare pour interroger les employés au sujet de ce billet. Celui à qui il s'adresse, l'emmène voir le sous-chef de nuit.]

Ils gagnèrent le quai, entrèrent dans un bureau où cliquetait le télégraphe.

« Dis donc, Alfred. . . . Je te présente le commissaire Maigret, dont tu as entendu parler.

— Enchanté. . . .

— Il voudrait savoir si le petit Duffieux s'est embarqué sur le 163 un des derniers jours de juillet. . . . Je lui ai délivré deux secondes classes simples pour Paris, le matin. . . . Il devait partir à vingt-deux heures cinquante-deux.

— Je ne me souviens pas.

— Vous croyez que, s'il avait pris ce train, vous l'auriez vu?

— Je ne peux pas en jurer. . . . Parfois, au dernier moment, on est appelé au téléphone ou au wagon de messageries. . . . Cela m'étonnerait pourtant que je ne l'aie pas remarqué. . . .

— Est-il possible de savoir si les billets ont été utilisés?

— En principe, oui. . . . Il suffirait de s'adresser à Paris. . . . Les voyageurs, comme vous le savez, sont tenus de remettre leur billet à la sortie. . . . Mais il y en a parfois qui descendent à une gare intermédiaire. . . . D'autres, par distraction, sortent, dans la foule, sans remettre leur billet. . . . C'est contre le règlement. . . . Il faut y penser quand même. . . .»

Il réfléchit un instant, murmura:

« Il y a quelque chose de drôle. . . .»

Il regarda son collègue, comme si celui-ci devait être frappé aussi par une anomalie.

« Émile Duffieux a pris le train plusieurs fois, pour Nantes, pour La Roche ou pour La Rochelle. . . . Chaque fois, il disposait d'un libre-parcours. . . .»

Il expliqua à Maigret:

« Les journalistes ont droit au parcours gratuit en première classe. Ils n'ont qu'à le demander à leur journal. Cela en valait d'autant plus la peine, cette fois, qu'il s'agissait d'un long trajet. . . . Je me demande pourquoi il a payé des secondes alors qu'il aurait pu voyager en première classe sans bourse déliée. . . .»

GEORGES SIMENON, *Les Vacances de Maigret*
(Presses de la Cité)

1. Quelle était l'occupation de Duffieux? 2. Quand croit-on qu'il est parti pour Paris? 3. Quand Duffieux a-t-il pris des billets? 4. Quel train allait-il prendre? 5. Pourquoi l'employé ne peut-il pas être certain si Duffieux a pris le train ou non? 6. Selon l'employé, dans quelles conditions Duffieux voyageait-il généralement? 7. Pourquoi l'employé trouve-t-il étrange que le jeune homme ait acheté ces billets? 8. D'après l'employé, pourquoi serait-il difficile de savoir si les billets avaient été utilisés?

1. What was Duffieux's occupation? 2. When was Duffieux believed to have gone to Paris? 3. On what train had the young man arranged to travel? 4. According to the official's observation, under what conditions did Duffieux usually travel? 5. What tickets had Duffieux purchased? 6. What was strange about Duffieux's purchase of these tickets? 7. Why could not the official be quite sure if Duffieux had caught the train? 8. When it comes to an investigation, why are not all the tickets accounted for?

21. UNE SITUATION PÉRILLEUSE

Un peu après que minuit eut sonné, un signal de la petite lampe apparut à une fenêtre. Fabrice était prêt à agir; il fit un signe de la croix, puis il attacha à son lit la corde destinée à lui faire descendre les trente-cinq pieds qui le séparaient de la plate-forme où était le palais.

Il arriva sans encombre sur le toit du corps de garde, occupé depuis la veille par deux cents hommes. Par malheur, les soldats, à minuit trois quarts qu'il était alors, n'étaient pas encore endormis. Entendant marcher sur le toit, ils s'étaient tus, mais bientôt Fabrice entendit l'un d'eux qui disait que le diable était sur leur toit, et qu'il fallait essayer de le tuer d'un coup de fusil; d'autres disaient que si l'on tirait un coup de fusil sans tuer quelque chose, le gouverneur les mettrait tous en prison pour avoir alarmé la garnison inutilement.

Toute cette belle discussion faisait que Fabrice se hâtait le plus possible en marchant sur le toit, et qu'il faisait beaucoup plus de bruit.

Arrivé sur la plate-forme et entouré de sentinelles qui ordinairement criaient tous les quarts d'heure une phrase entière: *Tout est bien autour de mon poste,* il se dirigea vers le parapet et chercha la pierre neuve.

Ce qui paraît incroyable, c'est que les sentinelles placées le long du parapet n'aient pas vu et arrêté Fabrice. A la vérité le brouillard commençait à monter, mais ce brouillard n'était point épais, et Fabrice apercevait fort bien les sentinelles, dont quelques-unes se promenaient. Il entendait les soldats qui parlaient de tous les côtés, bien résolu à poignarder le premier qui s'avancerait vers lui.

« Je n'étais nullement troublé, disait-il après, il me semblait que j'accomplissais une cérémonie.»

D'après STENDHAL

1. A quelle heure environ Fabrice fait-il sa tentative d'évasion ? 2. Pourquoi les conditions atmosphériques étaient-elles plutôt favorables ? 3. Comment savons-nous que Fabrice avait un complice ? 4. Quelle distance le séparait de la plate-forme ? Comment allait-il faire cette descente ? 5. Combien y avait-il de soldats au corps de garde ? Depuis quand y étaient-ils ? 6. Quand Fabrice marche sur le toit, qu'est-ce qui lui cause une vive alarme ? 7. Qu'est-ce qui montre que Fabrice ne manquait pas de sang-froid ?

1. At about what time did Fabrice make his escape ? 2. Why were the weather conditions rather favourable for an escape ? 3. How do we know that Fabrice had an accomplice ? 4. How

far was the total descent he had to make? What were the
stages of the descent? 5. How was he going to get down there?
6. How many soldiers were there? Where were they? When
had they been drafted to this place? 7. What alarmed Fabrice
when he was on the roof? What was the effect of his alarm?
8. Why was Fabrice lucky to get past the *plate-forme*?

22. L'ABBÉ GERMANE

Cet abbé Germane était le professeur de philosophie. Il
passait pour un original, et dans le collège tout le monde le
craignait, même le principal. Il parlait peu, d'une voix
brève et cassante, marchait à grands pas, faisant sonner les
talons de ses souliers à boucles. Il était grand et fort.
Longtemps je l'avais cru très beau; mais un jour, en le
regardant de plus près, je m'aperçus que cette noble face de
lion avait été horriblement défigurée par la petite vérole.

L'abbé vivait sombre et seul, dans une petite chambre
qu'il occupait à l'extrémité de la maison, ce qu'on appelait
le Vieux Collège. Personne n'entrait jamais chez lui,
excepté ses deux neveux, deux méchants vauriens qui étaient
dans ma classe et dont il payait l'éducation. Le soir, quand
on traversait les cours pour monter au dortoir, on apercevait,
là-haut, dans les bâtiments noirs du Vieux Collège, une
petite lueur pâle qui veillait: c'était la lampe de l'abbé
Germane. Bien des fois aussi, le matin, en descendant pour
l'étude de six heures, je voyais, à travers la brume, la lampe
brûler encore: l'abbé Germane ne s'était pas couché. On
disait qu'il travaillait à un grand ouvrage de philosophie.

Pour ma part, même avant de le connaître, j'éprouvais une
grande sympathie pour cet étrange abbé. Son horrible et
beau visage, tout resplendissant d'intelligence, m'attirait.
Seulement on m'avait tant effrayé par le récit de ses bizar-
reries et de ses brutalités que je n'osais pas aller vers lui. J'y
allai cependant, et pour mon bonheur.

D'après ALPHONSE DAUDET

1. Comment était l'abbé Germane, au physique? 2. Par quoi
son visage était-il défiguré? 3. Où vivait l'abbé? 4. Comment
savait-on qu'il travaillait quelquefois toute la nuit? 5. Qu'est-ce

qu'on pensait de lui, au collège? 6. Pourquoi le craignait-on?
7. Pourquoi le narrateur éprouvait-il une grande sympathie pour
ce prêtre? 8. Pourquoi n'a-t-il pas cherché jusqu'ici à faire la
connaissance de l'abbé?

1. What was the abbé like, physically? 2. What was there
about him that attracted the narrator? 3. What spoilt his fine
face? 4. What was there about the abbé which intimidated
people? 5. Why had not the narrator ever approached the
abbé? 6. Where did the priest live? 7. How did the narrator
know that the abbé often worked long hours? What was he
working on? 8. What shows that the priest was good to his
relations?

23. PETITS BOURGEOIS

Je n'ai jamais compris l'ambition. Je pense
Que l'homme simple trouve en lui sa récompense,
Et le modeste sort dont je suis envieux,
Si je travaille bien et si je deviens vieux,
Sans que mon cœur de luxe ou de gloire s'affame,
C'est celui d'un vieil homme avec sa vieille femme,
Aujourd'hui bons rentiers, hier petits marchands,
Retirés tout au bout du faubourg, près des champs.
Oui, cette vie intime est digne du poète.
Voyez: le toit pointu porte une girouette,
Les roses sentent bon dans leurs carrés de buis
Et l'ornement de fer fait bien sur le vieux puits.
Près du seuil dont les trois degrés forment terrasse,
Un paisible chien noir, qui n'est guère de race,
Au soleil de midi, dort couché sur le flanc.
Le maître, en vieux chapeau de paille, en habit blanc,
Avec un sécateur qui lui sort de la poche,
Marche dans le sentier principal et s'approche
Quelquefois d'un certain rosier de sa façon
Pour le débarrasser d'un gros colimaçon.
Sous le bosquet, sa femme est à l'ombre et tricote;
Auprès d'elle, le chat joue avec la pelote.
La treille est faite avec des cercles de tonneaux,
Et sur le sable fin sautillent les moineaux.

FRANÇOIS COPPÉE

1. What sort of people does the poet seem to like? 2. When the poet thinks of retirement, he calls to mind a little place he particularly likes. Where is this house? Who lives in it? 3. How have these people made their bit of money? 4. Indicate a few features of the house and garden. 5. How does the man dress to potter in his garden? 6. What does the wife do while her husband is busy in the garden? 7. What creatures seem to get on the rose-trees? 8. What pets do these people keep?

24. DOMINIQUE S'ÉVADE

Dominique alla rouvrir la fenêtre. Mais, brusquement, un bruit les glaça. La porte fut secouée, et ils crurent qu'on l'ouvrait. Et tous deux debout, serrés l'un contre l'autre, attendaient dans une angoisse indicible. La porte fut de nouveau secouée, mais elle ne s'ouvrit pas. Ils eurent chacun un grand soupir. Ils venaient de comprendre: ce devait être le soldat couché en travers de la porte, et qui s'était retourné. En effet, le silence se fit, les ronflements recommencèrent.

Dominique voulut absolument que Françoise remontât d'abord chez elle. Il la prit dans ses bras, il lui dit un muet adieu. Puis il l'aida à saisir l'échelle, et il s'y cramponna à son tour et monta après elle. Mais il refusa de descendre un seul échelon avant de la savoir dans sa chambre. Quand Françoise fut rentrée, elle chuchota:

« Au revoir! je t'aime!»

Elle resta accoudée à la fenêtre, essayant de suivre des yeux Dominique qui descendait. Elle chercha la sentinelle et ne l'aperçut pas. Seul, le saule faisait une tache pâle dans l'obscurité. Pendant un instant elle entendit le bruissement des feuilles que Dominique remuait en descendant. Ensuite il y eut un léger clapotement, qui lui annonça que le jeune homme venait de trouver le bateau. Une minute plus tard, en effet, elle distingua la silhouette sombre du bateau sur la surface grise de la rivière.

D'après ÉMILE ZOLA

1. Au moment où ils vont sortir, Françoise et Dominique entendent un bruit qui les effraie. Quel est ce bruit? Combien

de fois l'entendent-ils? 2. Qui avait fait ce bruit? Où était celui qui l'avait fait? 3. Qu'est-ce qui rassure la jeune fille et le jeune homme? 4. Dominique dit à Françoise « un muet adieu ». Pourquoi ne parlent-ils pas? 5. Pourquoi Dominique monte-t-il l'échelle, lui aussi? 6. Que fait la jeune fille, une fois rentrée dans sa chambre? 7. Que voit-elle du haut de sa fenêtre? 8. Comment sait-elle que Dominique est monté sur le bateau?

1. What was the noise that startled Françoise and Dominique? How many times did they hear it? 2. What was the explanation of the noise? Where exactly was the man who had made it? 3. What made the couple realize that the man was asleep? 4. Before they got out of the room, what did Dominique and Françoise say to each other in farewell? Why did they part thus? 5. Why did Dominique mount the ladder too? 6. What did the girl do when she got back into her room? 7. What could she see from her window? 8. When did she realize that Dominique had got into the boat?

25. LES CONTREBANDIERS

Dix-huit contrebandiers, chargés chacun d'un sac de poudre à canon, passaient par là. Le dernier en rang s'aperçut que son sac devenait de plus en plus léger, et il était déjà tout disposé à s'en féliciter, lorsqu'il s'avisa que l'allègement avait peut-être lieu aux dépens de la charge.

Ce n'était que trop vrai. Une longue traînée de poudre se voyait sur le chemin qu'il avait suivi. C'était une perte, mais surtout c'était un indice qui pouvait trahir la marche de la troupe. Il cria halte, et à ce cri les dix-sept autres s'assirent en même temps sur leurs sacs pour boire un coup d'eau-de-vie et s'essuyer le front.

Pendant ce temps, l'autre, l'ingénieux, rebroussait chemin jusqu'à l'origine de sa traînée de poudre. Il y arriva au bout d'une heure de marche. Il y mit le feu avec sa pipe: c'était pour détruire l'indice.

Quelques minutes après, il entendit une détonation superbe, qui, se répercutant contre les flancs des montagnes, roulant par les vallées et les gorges, lui fit une surprise merveilleuse! C'étaient les dix-sept sacs qui, rejoints par la traînée, sautaient en l'air, y compris les dix-sept pères de famille assis dessus!

Sur quoi, je remarque deux choses. La première, c'est que cette histoire est une vraie histoire, prouvée par la tradition et par les rochers qui subsistent toujours, comme chacun peut aller s'en assurer. La seconde chose que je remarque, c'est que, dans cette histoire, dix-sept hommes périssent; mais remarquez bien, il en reste un pour porter la nouvelle.

RODOLPHE TÖPFFER, *Le Lac de Gers*

1. Qu'est-ce qui avertit le contrebandier qu'il a perdu une partie de sa charge? 2. Que voit-il quand il se retourne? 3. Pourquoi était-il nécessaire de détruire la traînée de poudre? 4. Combien de temps l'homme met-il pour arriver jusqu'au commencement de la traînée? 5. Que font les autres pendant ce temps? 6. Comment le contrebandier détruit-il la traînée de poudre? 7. Quel en fut le résultat? 8. Selon l'auteur, existe-t-il des preuves de la vérité de cette histoire?

1. What did the man at the rear notice about his load? What was his first reaction? What were his second thoughts? 2. What was the most serious thing about the trail of powder? 3. What did the man do when he realized the trouble? What did the rest of the smugglers do? 4. How far did the man have to go back? 5. How did he do away with the trail? 6. What was the result? 7. What " proofs " exist of the truth of this story? 8. What does the author notice about tales of catastrophes?

26. LE POT CASSÉ

O ciel! toute la Chine est par terre en morceaux!
Ce vase pâle et doux comme un reflet des eaux,
Couvert d'oiseaux, de fleurs, de fruits, et des mensonges
De ce vague idéal qui sort du bleu des songes.
Mariette, en faisant la chambre, l'a poussé
Du coude par mégarde, et le voilà brisé!
Beau vase! Sa rondeur était de rêves pleine,
Des bœufs d'or y broutaient des prés de porcelaine.
Je l'aimais, je l'avais acheté sur les quais,
Et parfois aux marmots pensifs je l'expliquais.
Voici l'yack; voici le singe quadrumane;
Ceci c'est un docteur, peut-être, ou bien un âne!

Le hibou dans son trou, le roi dans son palais,
Le diable en son enfer; voyez comme ils sont laids!
Les monstres, c'est charmant, et les enfants le sentent.
Des merveilles qui sont des bêtes les enchantent.
Donc, je tenais beaucoup à ce vase. Il est mort.
J'arrivai furieux, terrible, et tout d'abord:
« Qui donc a fait cela?» criai-je. Sombre entrée!
Jeanne, alors, remarquant Mariette effarée,
Et voyant ma colère et voyant son effroi,
M'a regardé d'un air d'ange et m'a dit: « C'est moi.»

VICTOR HUGO

1. Where had the poet bought this vase? 2. Why was he so fond of it? 3. How had it got broken? 4. What was the general tint of the vase? 5. Name half a dozen things that figured on it. 6. What makes us think that some of the painting was crude or fanciful? 7. Why did the children like to be shown the vase? 8. Why did Jeanne claim that she had broken the vase?

27. MÉPRISE TRAGIQUE

Or, un dimanche, comme elle était allée faire un tour aux Champs-Élysées, elle aperçut tout à coup une femme qui promenait un enfant. C'était madame Forestier, toujours jeune, toujours belle, toujours séduisante.

Madame Loisel se sentit émue. Allait-elle lui parler? Oui, certes. Et maintenant qu'elle avait payé, elle lui dirait tout. Pourquoi pas?

Elle s'approcha:

« Bonjour, Jeanne.»

L'autre ne la reconnaissait point, s'étonnant d'être appelée aussi familièrement par cette femme du peuple. Elle balbutia:

« Mais . . . madame. . . . Je ne sais. . . . Vous devez vous tromper.

—Non. Je suis Mathilde Loisel.»

Son amie poussa un cri:

« Oh! . . . ma pauvre Mathilde, comme tu es changée!

—Oui, j'ai eu des jours bien durs, depuis que je ne t'ai vue; et bien des misères . . . et cela à cause de toi! . . .

—De moi. . . . . Comment ça?

—Tu te rappelles bien ce collier de diamants que tu m'as prêté pour aller au bal du Ministère?

—Oui. Eh bien?

—Eh bien, je l'ai perdu.

—Comment! puisque tu me l'as rapporté. . . .

—Je t'en ai rapporté un autre tout pareil. Et voilà dix ans que nous le payons. Tu comprends que ça n'était pas aisé pour nous, qui n'avions rien. . . . Enfin, c'est fini, et je suis rudement contente.»

Madame Forestier s'était arrêtée.

« Tu dis que tu as acheté un collier de diamants pour remplacer le mien?

—Oui, tu ne t'en étais pas aperçue, hein? Ils étaient bien pareils.»

Madame Forestier, fort émue, lui prit les deux mains:

«Oh! ma pauvre Mathilde! Mais le mien était faux. Il ne valait pour ainsi dire rien!»

D'après GUY DE MAUPASSANT

1. Il y a combien de temps que ces deux femmes ne se sont pas vues? 2. Elles semblent appartenir à des classes sociales tout à fait différentes. Pourquoi? 3. Pourquoi Mme Forestier est-elle surprise quand l'autre l'appelle par son petit nom? 4. Mme Forestier trouve Mathilde bien changée. Qu'est-ce qui explique ce changement? 5. Quand Mathilde dit à son amie qu'elle avait perdu le collier, pourquoi celle-ci est-elle surprise? 6. Étant pauvres, comment les Loisel avaient-ils pu payer ce bijou? 7. Mme Forestier fait une révélation pénible. Quelle est cette révélation? 8. Pourquoi cette histoire est-elle si triste?

1. How long was it since the two women had met? 2. Why was Madame Forestier surprised when Mathilde greeted her? 3. What difference was there in the personal appearance of the two women? 4. Madame Forestier was shocked by the change in Mathilde. What had caused this change? 5. Why was Madame Forestier surprised when Mathilde said she had lost the borrowed necklace? 6. What had the Loisels done about the loss? 7. What was the truth about the borrowed necklace? 8. Madame Forestier was very distressed by the revelation. What awful truth did she realize?

28. VOYAGE À CHEVAL

Quand il eut enfin trouvé une allée bien droite, et qu'arrivé au bout, Germain chercha à voir où il était, il s'aperçut bien qu'il s'était perdu.

Le père Maurice, en lui expliquant son chemin, lui avait dit qu'à la sortie des bois il aurait à descendre une côte très raide, à traverser une immense prairie et à passer la rivière à gué. Il lui avait même recommandé d'entrer dans cette rivière avec précaution, parce qu'au commencement de la saison il y avait eu de grandes pluies et que l'eau pouvait être un peu haute.

Ne voyant ni descente, ni prairie, ni rivière, mais la lande unie et blanche comme une nappe de neige, Germain s'arrêta, chercha une maison, attendit un passant, mais il ne trouva rien qui pût le renseigner. Alors il revint sur ses pas et rentra dans les bois. Mais le brouillard devint de plus en plus épais, la lune fut cachée, les chemins étaient affreux, les fondrières profondes. Par deux fois le cheval faillit s'abattre. Chargé comme il était, il perdait courage, et, s'il conservait assez de discernement pour ne pas se heurter contre les arbres, il ne pouvait empêcher que ceux qui le montaient n'eussent affaire à de grosses branches, qui barraient le chemin à la hauteur de leurs têtes et qui les mettaient fort en danger. Germain perdit son chapeau dans une de ces rencontres.

Petit-Pierre s'était endormi, et, se laissant aller comme un sac, il embarrassait tellement son père, que celui-ci ne pouvait plus ni soutenir ni diriger le cheval.

D'après GEORGE SAND

1. Quelles sont les personnes qui voyagent? Comment voyagent-elles? 2. Quelles instructions Germain avait-il reçues avant de partir? 3. Pourquoi la rivière pouvait-elle être dangereuse à ce moment-là? 4. A la sortie des bois, qu'est-ce qui avertit Germain qu'il a perdu son chemin? 5. Que fait-il alors? 6. Qu'est-ce qui rendait le passage des bois difficile et dangereux? 7. Comment Germain perd-il son chapeau? 8. Pourquoi l'enfant embarrassait-il beaucoup son père?

1. Who were the two people who figure in this account? Where were they? How were they travelling? 2. What directions had the

man received before starting out?   3. How was he to cross the river?
Why was the river likely to be dangerous?   4. When Germain
emerged from the woods, how did he know he had lost his way?
5. What did he do then?   6. What made the going difficult and
dangerous?   7. How did the man lose his hat?   8. Why was the
boy awkward to carry?

29. PROMENADE

Je suis un pâle enfant du vieux Paris et j'ai
Le regret des rêveurs qui n'ont pas voyagé.
Au pays bleu mon âme en vain se réfugie,
Elle n'a jamais pu perdre la nostalgie
Des verts chemins qui vont là-bas à l'horizon.
Comme un pauvre captif vieilli dans sa prison
Se cramponne aux barreaux étroits de sa fenêtre,
Pour voir mourir le jour et pour le voir renaître,
Ou comme un exilé, promeneur assidu,
Regarde du coteau le pays défendu
Se dérouler au loin sous l'immensité bleue,
Ainsi je fuis la ville et cherche la banlieue.
Avec mon rêve heureux j'aime partir, marcher
Dans la poussière, voir le soleil se coucher
Parmi la brume d'or, derrière les vieux ormes,
Contempler les couleurs splendides et les formes
Des nuages baignés dans l'occident vermeil,
Et, quand l'ombre succède à la mort du soleil,
M'éloigner encor plus par quelque agreste rue
Dont l'ornière rappelle un sillon de charrue,
Gagner les champs pierreux, sans songer au départ,
Et m'asseoir, les cheveux au vent, sur le rempart.

FRANÇOIS COPPÉE, *Les Intimités*

1. What does the boy yearn for?   2. How does he seek to
satisfy these longings?   3. In the third line, what do you understand by *le pays bleu*?   4. The boy likens himself to other people
divided from their desires. What sort of people does he mention?
5. What particular sights seem to delight him?   6. Where does
he go to enjoy these sights?   7. Why do the unmade roads
remind him of the farmlands?   8. What seems to be the limit of
his wanderings?

30. ON TROUVE DES INDICES

J'entendis quelques éclats de voix, des allées et venues aux étages inférieurs, ce qui me convainquit que les issues étaient bien gardées. Ma porte donnait sur le palier, juste en face de la fenêtre que l'homme avait ouverte pour fuir. Je n'y fis d'abord pas attention. Mais comme je restais là, tout à coup je m'aperçus que la fenêtre était ouverte, qu'il n'y avait point de neige sur son bord, et, m'étant approché, je vis de nouvelles traces sur le mur. Cette découverte m'alarma. L'homme était revenu! Il revenait peut-être toutes les nuits. Et je suivis des yeux cette trace, qui se prolongeait avec une netteté surprenante jusque sur le toit voisin.

En ce moment quelques paroles de l'interrogatoire frappèrent mes oreilles. On venait d'ouvrir la porte de la salle pour renouveler l'air. J'entendis le commissaire de police qui disait à madame Chavin:

« N'avez-vous jamais vu cette montre? Recueillez bien vos souvenirs, madame.»

Je descendis l'escalier quatre à quatre, je m'avançai dans la salle et, d'une voix ferme, je prononçai:

« Cette montre, monsieur le commissaire, je l'ai vue entre les mains d'un individu. Je la reconnais. Quant à cet homme, je puis vous le livrer ce soir, si vous voulez bien m'entendre.»

Il y eut un silence. Enfin, le commissaire, me regardant d'un œil fixe, me demanda:

« Où donc prétendez-vous nous livrer cet homme?

— Ici, même, monsieur le commissaire, dans cette maison. J'aurais quelque chose à vous montrer. Voulez-vous me suivre? »

Je montai rapidement l'escalier. Le commissaire et ses agents étaient sur mes pas. Au troisième, m'arrêtant devant la fenêtre et leur montrant les traces de l'homme imprimées dans la neige:

« Voici ses traces, lui dis-je. C'est là qu'il passe chaque soir. Il est venu hier à deux heures du matin. Il est revenu cette nuit; il reviendra sans doute ce soir.»

1. A quel étage se trouvait la chambre du narrateur? 2. Pourquoi entendait-il distinctement ce qui se disait en bas?

3. Qui les policiers interrogeaient-ils? 4. De quel objet s'agissait-il? 5. Pourquoi le narrateur est-il certain qu'il a vu celui que la police recherchait? 6. Où était la fenêtre qui a attiré l'attention du narrateur? 7. Comment l'intrus était-il arrivé à cette fenêtre? 8. Que fait le narrateur lorsqu'il se rend compte de l'importance de cette découverte?

1. On what floor of the building was the speaker's room? 2. What makes us think he might have been under suspicion? 3. Before he went down, whom were the police questioning? Why was he able to hear quite well what was being said? 4. What object were the police particularly interested in? 5. Where exactly was the window which focused attention? 6. What had the speaker noticed about the window? 7. How had the intruder managed to reach the window? 8. To the speaker's knowledge, how many times had the intruder been in?

EXERCISES IN GRAMMAR AND COMPOSITION

Note. The Index at the end of the book shows where grammatical topics are dealt with in Section V (Grammar), and also the location of the grammatical exercises in the Lessons of this Section.

LESSON 1

A. Present Tense of Verbs (Verb List, pp. 176-183)

Example: je donne, nous donnons, ils donnent.
Give the same forms of
(1) jeter, appeler, acheter, espérer, employer, manger, commencer.
(2) finir, choisir; vendre, attendre.
(3) aller, croire, dire, partir, sortir, devoir, faire, lire, ouvrir, pouvoir, prendre, mettre, savoir, venir, voir, vouloir.

B. Translation of the English Present

(1) He works; he is working; is he working? does he work? is he not working? does he not work?
(2) We choose some cards; we are choosing some cards; are you choosing some cards? do you hear? are you not reading? do you not hear?
(3) Do I understand? am I going out? do I not wait? am I not listening?

C. Pronoun Object (Direct) (p. 163, § 14)

1. Do you see Jules?—Yes, I see him.   2. Are you taking this basket?—Yes, I am taking it.   3. Do you see Annette?— Yes, I see her.   4. Are you selling this house?—Yes, we are selling it.   5. Do you see the children?—Yes, I see them. 6. Have you the tickets?—Yes, I have them.   7. Do you believe me?—No, I do not believe you.   8. Do they hear

71

us?—No, they do not hear us.　9. Here we are!　Where is Roger?—There he is!　10. Ah! here you are at last!

D. Direct Object with *attendre, regarder*, etc. (p. 201, § 86)

1. Jeannette is waiting for her parents.　She is waiting for them.　2. Jacques is looking at the horses.　He is looking at them.　3. You do not listen to the teacher.　You do not listen to him.　4. He is asking for the passports.　He is asking for them.　5. My mother is looking for her bag.　She is looking for it.　6. Our friends live in Rouen.

E.　A LITTLE HOUSE IN THE COUNTRY

" You don't stay in (*à*) Paris during the holidays? "

" Oh no.　We have a little house in the country,[1] where we spend the holidays.　It is a pretty little house, I like it (very) much."

" What do you do when you are in the country? "

" We do lots of (= many) things.　When the weather is fine we play in the garden or in the meadow behind the house.　Sometimes we go[2] for (some) walks in the woods, or we go to the town in the car.　When the weather is bad we play in the house or we listen to the radio; sometimes we go to the cinema."

" What do your parents do? "

" When we go out, Father nearly always[3] accompanies us. Mother does not like (the) long walks, so[4] she sits in the garden and reads a book.　She says that when she is on holiday she wants to rest."

1. in the country, *à la campagne*.　2. to go for a walk, *faire une promenade*.　3. "nearly always " after verb.　4. " So " meaning " therefore " = *donc*.

F.　MOLLET WAITS FOR HIS FRIEND

" What are you doing there (*là*), Mollet?　Do you hear me?　I say, what are you doing there?　What are you looking[1] for? "

" I am waiting for[1] Gonflard, sir."

"You say that you are waiting for Gonflard? Why are you waiting for him?"

"I wait for him every day, sir. We catch (*prendre*) the same 'bus, we live in[1] the same village."

"Really! Well, your friend Gonflard is in this classroom. He is working. (The) boys who don't work in class begin their work at four o'clock, you understand. Do you want to come in?"

"Oh! no, sir."

"Well, today you can go home without Gonflard."

"But, sir, we . . ."

"Very well, come in! You want to see Gonflard? Well, there[2] he is! Sit down."

1. § 86.   2. § 14.

LESSON 2

A. Present Tense of Verbs (Verb list, pp. 176–183)

Example: je vois, nous voyons, ils voient.

Give the same forms of: boire, conduire, connaître. courir, dormir, écrire, recevoir, rire, suivre, tenir.

B. Infinitive after *aller, vouloir, devoir, pouvoir*

Examples: Je vais déjeuner.   Je dois partir.
          Je veux le voir.   Je peux marcher.

Translate:

1. We are going to stay here.   2. I want to catch them.
3. You must thank her.   4. He can keep them.   5. I am not going to invite him.   6. She does not want to see them.   7. Pierre must not buy it.   8. We cannot find them.

C. Pronoun Object (Indirect) (p. 163, § 14)

1. We write to him every week.   2. I am going to write to her.   3. He does not speak to me.   4. Our son writes to us often.   5. She does not wish to speak to you.

D. Indirect Object with *donner, dire,* etc. (p. 202, § 87)

1. I give (to) the hairdresser a tip.   I give (to) him a tip.
2. We tell (to) them many things.   3. André sends (to) my

sister (some) presents. He send (to) her presents. 4. The policeman shows (to) them the way. 5. We lend (to) them our bicycles. 6. Our men tell (to) them (some) stories. 7. That young man brings (to) her (some) flowers. 8. I owe (to) them a hundred francs.

E. Numbers (p. 210, §§ 107-8)

1. Say the following numbers in French: 16, 18, 21, 35, 41, 49, 53, 61, 68, 71, 80, 81, 90, 91, 99, 100, 600, 750, 1000, 4000.

2. Translate: The first time; the second time; the fifth month; the eighth day; the ninth year; the twentieth century.

F.   WHAT ARE THEY GOING TO[1] DO?

" And now, Jules, I must leave[2] you for (*pour*) an hour."

" What! you are going out again this evening? "

" Yes, I am going to[1] see Madame Perret, who is ill. I must go to see her today. I want to take[3] (to) her some flowers and I am going to lend (to) her some books. May I take the car?

" Of course you may take it! "

" Good! . . . And what are you going to do this evening? "

" Oh, I don't know. . . . First of all, I must write two or three letters. I am going to write to Pognon and Sons. I must send (to) them some money which I owe (to) them. Then I have to[4] telephone to Marchand. He wants to see me in town tomorrow. I don't know yet where I am going to meet him."

" Very well. Where is the key of the car? "

" Here[5] it is."

" Thank you."

1. § 72(*b*).   2. *quitter.*   3. *porter.*   4. Express by *devoir.*   5. § 14.

G.   CANNES

Here we are[1] at Cannes! It is delightful. The sun shines, the weather is warm. Every morning, when we look out of[2] the window, we see the blue[3] waters of the Mediterranean, the islands, the harbour, the white[3] boats.

After breakfast we go out. Often we go round[4] the market, where we admire the wonderful flowers. Everywhere there are (some) flowers. Later we go for a walk on the sea-front. We find a quiet spot and we sit down in[5] the sun. It is very pleasant.

Here, everything is beautiful: the blue[3] sea, the blue sky, the tall palm-trees, the great white[3] hotels. Behind the town there are (some) green[3] hills and behind these green hills one sees the white summits of the Alps.

1. § 14. 2. to look out of, *regarder par*. 3. Adjectives of colour after noun. 4. to go round, *faire le tour de*. 5. *au soleil*.

LESSON 3

A. Present Tense of Reflexive Verbs (p. 188, § 58)

Complete the conjugation:

> Je me couche tard.
> Je ne me lève pas de bonne heure.
> Est-ce que je m'arrête?

Translate:

1. He is falling asleep (*s'endormir*). 2. They are not hurrying (*se dépêcher*). 3. (In) the evening our parents go for a walk (*se promener*). 4. Do I enjoy myself? (*s'amuser*). 5. She does not remember (*se souvenir*). 6. Do we stop here? (*s'arrêter*). 7. Those people are going away (*s'en aller*). 8. The door opens (*s'ouvrir*), then it closes (*se fermer*). 9. All the 'buses stop (*s'arrêter*) here.

B. Complete the conjugation:

> Je vais m'asseoir.
> Je dois me dépêcher.

Translate:

1. You can bathe. 2. We want to rest. 3. Now I must get up. 4. We are going to hurry.

C. Definite and Indefinite Article (p. 158, §§ 1-2)

1. (The) children love (the) snow. 2. (The) meat is very dear. 3. (The) night is already falling. 4. One of the boys

is still waiting. 5. Today we are going to another town. 6. Have you the address of a good doctor?

D. Partitive Article (p. 159, § 3)

1. Mr. Flemard wants some paper, some chalk, some ink and some exercise books. 2. Is there any butter? 3. I must buy (some) meat and (some) vegetables. 4. Haven't we any sugar?—No, we haven't any sugar. 5. Jacques has no gloves and Louis hasn't an overcoat. 6. In that country there are high mountains and great forests.

E. Seasons, Months, Dates (p. 212, § 112)

1. In winter and (in) spring we like the Riviera; in summer and (in) autumn we prefer Paris. 2. Are you taking your holidays in August?—No, in July. 3. In the twentieth century we travel fast. 4. Say the following dates in French: May 1st; January 11; March 20; October 31; December 25; September 8; June 6, 1924; April 17, 1935; (on) February 13, 1946; (on) November 5, 1959.

F.   THE GRANDFATHER

" Sit down,[1] grandpa, you must not tire yourself.[2] Here is a chair."

" Thank you very much, my boy. . . . Well, Pierre, what are you going to do[3] this afternoon? "

" I am going out with (some) friends. We are going to a little river, where we are going to fish."

" Good! I hope (that) you are going to catch some fish."

" Are you staying at home this afternoon, grandpa? "

" Oh yes, I must rest (myself).[2] I rest a great deal, you know. (In) the morning I don't see you because I get up late. I have breakfast in bed, then I read the newspaper. At last I get up, I wash (myself), I shave (myself), I dress (myself), then I come down. I chat a little with your mother, then if the weather is fine I go for a little walk. (In) the afternoon I sit in an armchair and very often (I) fall asleep. As you see, (the) old gentlemen have to lead a quiet life."

1. § 59.   2. § 58.   3. § 72(*b*).

G. "WHO IS THAT MAN?"

"I am afraid! Do you see that man over there? I am sure that he is (*c'est*) a detective. He is always there (*là*). He stands on the pavement, he looks at our windows, then he walks a little, stops,[1] waits a moment, then he comes back and looks at this house again."

"Who is this man who frightens you? . . . But you are crazy! That man (whom) you see over there is Pommard, the hairdresser. When he has no[2] customers, he comes out into the street!"

"No, you are mistaken.[3] I know that he is (*c'est*) a policeman. Look at his feet! . . . Now he is crossing the road, he is approaching the house. . . . Listen! the door is opening[1] . . . now it is closing! The detective is coming up! I am going to hide (myself) in that cupboard!"

"You are stupid! Pommard often comes to this house. One of his friends has a flat here."

1. Reflexive.   2. § 3(*b*).   3. to be mistaken, *se tromper.*

LESSON 4

A. Perfect Tense with *avoir* (p. 187, § 56)

Complete the conjugation:

J'ai vu.	N'ai-je pas compris?
Je n'ai pas dit.	Je les ai entendus.
Ai-je dormi?	Je ne les ai pas regardés.

B. English Forms translated by the French Perfect

1. I have said; I have not said; I did not say; have I said? did I say? have I not said? did I not say?

2. He has written; he has not written; he did not write; has he written? did he write? has he not written? did he not write?

3. We have seen; we have not seen; we did not see; have we seen? did we see? have we not seen? did we not see?

4. I have been working; you have been dancing.

C. **Use of the Perfect in Conversation** (p. 191, § 65)

1. We played yesterday. 2. Yesterday evening I met Croustille. 3. Last week my father lost his wallet. 4. This morning I forgot my keys. 5. Just now we found this watch.

D. **Possessive Adjective** (p. 170, § 33)

1. I know his mother and his sister. I know them well. 2. We often see her husband and her son. 3. Your friends do not know my address. I am sure that they do not know it. 4. I don't want to listen to his story. 5. A friend of ours is going to come tomorrow. 6. Whose bag is this (= to whom is this bag)? It is not mine (= it is not to me). I think (that) it is Marie's (= to Marie).

E. **Time of Day** (p. 214, § 114)

Express the following times in French:

2.00	10.15
3.30	6.45
12.30 (midday)	8.10
12.00 (midnight)	3.50

Translate:

1. We leave (*partir*) at eight in the evening and we arrive at about seven in the morning. 2. Our friends are going to catch (*prendre*) the nine o'clock train. 3. It is half-past one. We still have half an hour.

F. THE PRECIOUS STAMP

" Have you seen Dupré? "

" Yes, I saw him this morning. I met him in the street. We chatted for[1] a few minutes and he told[2] me an amusing story. You know that he collects (the) postage stamps. Well, last week, he bought a rare stamp. He put it in a drawer of his desk. The following morning his wife wanted to post a letter. She looked everywhere for a stamp and at last she opened this drawer. She saw the precious stamp, which is (of) the same colour as the stamps (which) we buy today, she stuck it on the envelope, then she took[3] her letter to the post."

" And what did Dupré say? "

"Oh! he was furious. However, he did not lose his stamp."

" What! but you said that his wife stuck it on the letter! "

" Yes, but the postman brought the letter back. At the post office the clerk, who knows Dupré well, recognized this rare stamp, so⁴ he sent the letter back."

1. *pendant*. 2. Use *raconter*. 3. Use *porter*. 4. " so " meaning " therefore " = *donc*.

G.   AT THE CUSTOMS

Did you hear the argument between that Frenchman and the customs officer? The Frenchman has a German¹ camera. The customs officer asked him:²

" Where did you buy this camera, sir? "

The Frenchman replied:

" I bought it in³ France; I bought it in³ Paris six months ago."

Then the customs officer said to him:

" You are sure that you did not buy it in Germany, sir? It is a new camera and it is a German camera. Are you certain that you bought it in France? "

The Frenchman replied:

" Yes, I assure you that I bought it in Paris. . . . One moment, I can prove it."

He showed a paper to the customs officer, who said:

" Very well, sir, you may pass."

1. Adjective of nationality after noun. 2. *lui*; remember *demander à*. 3. § 104.

LESSON 5

A. Agreement of the Past Participle (*avoir* verbs) (p. 187, § 56)

1. Have you seen my glasses?—Yes, I saw them in the dining-room. 2. Where is the nice tie (which) you bought this afternoon? 3. What luggage has he brought? 4. Did he see us?—No, he did not see us. 5. Where are the letters (which) the postman brought? 6. How many eggs has she broken?

B. Interrogative Adjective (*quel*) (p. 166, § 21)

1. Which newspaper are you reading? 2. Which room have you? 3. Which plates and which glasses? 4. What is your name? 5. What is this street? 6. What a pretty park! What fine trees!

C. Interrogative Pronouns (p. 166, § 22)

1. Who is driving? 2. Whom do you wish to see? 3. To whom are you sending that postcard? 4. Of whom are you afraid? 5. What is happening now? 6. What do you say? 7. What are you afraid of?

D. Use of *y* and *en* (p. 163, § 15)

1. Are you going to the post office?—Yes, I am going there at once. 2. Whom did you see at (the) church?—I saw Marguerite there. 3. Have you any ink?—Yes, I have some. 4. Have we any milk?—No, we haven't any. 5. We like (the) tea. We drink a lot of it. 6. How many suitcases have you?—I have three (of them).

E. Days of the Week (p. 213, § 113)

1. It is Tuesday today, isn't it?—No, it is Wednesday. 2. I saw Paul last Sunday and I am going to see him next Saturday. 3. His gardener comes on Thursdays and Fridays. 4. Come (on) Monday evening or Tuesday morning.

F. "WHERE IS THE KEY?"

"One moment, please, I must go back into[1] the house. I have forgotten those exercise books."

"Which exercise books?"

"The exercise books which I brought home[2] yesterday. There are thirty of them.[3] Unfortunately I have not looked at[2] them. What a pity! . . . But where is my key? Where did I put it? I am sure that I put it in my trouser pocket[4] this morning, but it[5] isn't there! I hope (that) I haven't lost it. . . . I don't know how I am going to get into the house. All the windows are shut; I closed them a few minutes ago."

" Haven't you another key?"

" We have several keys. We have three (of them), I think, but I don't know where the others are.[6] . . . Gracious me, where is that key? Have I dropped it on the pavement? "

" Look at the door-lock, my friend. What do I see there? It is a key, isn't it? "

" Oh dear, yes, I have left it in the lock! It isn't the first time that I have left it there."[7]

1. to go back into = *rentrer dans*. 2. Agreement of past participle? 3. § 15. 4. "the pocket of my trousers". 5. "it" referring to *la clef = elle*. 6. Order : "where are the others". 7. § 17.

G. WHAT HAVE THEY DONE THIS WEEK?

What a week! (On) Monday I left[1] my books in the 'bus. (On) Tuesday my sister broke half-a-dozen plates. (On) Wednesday evening[2] Father burnt a pocket of his new suit with his pipe. (On) Thursday, Mother lost her glasses. (On) Friday evening Jacques knocked over the dining-room clock.[3] (On) Saturday morning a dog chased and bit our poor cat. This morning Father wanted to play golf,[4] but it rained. You may[5] be sure that at our house everybody is in a good humour!

1. Use *oublier*. 2. § 113. 3. "the clock of the dining-room". 4. to play golf = *jouer au golf*. 5. Use *pouvoir*.

LESSON 6

A. Perfect Tense of *être* verbs (p. 187, § 57)

Complete the conjugation:

Je suis allé(e).
Je ne suis pas entré(e).
Est-ce que je suis tombé(e)?

Translate:

1. I have arrived. 2. You have come back. 3. He has come home (*rentrer*). 4. She has gone out. 5. They have gone in (*entrer*). 6. We have stayed. 7. I did not go there this morning. 8. He did not come here today. 9. She

has not gone (*partir*). 10. They did not come down (*descendre*). 11. We did not go up (*monter*). 12. Has he returned to Paris? 13. Did you stay long? 14. Didn't she go out? 15. Haven't they come home? 16. She was born (on) April 20, 1952. 17. His grandmother has died.

B. Aller à pied, etc. (p. 188, § 57(*a*))

1. Did you walk there?—No, we went there by 'bus. 2. Mother does not want to walk to the station, she wants to go (there) by car. 2. This evening we cycled to Bernay.

C. Order of Pronoun Objects (p. 164, § 17)

1. She picks up a photograph and shows it to me. 2. Have you sent those books to Charles?—Yes, I have sent them to him. 3. Do you lend (to) them your key?—Yes, I lend it to them sometimes. 4. Does he give you (some) money?—Yes, he gives me some from time to time. 5. Did you meet your friends in Paris?—Yes, we met them there. 6. Is there any coffee?—Yes, I think (that) there is some.

D. Plural and Feminine of Nouns (p. 207, § 103)

Put into the plural: un cadeau; le feu; un bon journal; ce trou; mon genou; un œil; ce monsieur; une pomme de terre.

Put into the feminine: cet enfant; un bon élève; mon camarade; ce vieux paysan; un étranger; le musicien; mon visiteur; son mari; mon grand-père; leur neveu; son compagnon; le roi.

E.   THE SEVEN O'CLOCK 'BUS[1]

We did not come back last night, we stayed at Bionnat. We got there at half-past six.[2] We went into the café of a little hotel and (we) drank a glass of wine. We looked at the time-table of the 'buses, then we came out into the street to[3] wait for the 7 o'clock 'bus.[1] It did not arrive. We waited until twenty past seven,[2] then I went back into the café and (I) said to the proprietor:

" We have been waiting[4] for the 7 o'clock 'bus, but it has not arrived."

" But, sir," said the proprietor, "there is no[5] 'bus at 7 o'clock! "

I replied:

" Yes,[6] there is one (of them) at 7 o'clock.   Look at the time-table!"

He looked at it, then he said to me:

" No, sir, the last 'bus leaves at 18 hours.   Don't you understand?   On the time-table " 7 hours " is (*c'est*) 7 o'clock in[7] the morning!"

Then he added:

" Of course you may[8] spend the night here.   I have (some) good rooms, (the) dinner is ready, you can eat at once."

(And) so we stayed there.

1. " the 'bus of 7 o'clock".   2. Time by the clock, § 114.   3. " to " meaning " in order to " = *pour*.   4. " We have waited for ".   5. § 3(*b*).   6. *oui* or *si*?   7. § 114.   8. Use *pouvoir*.

F.   MY FRIEND BUYS A SUIT

We went into the first shop.   My friend said to the salesman:

" I want a suit, please, a brown suit."

The salesman replied:

"We don't have many brown suits, sir, but I can show you[1] several (of them). . . . I think (that) there are some[1] here. . . . Here is a good suit, sir."

My friend took off his jacket and tried on the new jacket: " Too small ."   The salesman brought another suit and showed it to him.[1]   My friend tried on the jacket of this suit: " Too big."   Then he put on his own jacket, smiled, said "Thank you very much " and went out.   I followed him.

We went into another shop.   My friend tried on several suits, smiled, said " Thank you " and came out.

In the third shop he tried on a very good suit: " Too dear." But he tried it on a second time and bought it.   When we came out of the shop the salesman smiled and said, " Thank you very much.   Good afternoon, gentlemen."

1. Order of pronouns? § 17.

LESSON 7

A. Perfect Tense of Reflexive Verbs (p. 189, § 60)

Complete the conjugation:

Je me suis réveillé(e).
Je ne me suis pas levé(e).

Translate:

1. I got up at eight o'clock (*se lever*). 2. My brother has gone to bed (*se coucher*). 3. Mother and Father have been for a walk (*se promener*). 4. We have bathed (*se baigner*). 5. She went to sleep (*s'endormir*). 6. The prisoners have escaped (*s'échapper*). 7. We did not wake up (*se réveiller*). 8. Did you have a good time? (*s'amuser bien*). 9. The car did not stop (*s'arrêter*). 10. The young man did not apologize (*s'excuser*).

B. Si (= *yes*); n'est ce pas? (p. 174, § 46)

1. Don't you understand?—Yes, I understand. 2. He isn't very intelligent.—Yes, he is intelligent! 3. It is cold today, isn't it? 4. You have been listening (= you have listened) at the door, haven't you?

C. Personne; rien (p. 172, §§ 41-2)

1. Nobody knows. 2. I know nobody here. 3. I do not speak to anybody. 4. Whom have you seen?—Nobody. 5. What have you eaten?—Nothing. 6. We do not do anything. 7. Nothing happens. 8. I have seen nothing. 9. There is nothing (of) new.

D. Plural and Feminine of Adjectives (p. 209, § 106)

Translate:

1. A fine hotel, a fine room and fine furniture. 2. A new place, a new house and new friends. 3. His old parents, his old uncle and his old aunt. 4. What are the chief amusements?

Give the feminine of:

dernier, malheureux, neuf, parisien, naturel, blanc, doux, sec, frais, long, gentil, gros.

E. **Position of Adjectives** (p. 160, § 5)

1. This pretty little house.   2. A nice little girl.   3. This old French church.   4. A beautiful English garden.   5. A big black dog;   that large blue car.   6. This road is not wide enough.

F.   IN THE MIDDLE OF THE NIGHT

" You know that Paul and Claude came back in the middle of the night?"

" How do you know when they came back?"

" Listen. I went to bed at ten o'clock. I read a book for[1] half an hour, then I put out the light and soon after I went to sleep. Suddenly I woke up and (I) saw a tall white[2] figure standing at the door of my room. I tell you (that) I was afraid! At first I did not recognize Madame Lupin. She said to me: ' I woke up a few minutes ago and (I) heard (some) voices in the street in front of the house. Then someone[3] knocked at the door. I wonder who it is. I am afraid, I don't want to go down'. So I got up, (I) put on my dressing gown and (I) went down. I opened the door and the two boys came in. I did not say anything[4] to them and they went to bed at once."

1. *pendant.*   2. Adj. of colour after noun.   3. Use *on.*   4. For " not . . . anything ", use *ne . . . rien.*

G.   THE DETECTIVE ASKS SOME QUESTIONS

" Come in, sit down, please. I want to ask[1] you a few questions. First of all, did you see the incident which happened in the street last night?"

" No, sir, I saw nothing, I mean before[2] the shot. It is terrible, isn't it?"

" You did not see anybody[3] at the window of the flat which is opposite?"

" No, sir, I did not see anyone there."

" Did you look at that window?"

" I don't know if I looked at it or not.[4] When I heard the shot I ran to the door, I opened it and (I) went out into the street, where I saw the constable lying on the pavement."

" You don't know the lady who lives in that flat?"

" Yes, I know her. Her name is Madame Dufour. She lives[5] alone, she entertains nobody;[6] nobody[6] goes up to her flat, she seldom goes out."

" You did not see her yesterday evening?"

" No, sir, I did not see her. I seldom[7] see her, you know."

" So you noticed nothing?"

" Nothing, sir."

1. To ask a question = *poser une question*. 2. *avant* or *devant*? 3. not . . . anybody = *ne . . . personne*. 4. *non*. 5. Use *vivre*. 6. § 41. 7. Adverb after verb.

LESSON 8

A. Form of the Imperfect (p. 184, § 52)

Give the Imperfect (1st Person singular) of: causer, réfléchir, entendre, boire, conduire, connaître, croire, dire, sortir, faire, lire, ouvrir, apprendre, rire, savoir, suivre, devenir, voir, craindre, vivre, avoir, être.

B. Use of the Imperfect (p. 192, § 66)

1. The old lady was resting. 2. We were drinking (some) water. 3. They were running fast. 4. It was raining. 5. I was going to write to them.

6. I used to laugh. 7. He used to wait for me. 8. We used to see them on the beach. 9. You used to say the same thing.

10. We saw (= used to see) them every day. 11. I knew (= used to know) his family. 12. We knew (= were knowing) that she was ill. 13. I thought (= was thinking) that you were dead! 14. The children wanted (=were wanting) to go home.

15. You could not see me. 16. The girl could (*savoir*) not swim. 17. Louis had an old car. 18. (In) the afternoon we would (= used to) bathe or we would (= used to) play tennis.

C. Perfect and Imperfect

1. Yesterday, when we were in this wood, we saw a fox. 2. While we were playing by (*au bord de*) the river, Annette

lost her watch.   3. This morning, as I was having breakfast, my neighbour called me.   4. Last summer, when Paul was in France, he fell ill.   6. While I was waiting, the door opened and a young man came out.

D. Ne ... jamais, ne ... plus, ne ... que (p. 173, § 44)

1. We never went (= used to go) out.   2. I have never invited them.   3. Has he come to the house?—Never. 4. My suitcase was no longer there.   5. We don't go there any more.   6. She doesn't look at me now.—Oh, what a pity!   7. We had only three bedrooms.   8. I have nothing but this small table.

E.   HE HAD NOT ENOUGH MONEY

"Yes, thanks, Dad, the weather was fine, there was plenty of snow, so we had a good time[1] in[2] Austria."

"I thought (that) you were going to[3] write to us every day?"

"Well, Dad, I wanted to write to you more often, but I hadn't the time.   We went off early every morning and we used to come back rather late. . . . Where's Thomas? Ah, there he is![4] I owe (to) him a pound.   Will you[5] give me a pound, Dad?"

"Why do you want a pound?   When you went off I gave you some money.   I gave you five pounds, didn't I?"

"Yes, but after ten days I had no more[6] money.   You see, Dad, every evening I used to go to a restaurant."

"But you were in a hotel.   You dined there, I suppose?"

"Yes, but the meals were never very good.   I was always hungry.   All the boys were hungry, so after dinner we used to go to the restaurant."

"Now I understand why you hadn't enough money. Well, here's a pound."

1. To have a good time = *s'amuser bien*.   2. § 104.   3. § 72(*b*). 4. § 14.   5. *Voulez-vous* or *Veux-tu*.   6. § 3(*b*).

F.   THE BELLS

When I arrived in this little French town I noticed that the church bells chimed the hours exactly like our English bells. I mentioned it[1] to Madame Fournier.   She said to me:

" Yes, sir, I must tell you that there was in this town a wealthy gentleman who used to spend a lot of time in England and who loved the sound of (the) English bells. He gave a large sum of money to the Church because he wanted to hear our bells (to) chime[2] like the bells of your country."

I suppose that I like the sound of (the) bells because I was born[3] in a village far from (the) industrial cities. When I was a child I heard the bells every day, every hour. At eight o'clock in[4] the evening, lying in my little bed, I would hear[5] the big bell (to) ring[2] the curfew. I did not understand the word " curfew ", I thought it was something (of) sinister and I was afraid.

1. " I spoke of it "; of it = *en*. 2. Infinitive. 3. Cp. he was born = *il est né*. 4. § 114. 5. Means " I used to hear ".

LESSON 9

A. Future Tense of Verbs (p. 186, § 54)

Complete the conjugation:

Je porterai ma valise.
Je mettrai mes souliers.

Change into the Future:

j'ai; il est; tu reçois; elle va; nous cueillons; vous devez; ils courent; elles envoient; je fais; elle meurt; il pleut; nous pouvons; vous savez; il tient; ils viennent; je vois; elle veut.

B. Translate:

1. I shall be free. 2. He will be afraid. 3. We shall go to Nice. 4. They will run faster. 5. You will owe me 50 francs. 6. She will send (to) them a nice gift. 7. I shall do the same things. 8. It will rain soon. 9. He will be able to leave (*partir*). 10. We will come tomorrow. 11. You will see some big ships. 12. She will want to see you. 13. I shall call a policeman! 14. We shall buy another boat.

C. Disjunctive Pronouns (p. 165, §§19-20)

1. In front of me; near him; behind her; between us; with you; without them (*m.*); for them (*f.*). 2. At her

home; to your house; at their (*m.*) house; to my house. 3. I shall have to go to the butcher's. 4. The boys have gone to their uncle's. 5. One of them was wearing (some) spectacles. 6. *I* know nothing, but *you* know everything, don't you? 7. Who broke that window?—I (did), sir. 8. Who is there? Is it you, Michel?—No, it is I, Pierre. 9. It is they (*m.*) who pay. 10. Did you see it yourself?—Yes, I saw it myself.

D. Comparison of Adjectives (p. 161, § 8)

1. This road is as bad as the other. 2. Jacqueline was fatter than Solange. 3. This trip is less interesting than the trip (which) we made yesterday. 4. Claude was not as tall as his brother. 5. Mr. Civier is a better teacher; he explains better.

E. The Weather (p. 211, § 110)

1. Today the weather is fine. 2. Last week the weather was bad. 3. It has been warm today, hasn't it? 4. It will be colder this evening. 5. It has rained during the night. 6. It was freezing. 7. In winter it sometimes snows. 8. When I came out it was dark.

F. THE HOUSE OF THEIR DREAMS

My uncle always[1] used to say, " When I am[2] old, when I am[3] sixty, we shall sell this house and we shall go to live in[4] the country. We shall buy a nice little house in a quiet spot and we shall be happy! I shall be able to grow all sorts of flowers and (of) vegetables. Then we shall have some hens, perhaps a few ducks and even one or two geese. And of course we shall have a dog and a cat. From our windows we shall see the fields and the woods. Everything will be beautiful, especially in[5] the spring."

At last they sold their house, they went to live in the country, but they did not stay there long. They knew nobody, they never saw their friends. When it rained they looked sadly out of[6] the window. They were bored. And then the dog did not like the cat; a fox killed half the hens; the tomatoes were green, the potatoes were small. So my uncle and (my) aunt sold the house of their dreams and came back here!

1. Adverb after verb. 2. Future : "shall be". 3. Age, § 109(*a*). 4. *à* or *dans*? 5. § 112(*a*). 6. *par*.

G. WHAT WAS THE MATTER WITH HER?

" What is the matter, Françoise? You look sad! Don't you want to dance? Come and dance[1] with me! "

" No, I am tired, I shall not dance any more.[2] But don't stay with me, go and dance[1] with Adèle! You have already danced with her several times."

" But Françoise, a fellow must be polite! I know Adèle's parents, I often[3] go to their house; her brothers are my friends, I go out with them a great deal! But I will tell you one thing: I don't like Adèle very much, she is rather stupid, you know. But there's the music! Come on,[4] Françoise, let us[5] dance!"

" Very well, but mind[6] my feet! "

1. § 79(*a*). 2. not . . . any more = *ne . . . plus*. 3. Adverb after verb. 4. *Allons!* 5. § 55. 6. *attention à*.

LESSON 10

A. The Imperative of Verbs (p. 186, § 55)

1. Wait! stay there! don't move! don't speak! 2. Be brave, don't be afraid! 3. Let us sing; let us dance; don't let us be sad!

B. Pronoun Objects with the Imperative (p. 164, § 18)

1. Stop him! Don't stop him! 2. Do it! Don't do it! 3. Look at me! Don't look at me! 4. Speak to him! Don't speak to him! 5. Let us go there! Don't let us go there! 6. Lend them to him! Don't lend them to him! 7. Give it to me! Don't give it to me!

C. Imperative of Reflexive Verbs (p. 188, § 59)

1. Wake up! Get up! Hurry up! —Go away! 2. Let us sit down, let us rest. 3. Don't stop! Don't sit down! 4. Don't let us hurry! Don't let us go away yet!

D. **Expressions of Quantity** (p. 159, § 4)

1. A bottle of wine; a cup of coffee; a piece of paper.
2. A great deal of money; a lot of people. 3. Enough
room; enough chairs. 4. How much time? How many
times? 5. Too much work; too many exercise books.
6. So much grass; so many trees. 7. As much noise,
as many cars. 8. More water and less wine. 9. A little
milk, but very little sugar. 10 Several ladies and several
gentlemen. 11. Some time; a few hours. 12. Most of
the pupils buy (some) sweets here; most (of the) boys like
(the) sweets.

E. **Form of Question when the Subject is a Noun**
   (p. 174, § 47(c))

1. Is your mother at home? 2. Did the doctor come
today? 3. Is my car ready? 4. Did the postman bring
any letters? 5. Does Michel know that we are here?

F. **Age; avoir peur,** etc. (pp. 211-212, § 109, § 111)

1. How old are you?—I am sixteen. 2. The old man
was eighty years old. 3. My boss was a man of about
fifty. 4. In the car I was warm, now I am cold. 5. Are
you hungry?—No, but I am very thirsty. 6. This poor
cat was afraid of our dog. 7. We shall need a map of
France. 8. Am I right, Malmaison?—No, you are wrong,
Chambord!

G. WHO HAS THE TICKETS?

" Here[1] we are! Let us[2] go in. Where are the tickets?
I think (that) you have them, Odette. Give them to me,[3]
please."

" But I[4] haven't the tickets! I am certain that I gave
them to you! "[5]

" When did you give them to me? They were on the
mantelpiece, I saw them there[5] this morning. When we
came out they were no longer there, so I thought that it
was you who had them."

" No, I saw them there[5] and I picked them up and gave them to you.[5] Oh, Charles, when we go to the theatre you always[6] lose the tickets!"

" I have searched in all my pockets but I can't find them."

" What have you got in this little pocket?"

" Oh, here they are![1] I believe that it was (*c'est*) you who put them there. I[4] don't put anything in this pocket."

1. § 14.   2. § 55.   3. § 18.   4. Stress by using *moi*; § 20(*b*).   5. Order of pronouns, § 17.   6. Adverb after verb.

H.   OLD BINI GETS UP EARLY

Yesterday, when the doctor came, he said to (the) old Bini: " You are[1] much better, you will be able to get up soon."

Bini asked him:[2] " When shall I be able to get up, doctor?"

The doctor replied: " Let us see.   Today is Tuesday.[3] You will be able to get up (on) Thursday, perhaps tomorrow."

This morning, when I woke up, I saw that (the) old Bini was already getting up.   He dressed, then he lit a cigarette.   I looked at my watch: it was five o'clock!

Suddenly the door opened[4] and the nurse came in. She stopped, looked at Bini for[5] a moment, then she shouted: " What are you doing, Mr. Bini?   Undress[6] at once and get into[1] bed!   Give me that cigarette!   Give it to me! You are mad!"

" But, Miss," said Bini, " the doctor says that I can get up today, and so I have got up!"

" Not[8] at five o'clock in the morning!   Don't be so stupid. Hurry up, undress, get into bed if you don't want to die!"

1. Use *aller*.   2. Remember *demander à*.   3. " It is (we are) today Tuesday."   4. Reflexive.   5. *pendant*.   6. Imperative of reflexive, § 59. 7. to get into bed = *se mettre au lit*.   8. *Pas*.

LESSON 11

A. Form of the Past Historic (p. 184, § 53)

Example: porter: je portai, nous portâmes
il porta, ils portèrent.

Give the same parts of: arriver, manger, commencer; descendre, répondre; réfléchir; partir, sortir, ouvrir, s'asseoir, dire, écrire, faire, mettre, prendre, suivre, voir; avoir, être, apercevoir, boire, paraître, lire, revenir.

B. Translate, using the Past Historic:

1. He arrived at the station. 2. I entered (into) the yard. 3. She looked for her son. 4. Soon they came down. 5. He did not reply. 6. I thought (*réfléchir*) for a moment. 7. We set off at 6 a.m. 8. He came out at once. 9. She opened the window. 10. They sat down by the roadside. 11. He said nothing. 12. She wrote several letters. 13. She took a different road. 14. I followed the crowd. 15. He saw a boat. 16. They perceived a village. 17. She drank a little (of) coffee. 18. He read these words.

C. Use of Perfect, Past Historic and Imperfect in Narrative (p. 192, § 67)

1. This morning, as I was waiting (*Imp.*) for the 'bus, I saw (*Perf.*) Denise. 2. Yesterday, when we were playing (*Imp.*) in the woods, Robert fell (*Perf.*) from a tree. 3. This evening, as it was (*Imp.*) fine, we went out (*Perf.*).

4. Night was falling (*Imp.*) when the travellers arrived (*P. Hist.*) at the hotel. 5. As she was (*Imp.*) tired, the old woman sat down (*P. Hist.*) on a bench. 6. While Bourdin was crossing (*Imp.*) the road, he slipped (*P. Hist.*) and fell (*P. Hist.*). 7. As the weather was (*Imp.*) cold, Savin put on (*P. Hist.*) his overcoat. 8. At first Jacques saw (*P. Hist.*) nothing, for the room was (*Imp.*) very dark.

9. Mrs Gaillard said (*P. Hist.*) to her husband, "Today I went (*Perf.*) to town and I bought (*Perf.*) a nice frock." 10. "What!" exclaimed (*P. Hist.*) the farmer, "you caught (*Perf.*) a rat and you did not kill (*Perf.*) it! 11. "Listen to me," began (*P. Hist.*) the inspector, "you saw (*Perf.*) this man and you spoke (*Perf.*) to him, didn't you?"

D. Inversion after quoted speech (p. 175, § 48)

1. "Come in!" he shouted. 2. "It is not true," the girl repeated. 3. "Be careful!" he exclaimed. 4. "Do you recognize me?" the young man asked. 5. "And

then," she added, " you are not always polite." 6. " One day," the fisherman began, " I saw a huge fish !"

E.   THE CAT IN THE BOX

Potier called[1] the cat, gave (to) it some milk, then he seized the animal and pushed it into the box, which he closed.   He picked up the box, crossed the deck, went down the gangway and entered the customs room.   The customs officer said to him: " Will you[2] open that box, please? "

Potier opened the box, the cat escaped, ran up[3] the gangway and disappeared into the ship.   Potier picked up his box and followed the cat.   He went immediately to his cabin, filled the box with[4] cigars, then he came down the gangway and entered the customs room once more.   The customs officer smiled and said to him: " So you have caught your cat, sir?   Good ! "

1. Use the past historic in this narrative.   2. *Voulez-vous.*   3. to run up, *monter en courant.*   4. to fill with, *remplir de.*

F.   THEIR DRESSES WERE ALIKE !

Christine arrived[1] home at half-past nine.   She took off her hat and (her) coat, went into the dining-room and sat down[2] by the fire.   She said nothing.   Obviously she was unhappy.   At last her mother said to her:

" You have come home early, Christine.   What is the matter?   What[3] has happened? "

" Oh nothing, Mother," the young girl replied.   " I went[4] to the dance, I was not enjoying myself, so I came[4] home."

" Why weren't you enjoying yourself? " her mother asked.[5] " I suppose that all your friends were there.   Something has upset you."

After a few moments Christine replied:

" You are right, Mother.   Something happened which made[6] me furious.   When I went into the hall, the first person (whom) I saw was Aline Bardot, a girl (whom) I don't like . . . and our frocks were exactly alike !   It was dreadful, so after a quarter of an hour I left."[7]

1. Past historic in the general narrative. 2. § 61. 3. " What " as subject? § 22. 4. Perfect tense in speech. 5. Inversion: " asked her mother ". 6. Use *rendre*. 7. Use *partir*.

LESSON 12

A. The Pluperfect Tense

1. *Avoir* verbs (p. 187, § 56):

I had spoken; we had heard; she had not written; you had opened; he had not slept; they had disappeared.

2. *Être* verbs (p. 187, § 57):

We had stayed; she had not come back; he had gone home; I had arrived; you had gone out; they had gone in.

3. Reflexive (p. 189, § 60):

I had woken up (*se réveiller*); we had stopped (*s'arrêter*); she had gone to sleep (*s'endormir*); he had turned round (*se retourner*); they had escaped (*s'échapper*); you had gone to bed (*se coucher*).

B. *C'est, ce sont; il(s), elle(s)* referring to things (p. 168, §28)

1. It is a cow. 2. They are sheep. 3. Who is it?—It is the postman. 4. Who is that boy?—He is my cousin. 5. Do you know her husband? He is charming and he is a very intelligent man. 6. Have you seen her daughters? They are beautiful. Yes, they are beautiful girls. 7. We have seen their house. It is small, but it is a nice house. 8. Look at those cups. They are old, but they are pretty cups, aren't they?

C. Towns, Countries, Inhabitants, Languages
(p. 208, §§ 104-5)

1. We went to Paris. 2. That boat comes from Boulogne. 3. When are you going to France? 4. In France you will see a lot of English people. 5. Our friends have come back from Italy. 6. The French like (the) coffee, the English like (the) tea. 7. The English boy was dancing with a French girl. 8. Are you French?—No, I am English. 9. She is a Canadian. 10. Do you speak French?—Yes, but not (*pas*) very well. 11. Elizabeth speaks French well.

D. *Ce soir, ce soir-là*, etc. (p. 168, § 27)

1. This morning I caught (*prendre*) the first train.   2. That morning the priest went to Madame Cartier's house.   3. This evening we are going to the cinema.   4. That evening the streets were full of people.   5. (On) that day his parents went to Lille.

E.   THE OLD LADY'S BIRTHDAY

That morning[1] the old lady had received several letters and numerous cards, for[2] it was her birthday.

At eleven o'clock her daughter had arrived.   Then, at half-past twelve,[3] her son had come.   All (the) three had lunched together.   They had chatted, they had joked, they had laughed.

About two o'clock[3] her son had said goodbye and had gone back to the factory.   Her daughter had stayed until four o'clock.

At last her daughter had gone[4] and the widow had sat down alone by the fire; she had cried a little, then she had fallen asleep.   She had woken up at about five.

Now it was (the) evening.   What could the old lady do? First, she prepared[5] a cup of tea, then she put on her spectacles, picked up the newspaper and said to herself:[6] " What is there[7] on (*à*) the television this evening? "

1. § 27.   2. *car* or *pour*?   3. Time by the clock, § 114.   4. Use *partir*. 5. Past historic.   6. Reflexive, e.g. *je me dis*.   7. § 23.

F. A FRENCHMAN AND AN ENGLISHMAN CHAT
TOGETHER

" You have a fine car, sir.   It is[4] an English car, isn't it? It is[1] magnificent."

" Yes, it is a good car, it goes[2] well."

" Do you often come to[3] France? "

" Every year we spend several weeks in France.   We travel, we visit lots of places, we meet many people.   It is very pleasant."

" You speak (the) French very well.   One knows that you are English, but you speak French almost like us. . . . Here

are your sons. They are tall! They are⁴ charming boys.
Do they speak French?"

"They understand, but they don't yet speak very fluently.
. . . And you, sir, you are from Paris?"

"Yes, we live in⁵ Paris, we live in the Montmartre
district,⁶ which you must know. You have seen my
daughter? She is learning English and she has been⁷ to
England several times. She is very fond of your country. . . .
Well, sir, my family is waiting for me. I will see you at (the)
lunch. Goodbye, sir."

1. *c'est* or *elle est*? § 28.   2. Use *marcher*.   3. For countries, nationality,
etc., see §§ 104-5.   4. *ils sont* or *ce sont*? § 28.   5. § 86.   6. "the district
of Montmartre".   7. Use *aller*.

LESSON 13

A. Common Constructions with the Infinitive (p. 196, § 77)

1. He began (*commencer* or *se mettre*) to run.   2. We have
decided (*décider*) to go.   3. I must (*devoir*) go to the dentist's.
4. A thief was trying (*essayer*) to enter the shop.   5. Let
(*laisser*) me speak!   6. I had forgotten (*oublier*) to close
the windows.   7. You can take away all these plates.
8. The gendarmes succeeded (*réussir*) in catching this man.
9. Some relatives came to see us yesterday.   10. I wanted
(= was wanting) to accompany them.   11. The children
had finished eating.   12. You dare (*oser*) not do it.

B. Ceci; cela (p. 169, § 30)

1. Philippe, come here! Look at this! 2. This is
dearer. 3. That bores me. 4. Who said that?

C. S'asseoir, être assis; se coucher, être couché (p. 189, § 61)

1. We sat down by (*au bord de*) the lake. 2. He sat
down in his armchair. 3. She is sitting in the garden.
4. They were sitting by the roadside. 5. He lay down
under a tree. 6. A dog was lying in the middle of the yard.

D. **Superlative of Adjectives** (p. 161, § 9)

1. The finest bridge. 2. The largest bottle. 3. My most beautiful flowers. 4. Our best workmen. 5. The shortest way. 6. The most extraordinary question. 7. The heaviest suitcase. 8. The oldest house in (= of) the village. 9. The best hotel in (= of) the town. 10. Bourdon is the laziest pupil in (= of) the class.

E. **Use of certain Prepositions** (p. 216, §§ 119-121)

1. A little before 3 o'clock a large black car stopped before the Town Hall. 2. We arrived before you. 3. What can I do for him? 4. We chatted for a few minutes. 5. Those people play for (some) hours. 6. When we were in the country we used to go for (= used to make) long walks. 7. All the farmers were in the fields. 8. What have you got in your hand? 9. In my opinion, he is wrong. 10. Father was in a temper.

F.   THE PAINTER

The painter was no longer working. He was sitting[1] on a bench near his easel. When I approached,[2] he looked up,[2] smiled and said to me in[3] English: " It is warm."

I replied in French: " Yes, it is very warm today."

" Oh," he said, " I thought[4] (that) you were English!"

"You are right," I said[5] to him, " I am (an) Englishman."

He showed me his picture, which I admired. I sat down beside him and we chatted for some[6] time. Then he showed me other pictures which he had done and I began to think that he was trying to sell me something. I decided to go.[7] I got up and I said to him:

" Excuse me, sir, I must leave you, I am in a hurry. I have forgotten to go to the bank, which will close at twelve. Good-bye, sir."

1. § 61. 2. Past historic in the general narrative. 3. *en.* 4. Imperfect.
5. Inversion : " said I ". 6. § 37. 7. Use *partir.*

G.   LAST IN MATHEMATICS

" Let me speak!" said [1] the lady to the master. " You say that my son is last in [2] mathematics. Do you dare to tell me that he is [3] the most [4] stupid pupil in [5] the class? His father isn't exactly a fool!"

"I must tell you, madam," the master replied calmly, "that your son understands nothing. He never works, he looks out of the window, he eats. He is [3] the biggest boy in the class and he is the laziest. I think (that) he is growing too quickly."

The lady reddened, her eyes flashed:

"What are you saying, sir?" she exclaimed [6] angrily. "To whom [7] are you speaking? *I* [8] know why my son is last! It is because you choose (some) problems to favour other pupils. For instance, last week you gave [9] a problem about the speed of (the) motor cars. Who was [9] first? Martin, of course, because his father keeps [10] a garage!"

1. Past historic. 2. *en*. 3. *il est* or *c'est?* § 28. 4. § 9. 5. "of". 6. Inversion. 7. § 22. 8. Emphasize by using *moi*. 9. Perfect tense in speech. 10. Use *tenir*.

LESSON 14

A. The Conditional Tense (p. 186, § 54)

I should keep (*garder*); he would say; you would lose (*perdre*); they would take; we should be; she would have; I should go; he would send; we should do; you would be able; she would know (*savoir*); they would come; I should see; we should wish.

B. Condition Sentences (p. 195, § 73)

Complete the conjugation.

Si je le trouve, je serai content.
Si je le trouvais, je serais content.

Translate:

1. If you go there I will accompany you. 2. If you went there I would accompany you. 3. If you read this letter you will understand. 4. If you read this letter you would understand. 5. If I am late she will be annoyed. 6. If I were late she would be annoyed. 7. If it is fine we shall go out. 8. If it were fine we should go out. 9. If it

rains I shall stay at home.   10. If it rained I should stay at home.

C. Relative Pronouns: *qui, que, dont, à qui* (p. 167, § 24)

1. Show me the tie (which) you have bought.   2. Who was the person you were speaking of?   3. He is (*C'est*) a pupil whose parents are in Africa.   4. He is (*C'est*) a young man whose name I have forgotten.   5. They are (*Ce sont*) creatures I am afraid of.   6. Give him the money he will need (= of which he will have need).   7. Who was the lady you were chatting with?   8. Show me the inspector to whom you gave your ticket.

D. Aller (faire), être sur le point de (faire) (p. 195, § 72(*b*))

1. We are going to have lunch at once.   2. I was going to write to you.   3. He was about to go out.   4. She was about to fall.   5. I was on the point of telephoning to them.

E. Definite Article (p. 158, § 1)

1. I do not like (the) young Clapard.   2. (The) little Françoise had gone to her grandmother's.   3. This afternoon we met (the) old Jules.   4. (The) poor Louise had lost her bag.   5. (The) Doctor Martin came today.   6. Have you heard of (*entendre parler de*) of (the) General de Gaulle?   7. (The) King George and (the) Queen Elizabeth.

F.   WHAT WERE THEY GOING TO[1] DO?

Mr. Dubois came [2] home late from his office.   He sat down,[3] lit his pipe and began to read the newspaper.   His wife looked at him several times and at last she said:

" So you intend staying at home this evening? "

" What! " exclaimed Dubois, " you want to go out again! Why do you always want to go out?   We've got the television, haven't we?   Tell me, if we went out [4] this evening, where should we go?   If we went [4] to the cinema, we should come home late and you would be tired.   If we went to your sister's,[5] we should play cards and that bores me.   If we

went to Roger's we should talk about flowers and vegetables. . . . Oh, I am tired! If I were [4] rich I shouldn't
go to the office any more.[6] But let us [7] forget the office, we
will go to the cinema, if you like."[8]

1. § 72(*b*). 2. Past historic. 3. § 61. 4. Imperfect. 5. Use *chez*, e.g.
chez mon oncle. 6. not any more = *ne . . . plus*. 7. Imperative, § 55.
8. Use *vouloir*.

G.   A DANGEROUS MOMENT

The three men had remained hidden until nightfall, then
they had come out of the wood and had continued their
journey towards the mountains. They were hoping to reach
the frontier the next day.

About midnight they approached [1] a village situated by a
river. All was dark and quiet, but in this village there
were doubtless (some) soldiers. If the enemy had [2] (some)
dogs there would be (some) danger, for if the men were
asleep [2] the dogs would hear the slightest sound.

The fugitives advanced cautiously. They were about to [3]
cross the village square [4] when suddenly a dog began to bark.
A few seconds later there were (some) shouts.

" Quick!" (the) Captain Bellamy said [5] to his companions,
" follow me! " And he began to run towards the river.

1. Past historic. 2. Imperfect. 3. § 72(*b*). 4. " the square of the
village ". 5. " said Captain Bellamy ".

LESSON 15

A. Constructions with the Infinitive

(*a*) *Content de faire*, etc. (p. 197, § 78)

1. We are glad to know it. 2. I shall be happy to come
(on) Friday. 3. You would be surprised to see him now.
4. They will be obliged to sleep on (the) deck. 5. I had not
(the) time to write to them. 6. The animal was ready to
leap. 7. Have you a lot to do today?—No, I have nothing to
do.—You are lucky!

(*b*) *Allez fermer*, etc. (p. 198, § 79)

1. Go and open that window! 2. Let us go and see that
church. 3. Come and say how do you do (*dire bonjour*) to

my aunt and (my) uncle.   4. Come and listen to the bells.
5. I ran and got (*chercher*) my key.

(*c*) *Je viens de voir*, etc. (p. 194, § 71)

1. My father has just come home.   2. The train had just
gone by (*passer*).   3. I had just gone to bed.   4. The 'bus
had just stopped.

B. Ce qui, ce que (p. 167, § 25)

1. Do you know what is happening?   2. I know what you
are going to say.   3. Did you see what frightened them?   4.
We don't understand what he means.   5. We were wondering
what they would do.   6. Now tell me all (that which) you
know.   7. He is on holiday, (that) which explains why we
have not seen him.   8. The dogs began to bark, (that) which
wakened the farmer.

C. Form of Adverbs (p. 162, § 11)

Give the adverbs corresponding to the adjectives: certain,
seul, lent, malheureux, fier, actuel, doux, vrai, poli, gai,
évident, bon, meilleur, mauvais.

Position of Adverbs (p. 162, § 13)

1. We often wrote to him.   2. He always said the same
thing.   3. I sometimes saw her at the restaurant.   4. The
hunter quickly seized his gun.   5. Our boys have played
well.   6. We had eaten well.

D. Expressions of Time (p. 214, § 115)

1. Last week; next week.   2. Every month.   3. A few days
ago.   4. They left this country many years ago.   5. After
(= at the end of) two hours his companions came back.   6.
After a moment the head disappeared.   7. What do you do
(in) the evening?   8. The next day the fugitives reached
Marseille.   9. The following morning the travellers set off
early.   10. It was (the) Christmas Eve.   11. I noticed the
man (whom) I had seen the day before.   12. The doctor
will come back in an hour's time.   13. You can get (*aller*)
there in ten minutes.

E.   CLARETTA AND THE JOURNALIST

Claretta was angry. Her husband asked her [1] what [2] had happened. She explained.

" I had just [3] arrived," she said, [4] " when a young man, a journalist, I suppose, came [5] up to me. He said [5] that he was very happy to see me and that he wanted [6] to ask me a few questions. He wanted to know what [2] I had been doing in Italy, what I was going to do in England, what I ate, what I drank, what I thought of (the) London police-men. [7] He went on like that for [8] several minutes. Finally I told (to) him that I hadn't (the) time to answer a thousand questions, that I was obliged to leave at once. I came in here and he tried to follow me, so I slammed the door. I was ready to hit him! "

1. Remember *demander à*. 2. *ce qui* or *ce que?* § 25. 3. § 71. 4. Inversion. 5. Perfect tense in speech. 6. Imperfect. 7. " the police-men of London ". 8. Preposition? § 120.

F.   PURSUED [1] BY A DOG

The three men plunged [2] into the water and began to swim. (The) Captain Bellamy and Lucas, who swam [3] like (some) fish, soon reached the other bank, but (the) young Martel, who did not swim [3] well, was far behind them.

Martel had reached the middle of the river when the dog which was pursuing them appeared on the bank which they had just [4] left. It was [5] a big powerful dog. It leapt into the river at once and swam towards Martel, who was very frightened.

" Hurry up, swim quickly! " said Bellamy. " Don't be afraid, we will save you! "

Martel was approaching the bank when the dog overtook him and seized his [6] arm between its teeth. The young soldier uttered a cry. But Bellamy hit the dog with a heavy stick. The animal loosed Martel's arm and tried to bite Bellamy. The Captain hit it again. This time the dog moved off.

1. Plural. 2. Past historic for the events of the narrative. 3. Imperfect. 4. § 71. 5. *il était* or *c'était?* § 28. 6. Construction? § 35.

LESSON 16

A. Constructions with the Infinitive (p. 196, § 77)

1. I will help you to carry that trunk. 2. We prefer to go there later. 3. Charles was learning to swim. 4. The same people continued to come. 5. I hope to see you during the holidays. 6. Invite them to come in! 7. You seem to think that I am wrong. 8. There are people who spend their time watching (the) television.

B. *Pour, sans, avant de, au lieu de, après* with the Infinitive (p. 198, § 80)

1. The visitors got up to go (*partir*). 2. The boss stopped to speak to a workman. 3. The director will be too busy to see you. 4. He was not rich enough to do those things. 5. We came in without paying. 6. Before going (*partir*), let us pick up all this paper. 7. Instead of writing to them, go and see them! 8. After closing the door, I hesitated a moment.

C. Special use of *le* (pronoun) (p. 163, § 14)

1. You said that you would come home early; you said so (= it) this morning. 2. He said that my car would be ready at 5 o'clock; he said so (= it) at midday. 3. Claude has had an accident. Did you know (it)?—Yes, I knew (it).

D. Plus; moins (p. 161, § 10(*a*))

1. More than six months; less than three weeks. 2. More than two years; less than ten minutes. 3. More than 200 kilometres; less than ten miles. 4. More than 100 francs; less than 50 francs. 5. You gave more than I. 6. I have travelled less than you.

E. Use of certain Prepositions (p. 218, § 121)

1. I should do that in a different way. 2. On our arrival in Paris we found a good hotel. 3. On one side there was a farm, on the other side there was a wood. 4. The frightened servant rushed out of the room. 5. An

old woman was looking out of the window.   6. Since that
time his son had never come back.   7. We have received
nothing since Monday.

F.   THE YOUNG TRAVELLERS ASK THE WAY

After walking[1] for more than[2] two hours the boys sat
down[3] to rest.   They no longer knew[4] where they were,
for they had no[5] map.   After a few minutes they got up
and set off again.   They were hoping to find a road which
would lead them to Forgins.

At last they came down into a little valley where there
was a farm.   When they were still (at) some distance
from this farm several dogs began to bark.   The farmer came
out to see what[6] was happening.   He called the dogs and
they became quiet.   The boys went up to him and asked
him the way.

" If you follow this path," he said, " you will soon reach a
village.   When you reach[7] this village you will see the
road which leads to Forgins.   There are no 'buses but
there are always cars.   You have only to[8] sign to the
drivers; one of them[9] will stop and will take you to the
town.   That is (*C'est*) what I[10] do."

1. " After having walked ".   2. § 10.   3. Past historic for the events.
4. Imperfect.   5. § 3(*b*).   6. *ce qui* or *ce que*? § 25.   7. " will reach ".
8. *à*.   9. § 20(*a*).   10. Emphasize with *moi*, which can be placed at the
end.

G.   FORGET YOUR TRAVELS!

When I began[1] to talk about my travels in Europe, the
American girl[2] said to me:

" If you think your travels interest me, you are mistaken,
young man.   You seem to think that (the) folk want to
know what[3] you saw[4] at Nice, what you did[4] in Rome, but
you are wrong.   You will learn to forget your travels.
Let me tell you what[3] happened last year.   After spending[5]
more than[6] four months in Europe I went back to the
United States.   I had been everywhere, I had seen everything:[7]   Paris, Monte Carlo, Rome, Venice, London,
Oxford, Scotland, and the rest.   At last I arrived home.

The first evening I began to describe to my family all (that which) I had seen in Europe. After a few minutes I noticed that nobody was listening to me; everybody was looking at the television!"

1. Past historic. 2. "the young American" (*f.*). 3. *ce qui* or *ce que*? § 25. 4. Perfect tense in speech. 5. "After having spent". 6. § 10. 7. *tout* before past participle.

LESSON 17

A. Future Perfect and Conditional Perfect

1. *Avoir* verbs (p. 187, § 56)

Complete the conjugation:

J'aurai lu. J'aurais dit.

Translate:

I shall have finished; I should have replied; he will have put; she would have won; we shall have prepared; we should have refused; you will have seen; you would have noticed; they will have forgotten; they would have followed.

2. *Être* verbs (p. 187, § 57)

Complete the conjugation:

Je serai parti(e). Je serais resté(e).

Translate:

I shall have gone; I should have come back; he will have entered; she would have gone out; we shall have arrived; we should have stayed; you will have come home; you would have fallen; they will have departed; they would have come down.

3. Reflexive (p. 189, § 60)

Complete the conjugation:

Je me serai levé(e). Je me serais dépêché(e).

Translate:

He will have gone to bed (*se coucher*); they would have stopped (*s'arrêter*); they will have rested (*se reposer*); they would have escaped (*s'échapper*); we should have got up (*se lever*).

B. Tenses with *si* (= if) (p. 195, § 73)

Complete the conjugation:

Si je le trouve, je vous le donnerai.
Si je gagnais, je serais content.
Si j'avais gagné, j'aurais été content.
Si j'étais parti(e) plus tôt, je serais arrivé(e) à temps.

Translate:

1. If he comes, we shall be pleased to see him. 2. If I saw them I should recognize them. 3. If he had wanted to understand, he would have understood. 4. If they had come, we should have stayed.

C. Expressions of Time (p. 214, § 115)

1. I used to go there from time to time. 2. The lorry had stopped at the same time. 3. Did the doctor stay long?—He stayed longer than yesterday. 4. You will not arrive there in time. 5. How long are you staying?—We are here for (*pour*) a fortnight.

D. WINTER AT THE SEA-SIDE

" If you go on[1] complaining," Lechat said[2] to his wife, " I shall sell this house and we will go back to the town. You don't know what you want. You used to say that if we bought[3] a house by the sea you would be happy. If I had known that you would be unhappy here I should not have sold the other house and we should have stayed in the town."

" If you go on[1] talking to me in[4] that tone," retorted his wife, " I shall go to bed! I know that I wanted (= was wanting) to leave the town, but if I had known that the winters would be like this I should never have come here. From November to March the weather is awful. If I go out I can't keep my hat on my head, I daren't open my umbrella. All (the) night you[5] hear nothing but[6] the sound of the wind and (of) the waves. The two hundred inhabitants shut themselves up in their houses and spend the winter like (the) hedgehogs. What a place! What a life! "

1. to go on (doing) = *continuer à* (*faire*). 2. Inversion : " said Lechat ". 3. Imperfect. 4. *sur*. 5. Use *on*. 6. " nothing but " = *ne . . . que*.

E.　　A SERIOUS MAN

(The) young Raymond went up[1] the stairs, knocked at his uncle's door and went in. The old fellow was seated[2] at (*devant*) a table.

" Hello, Raymond," he said without getting up,[3] " I hear (say) that[4] you are better. Good! Sit down, my lad, but don't interrupt me[5] for the moment, I am too busy to[6] talk, I am doing a serious job."

Raymond sat down.[2] He wondered what his uncle was doing. At last the old man put down his pencil, took off his spectacles and said:

" You see, Raymond, I am a serious man, I do serious things. Look at this book, for example. It contains more than[7] three hundred poems. I have made a list of them and now I am counting the number of lines in each poem. My dear Raymond, one has to[8] be serious in (the) life. There are plenty of people who waste[9] their time doing (some) stupid things. They read (some) novels, they play cards, they dance, they attend (the) football matches; but a truly serious man hasn't (the) time to enjoy himself like that."

When Raymond left his old uncle he decided to be a less serious man and to enjoy himself a little.

1. Past historic. 2. § 61. 3. Infinitive. 4. to hear that . . . *entendre dire que* . . . . 5. Position of pronoun? § 18. 6. Preposition? § 80. 7. § 10. 8. One has to (do), *on doit* (*faire*), *il faut* (*faire*). 9. to waste one's time (doing) = *perdre son temps à* (*faire*).

LESSON 18

A. Forms of the Passive (p. 190, § 62)

1. They are forgotten. 2. This musician was (*Imp.*) well known. 3. She was (*Imp.*) frightened. 4. The child was

(*P. Hist.*) saved.　5. They were (*P. Hist.*) awakened early.
6. You will be invited.　7. We should be caught.　8. I have
been recognized.　9. This letter had been burnt.　10. He
would have been saved.

B. The Passive avoided (p. 190, § 63)

(*a*) In translating these sentences, use the pronoun *on*:

1. You are admired.　2. The thief has been caught.　3.
The chairs had been taken away.　4. You will be seen.　5.
They would have been heard.　6. It is said that you are
going to leave (*partir*).　7. It was thought that the travellers
would arrive the next day.

(*b*) Use a Reflexive verb:

1. My friend is called André.　2. Her name was Nicole.
3. The shopkeeper was mistaken.　4. I will show you how
that is done.

C. Translation of "by" (p. 217, § 120)

1. The farmer was (*Imp.*) followed by two big dogs.　2.
The lady was accompanied by her maid.　3. This yard was
surrounded by a wall.　4. The two boys were (*P. Hist.*)
saved by a sailor.　5. Their conversation had been heard by
one of the servants.　6. This poor bird had been killed by a
cat.

D. Translation of "with" (p. 219, § 123)

1. He hit me with his ruler.　2. I will cut it with my
penknife.　3. The fields were covered with snow.　4. Their
pockets were filled with apples.　5. There were big lorries
laden with vegetables.　6. I was trembling with fear.　7. They
pulled with all their might.

E. Use of *lequel* (p. 167, § 26)

1. Here is the drawer in which he keeps his papers.　2. Do
you see those trees under which those cows are lying?　3.
The old man took a key with which he opened the door.
4. You will see a few old houses behind which there is a
church.　5. They are questions to which I do not wish to

reply.　6. We went to a fine park, in the middle of which there was a lake.　7. Here is the room in which (*où*) I work.

F.　　HUNTERS IN DANGER

It was[1] very cold, it was freezing; the ground was[1] covered with snow.　The sun had set in clear sky and now it was nearly dark.

The two hunters were still waiting on the edge of the marsh.　From time to time some wild duck went by, but they were[1] always too far away.

" Look! " said[2] Blanc suddenly, " the tide is coming up, we must go or we shall be caught! "

Indeed the ground on which they were standing was almost surrounded by[3] water.

They made their way to[4] the old hut near which[5] they had left their boat, but they were surprised to see that the boat was no longer there; it had been carried away by the tide.　The hunters realized[2] the danger and began to shout with all their might.　Fortunately their cries were[2] heard by some fishermen.

After five or six minutes a boat approached, in which[5] there were two men.　The hunters were[2] taken[6] to land. They were[1] saved!

1. Imperfect for description.　2. Past historic for events.　3. surrounded by = *entouré de*.　4. to make one's way to = *se diriger vers*. 5. Pronoun? § 26.　6. Use *transporter*.

G.　　A LITTLE ACCIDENT

That evening,[1] when Louis went[2] into the dining-room he was[2] surprised to see Mr. Gérard there, for this gentleman had told him that he was returning to Paris that afternoon.

" What! " Louis said[3] to him, " I thought[4] you were going to leave today, you told me so[5] this morning! "

" That is true," replied Mr. Gérard.　" Unfortunately I have had a little accident, my car has been damaged.　I will tell you what[6] happened.[7]　This morning I went[7] to Bénodet.　When I was coming back about midday I collided at a crossroads with a car which was coming from the other direction.　It was a lady who was driving, so I could not be rude! However, my car isn't seriously damaged, but it won't be repaired before Friday. Come and see [8] the car, it [9] is in the yard."

They went out [2] into the yard to look at the car. One of the wings had been damaged and a headlamp had been smashed. What (a) pity!

1. § 27.   2. Past historic for events in the general narrative. 3. Inversion : "said Louis". 4. Imperfect. 5. "so" translated as "it". 6. *ce qui* or *ce que*? § 25. 7. Perfect tense in speech. 8. "Come to see". 9. *ce* or *elle*?

LESSON 19

A. The Present Participle (p. 195, § 74)

1. Some astonishing things; a surprising idea; the winning numbers; a climbing plant. 2. We were on the platform, waiting for the train. 3. Seeing that the boy was hungry, the lady offered him a cake. 4. The man went away, saying that he would come back later. 5. Hearing (some) footsteps in the yard, she went and looked (= went to look) out of the window. 6. A little girl (who was) crossing the road has been knocked down by a cyclist.

B. *En* + present participle (p. 195, § 75)

1. "Good morning!" she said with a smile (= smiling). 2. "It is going to rain," said the peasant, looking at the sky. 3. On arriving at the hotel, I went up into my room. 4. By making so much noise you have wakened the children. 5. In doing this he broke the glass. 6. When shutting his shop, Dutel noticed Bonnard (who was) standing on the pavement. 7. While travelling in France, my brother fell ill. 8. You begin by laughing, but you will end up by crying!

C. Demonstrative Pronoun: *celui, celle,* etc. (p. 169, § 31)

1. Our garden and our neighbours'. 2. My bicycle and my friend's. 3. Her spectacles and her husband's. 4. Your books and those of the other pupils. 5. Which

customer?—The one who has just gone out. 6. Which
train?—The one which arrived a few minutes ago. 7.
Which gloves?—Those (which) you are wearing. 8.
Which girls?—Those who were playing tennis. 9. All
(those who) have a ticket may go in.

D. Forms and uses of *vouloir* (p. 200, § 82)

1. Will you come in, please? 2. I have asked him for
his ticket but he won't give it to me. 3. We wanted
(= were wanting) to see what was happening. 4. The
cat had climbed up the tree and it would not come down.
5. I should like to go there. 6. We should like to have
accompanied you. 7. I don't know what you mean.

E. La journée, la matinée, la soirée. (p. 213, § 113)

1. I spent a pleasant day there. 2. It has been raining
(= it has rained) all the morning. 3. We thank you for a
delightful evening.

F. THE FISHERMEN

Hearing (some) voices in the yard, Mrs. Justin looked[1]
through the window and saw her husband and (her) son
talking[2] to the farmer. They were showing (to) him
several fish which they had caught. Mrs. Justin knocked
on the window and called out:

"Hurry up, I have just[3] prepared (the) supper, everything is ready!"

Her husband turned round and said to her with a smile:[4]
"Come and see[5] what we have caught." She went
out to see the fish; they were not very big.

"They are not so big as[6] the ones[7] (which) you caught[8]
yesterday," she said.

"No," replied Justin, "those[7] (which) I caught yesterday
were nice fish. . . . But let me tell you about[9] the one
(which) I lost[8] this afternoon. . . ."

"Don't tell me about the one you lost!" said his wife
laughingly.[10] "The ones (which) you lose are always
bigger than those (which) you bring home!"

" But Dad is right!" exclaimed Pierre.   " He had a huge
fish on the end of his line. *I*[11] saw it.   Unfortunately the
line broke and the fish went off.   We should like[12] to have
brought that fish back!"

" What a story!" exclaimed Mrs. Justin with a laugh.[10]

1. Past historic for events.   2. "who were talking".   3. § 71.
4. Express as "smiling".   5. "Come to see".   6. § 8.   7. *ceux*.
8. Perfect tense in speech.   9. "let me speak to you of".   10. Express as
"laughing".   11. Emphasize with *moi*.   12. § 82.

G.   THE BOSS'S OVERCOAT

On arriving[1] at the station, the two clerks waited[2] for
their train.   The train arrived, they got into a compartment.
Noël sat down in a corner, Dulac sat down opposite him.
Noël put his[3] hand into his overcoat pocket[4] and looked[2]
surprised.

" Hallo!" he exclaimed, " where is my book?"

" Which book?" asked Dulac.

" The one[5] (which) I was reading in the train this
morning.   I put[6] it in this pocket and it isn't there. . . .
Hallo! what is this?[7] . . . a pipe! Whose[8] pipe is
this!   *I*[9] don't smoke."

Dulac looked at the pipe and said with a smile:[10]

" I think it is the boss's.[11]   I mean that you have probably
left your own overcoat at the office and (that) you have taken
the boss's."[11]

Noël put his[3] hand into another pocket and pulled out
(of it) some papers, among which[12] there were two theatre
tickets for that evening!

1. § 75.   2. Past historic for events.   3. "the hand".   4. "the
pocket of his overcoat".   5. *celui*.   6. Perfect tense in speech.   7. § 23.
8. "To whom is this pipe?"   9. Emphasize with *moi*.   10. Express as
"smiling".   11. "that of the boss".   12. Pronoun? § 26.

LESSON 20

A. " Concealed " Futures (p. 194, § 72)

1. When we reach (= will reach) Paris, we will send you
a card.   2. As soon as my husband arrives (= will arrive)

home, he will telephone to you. 3. As soon as the customs officer has (= will have) inspected (*visiter*) our luggage, we shall be able to go. 4. As soon as I have (= will have) sold this car, I shall buy another. 5. I thought that they would be here when I came (= would come) back. 6. He said that he would give me his answer when he had (=would have) spoken to the director.

B. Quelque(s), quelqu'un (p. 171, § 37)

1. You are going to eat something (of) good. 2. After (= at the end of) a few minutes our guide came back. 3. Someone had entered the flat. 4. The policemen were looking for somebody.

C. Forms and uses of *pouvoir* (p. 200, § 83)

1. We can stay here. 2. You may go. 3. May I ask you a few questions? 4. You can (= will be able) to do that tomorrow. 5 He was tired, he could not (= was not able) to run. 6. The gentleman said he could (= would be able to) come this evening. 7. We could have started (= would have been able to start) earlier. 8. They might have waited (= would have been able to wait) for us. 9. We can't hear (don't hear) what she is saying. 10 I can't see (don't see) what you can do.

D. Parts of the Body (p. 170, § 35)

1. Close your eyes and open your mouth! 2. She has very white teeth. 3. I must wash my hands. 4. The poor man wiped his forehead with his handkerchief. 5. She took my arm. 6. The mayor shook hands with us.

E. Que c'est joli! etc. (p. 175, § 48 (*d*))

1. How lazy you are! 2. How beautiful her daughters are! 3. How slowly you are walking! 3. How well this young man speaks French!

F.   THE PRISONER

(The) night had fallen. Raoul could no longer read and he had nothing to[1] do. When he had (= would have) eaten his supper, he would lie down and would try to sleep. How[2] miserable he was!

He got up[3] and went and opened[4] the little window. Everywhere in the town there were lights. He could hear the noise of the traffic; he could even hear the footsteps of (the) passers-by in the street. Those[5] who were free did not think of those[5] who were shut up in this gloomy building.

Suddenly the young man heard a voice: "Raoul! Raoul!" Someone was in the street on[6] the other side of the wall and was calling him.

"Raoul! Raoul! Can[7] you hear me?" This time he recognized the voice as Émile's.[8]

"Yes! yes!" he replied without daring to speak too loudly. "It is I, Raoul. What do you want? What is happening?"

"Listen," said the voice, "I am going to throw you a bit of paper. Read what[9] I have written and do as I say."

1. *d.*   2. § 48(*d*).   3. Past historic for events.   4. "went to open". 5. Pronoun? § 31.   6. *de.*   7. Just "do you hear me?"   8. "that of Émile"; § 31.   9. *ce qui* or *ce que*? § 25.

G.   WILL THE PRISONER ESCAPE?

A moment later a little ball of paper fell at Raoul's feet. He picked it up, opened it and read this:

"We have just[1] learnt that in a few hours' time[2] they[3] are going to take you to another prison. When the guards come (= will come) tomorrow morning they will tell you that you are going to leave and you will be brought before an officer. When the officer has (= will have) examined your papers, the guards will take you to the station, where you will get into a train with them. After travelling[4] for an hour you will come to a big bridge, near which[5] there is a station. We know that on approaching[6] this bridge the train will slow down. As soon as you see (= will see) the bridge, tell (to) the guards that you are ill and that you need a little air. Once in the corridor, open the door and jump. We shall be waiting[7] for you with a car."

1. Remember *venir de.*   2. Cp. in an hour's time, *dans une heure.*   3. Use *on.*   4. "After having travelled".   5. Pronoun? § 26.   6. § 75. 7. Express as: "we shall wait".

LESSON 21

A. Dire à quelqu'un de faire, etc. (p. 202, § 90)

1. Tell (to) those boys to go away! 2. The customs officer asked him to open his suitcase. 3. I do not allow (to) them to do that. 4. We have advised (to) them to take a taxi. 5. Ask (*prier*) that client to wait a few minutes. 6. I want to prevent them from stealing my apples. 7. She was teaching him to dance.

B. " I am told (asked)", etc. (p. 190, § 63(*a*))

1. I am told (= one tells me) that you have succeeded. 2. We have been told (= one has told us) to come here. 3. You will be asked (= one will ask you) to show your ticket. 4. I have been given (= one has given me) this card. 5. They are not permitted (= one does not permit them) to cross the bridge.

C. Chaque, chacun(e) (p. 171, § 36)

1. Each boy and each girl. 2. Each wood and each hill. 3. Each of our workmen. 4. Each of these boxes. 5. Each (one) will say what he thinks.

D. Forms and uses of *devoir* (p. 201, § 84)

1. We must accept. 2. They are to leave at once. 3. He has to work hard. 4. My father has had to go to New York. 5. They must have taken another road. 6. Every day she had to prepare (some) meals. 7. I was to accompany (*or* was to have accompanied) them. 8. The next day my uncle had to go to the town. 9. We shall have to buy some new curtains. 10. You ought to go to France. 11. I ought to have stayed longer.

E. Use of *que* in certain question forms (p. 166, § 23)

1. What is it, Robert? 2. What is that? 3. What is that light over there? 4. What is an orchard? 5. What is the matter, Françoise? 6. What has become of (the) old Tipet? 7. The last train has gone (*partir*). What (are we) to do? 8. We did not know what to think.

F.   AT THE INN

The three men looked[1] at one another.[2] What (were) they) to do?

"Listen, gentlemen," went on the innkeeper, "it is a trip which takes[3] three or four hours. In[4] less than two hours it will be dark. Nothing prevents you from trying, but I advise you to wait until tomorrow. If you spent[5] the night here you could[6] start early tomorrow morning. No, don't try to go to Clusat this evening. I have never been up there myself, but I am told[7] that there are (some) dangerous places where one can easily lose one's way and fall. Besides, it is very cold at night, there is a lot of snow. And then I am told[7] that there are big ants which bite you, and snakes as long as[8] my arm. No, gentlemen, it is too late to[9] go there today. You ought[10] to have started earlier, you ought[10] to spend the night here. . . . You wish to stay? Good! I will tell (to) my wife to prepare the rooms. . . . Three rooms, do you say, a room for each[11] one? Very well, gentlemen."

1. Past historic for events. 2. Express by reflexive ; § 58. 3. Use *demander*. 4. *dans* or *en*? § 115. 5. Imperfect. 6. *pouviez* or *pourriez*? § 83. 7. "one tells me". 8. Comparison, § 8. 9. Preposition after " too "? § 80. 10. § 84. 11. § 36.

G.   A BRAVE GIRL

"I don't like crossing the meadows (in) the evening," said Madame Aubain to her young servant, "I am always afraid of the animals. I have heard (say) that there is a bull in one of these fields. We ought[1] to have gone back by the road."

A moment later the two women heard a formidable bellow. The bull was in the meadow (which) they were crossing, but they had not seen him because of the mist. They began to run towards the gate. From time to time they looked round[2] to see if the beast was following[3] them.

The bull came out of the mist, he saw the women and began to gallop towards them. The servant told (to) her mistress to get over the gate as quickly as possible, shouting[4] that she would follow her.

When the bull got near the girl he stopped running, but he still advanced towards her, lowering[4] and shaking[4] his huge head. The servant retreated before him, picking up stones and clods of earth, which she hurled in the beast's eyes.

The bull was on the point of attacking her with his horns when[5] she reached the gate and slipped[6] through the bars.

1. § 84. 2. Tense for repeated act? 3. In French one usually says such things in the negative : " if the beast was not following them ". 4. § 75. 5. *lorsque.* 6. Use *se glisser.*

LESSON 22

A. The Past Anterior Tense (p. 193, § 69)

1. When the farmer had sold his animals he left the market. 2. As soon as the men had finished eating they got up and went out. 3. When the shouts had ceased, the leader began to speak. 4. As soon as the teacher had gone out, the pupils started to chatter. 5. When the soldiers had gone, (the) old Beuglon called his son. 6. Hardly had he said this when the door opened and the boss came in.

B. Negation with the Infinitive (p. 173, § 45(*b*))

1. Tell (to) them not to wait. 2. We have decided not to go abroad. 3. I will try not to laugh. 4. He advised us not to hide anything. 5. I see that you have decided to do nothing.

C. Uses of *tout* (p. 172, § 38)

1. You know everything, don't you? 2. That woman wants to know everything. 3. I had heard everything. 4. We all know that it is true. 5. And now you have seen them all. 6. I knew his sons; both were very tall. 7. You are in a bad temper, aren't you?—Not at all!

D. Fractions (p. 211, § 108(*b*))

1. Half an hour; an hour and a half. 2. How old are you? I am fifteen and a half. 3. (The) half (of) the time. 4. (The) half of the pupils. 5. More than half my money.

E. **Translation of " to "** (p. 218, § 122)

1. You must take the road to Paris.   2. Let us take the road
to Bordeaux.   3. The train to Nice will arrive in a few
minutes.   4. I have taken a ticket to Orleans.   5. You have
been very good to me.   6. Let us be polite to (the) foreigners.

F.   THE COUNCILLORS AND THE MUSICIAN

While the councillors were discussing the question of the
rats, there was a knock[1] at the door.   The mayor called
out: " Come in! "   The door opened[2] and a man entered,
dressed in[3] a strange costume; he was carrying a flute in
his hand.

The Mayor asked this man what he wanted.   The latter
replied that he could rid the town of the rats if the councillors
would[4] pay (to) him a large sum of money.

He was asked[5] to play[6] his flute.   When he had played,[7]
the councillors looked at one another[8] in amazement,[9]
for the music he had played was quite extraordinary.   They
asked the man to withdraw.

When he had gone out[7] they discussed the sum (which)
they would offer (to) him.   They decided to offer him
five thousand[10] francs.   Then they invited him to come
in again.   The Mayor told (to) him that he would receive
this sum if he succeeded[11] in ridding the town of all the rats.

1. " one knocked ".   2. Reflexive.   3. dressed in = *habillé de.*
4. Expressed by *vouloir*; § 72 (*b*). 5. " One asked him ". 6. Cp. *il joue du
violon.* 7. Past anterior. 8. Expressed by reflexive ; § 58. 9. Express
as " astonished ". 10. § 107. 11. Imperfect.

G.   IN THE TRAIN

" Father was in a hurry, (and) so I told[1] him not to[2]
wait," said[3] Claire to Louise, who was sitting beside her.

" By the way, Louise," she went on, " who was that
young man who acknowledged[1] you on the platform, the
one[4] who was wearing a grey suit? "

" His name is Charles Brunet.   I don't know him very
well.   He was at the dance last night.   I danced with him
once, but of course I danced with lots of young men, I knew

them all.[5] . . . I wonder if Charles is going to travel by this train. What[6] has become of him? . . . Ah, there he is!"[7]

At that moment the young man passed (before) the door of their compartment. He seemed to be looking for[8] someone. A few seconds later he came back, stopped, hesitated a moment, then he opened the door and got into the compartment. He sat down without looking at the girls, opened his suitcase, took a book as if he was about to read; then he looked up and exclaimed with a smile:[9]

"Ah, good morning, how[10] charmed I am to see you! I had not noticed you in this compartment!"

1. Perfect tense in speech. 2. § 45(*b*). 3. Past historic. 4. Pronoun? § 31. 5. § 38. 6. "What has he become?" § 23. 7. § 14. 8. "He seemed to look for". 9. "smiling". 10. § 48(*d*).

LESSON 23

A. Constructions with *depuis* (p. 194, § 70)

1. How long have you been waiting?—We have been waiting for twenty minutes. 2. The sun has been shining for a few minutes. 3. I have known him for many years. 4. It has been raining for an hour. 5. How long had he been working here?—He had been working here for more than three years. 6. The two ladies had been chatting for half an hour. 7. We had been following them for (some) hours. 8. I had been watching them for several minutes.

B. Distinction between *il est* (*possible*) and *c'est* (*possible*) (p. 168, § 29)

1. It is true that I have never seen them. 2. It is difficult to know what he thinks.—Yes, it is difficult. 3. It was obvious that those people did not intend to pay.—Yes, it was obvious. 4. It would be easy to get up (*monter*) on the roof.—Yes, it would be easy. 5. It was certain that this tree was going to fall. 6. It is possible?—Yes, I think that it is possible.

C. Bientôt, tôt; tard, en retard (p. 215, § 116)

1. Soon the rain ceased. 2. I had spoken too soon. 3. Why have you come back so soon? 4. Tomorrow I shall

get up earlier.   5. Tell them to come as soon as possible.
6. This morning I got up very late.   7. A little later another
visitor arrived.   8. It was late, everybody wanted to go to
bed.   9. Hurry up, Limasson, you are late as usual!

D. Comparison and Superlative of Adverbs (p. 162, § 12)

1. You can run as fast as I.   2. Go more slowly!   3. I go
there less often.   4. This time don't stay so long!   5. It is
Odette who plays best.

E. Translation of " about " (p. 216, § 119)

1. We shall arrive at about 4 o'clock.   2. I have spent
about 60 francs.   3. They were talking about the holidays.
4. She told me a story about a bag that she had lost.

F.   A STRANGE DOCTOR

When the patient came in the doctor looked at him,
touched his[1] cheeks and (his) stomach, saying :[2] " Too fat,
much too fat! "

" Now," went on this strange doctor, " tell me, what is
the matter with you?   How long have you been[3] ill?"

" I have been[3] ill for three or four days, doctor," the
patient replied, " I have a pain here."

" Raise your[1] hands above your head! " ordered the
doctor. The patient did so.[4] The doctor gave him a
punch in the back; the patient sat down.

" Stay quiet for[5] a few minutes," said the doctor, then
he went and sat[6] by the window and began to read the
newspaper.

After reading[7] for several minutes he got up and approached the patient again.

" Listen, my friend," he said to him.   " First of all it is[8]
obvious that you eat and drink too much. For (some)
years you have been eating[3] too much. If it is[8] true that
one must eat to live, it is[8] also true that one must not live
to eat. I don't know what is the matter with you.[9] I
advise you to go home and rest. Eat the least possible.

It is [8] probable that you will be better in[10] a few days. I say that it is [8] probable, but one never knows."

1. Construction? § 35.   2. § 75.   3. Tense? § 70.   4. "did it".
5. Preposition? § 120.   6. "went to sit".   7. "After having read".
8. *il est* or *c'est*? § 29.   9. Expressed as : "what you have".   10. *en* or *dans*? § 115.

G.   THE BIRD WAS NOT KILLED

For a whole week the bird had been making[1] this unbearable noise near my window. Each time (that) I tried[2] to write a sentence this noise prevented me from thinking. If this went on[3] I should go[4] mad!

I decided[5] to kill that bird. But what[6] could I kill it with? I had no[7] gun, I should be obliged to borrow a friend's.[8] I knew a man who had one (of them); I would ask him to lend it to me.

One morning I was so exasperated that I went off to get the gun. As I was walking along[9] the street I thought of St. Francis,[10] who had loved the beasts and (the) birds so much.[11] What would St. Francis have done? I went back home. I decided not to[12] kill the bird and I heard it no more.

1. Tense? § 70.   2. Tense for repeated action?   3. Imperfect.
4. "become".   5. Past historic.   6. "with what"; § 22.   7. § 3(*b*).
8. "that of a friend"; § 31.   9. *dans*.   10. *Saint-François*.   11. *tant* before past participle.   12. § 45(*b*).

LESSON 24

A. "Each other, one another" expressed by the Reflexive (p. 188, § 58)

1. These gentlemen know each other. 2. The two Frenchmen recognized each other. 3. We have already met (each other). 4. The two ladies have not looked at each other. 5. Those people say stupid things to one another.

B. Reflexive Verbs: Agreement or non-agreement of the Past Participle (p. 189, § 60)

(*a*) Agreement.

1. We have enjoyed ourselves. 2. A car has stopped in front of the house. 3. They have gone to bed. 4. She

had sat down. 5. They had woken up early. 6. We had not recognized each other.

(*b*) No agreement.

1. They have written to each other several times. 2. Marie has bought (for) herself a nice dress. 3. The children have washed their hands.

C. Points regarding the Article (p. 158, § 2)

1. She was a farmer's daughter. 2. That boy is the doctor's son. 3. Those things have not (a) great importance. 4. That young policeman showed (a) great courage. 5. (The) fisherman must have (an) extraordinary patience. 6. His grandfather was (a) baker. 7. My uncle is (a) dentist. 8. He was a butcher. 9. What are you?—I am (a) teacher.

D. Use of *payer, envoyer chercher* (p. 201, § 86)

1. You have paid (for) the seats, haven't you? 2. How much did you pay (for) that? 3. Send for a policeman! 4. The old woman sent for the priest.

E. Dimensions (p. 211, § 109(*c*))

1. My garage is 6 metres long. 2. This piece of wood is 10 centimetres wide. 3. Our living-room is 7 metres long by 4 wide. 4. The church tower is about 22 metres high.

F.   HERE IS A NICE CHICKEN!

The woman had brought the chicken back, saying that her husband thought[1] (that) she had paid too dear (for) it. Masson, who was busy and (who) had not (a) great patience with (the) customers of this sort, had spoken sharply to her and had told her to go away.

Later on, Masson thought of[2] this woman. It was[3] obvious that she was poor and that she feared her husband. Masson was not a hard man. He would like to have[4] given her a better chicken than the one[5] (which) she had bought, but if he did[6] that for one customer he would be obliged to do it for everybody.

However, Masson could not forget that woman's face, and that evening,[7] when he had closed[8] his shop, he chose a fine chicken and took[9] it to the little house where the woman lived. She was[10] very surprised to see him. At first she did not want to take the chicken, but in the end[11] she accepted it.

1. Imperfect. 2. to think of, *penser à*. 3. *il était* or *c'était*? § 29. 4. § 82. 5. Pronoun? § 31. 6. Tense? § 73. 7. § 27. 8. Past anterior. 9. Use *porter*. 10. Past historic. 11. "she finished by accepting it"; § 75.

G.　　　IN THE DINING-ROOM

That evening the father, who had not had lunch at midday, reappeared[1] in the dining-room with his family. I had heard (say) that he had been unwell during the day.

When we had finished[2] eating, I got up[1] and approached their table.

"Good evening, sir," I said. "I am pleased to see that you are better. I was told[3] that you were unwell this morning."

"Yes, sir," he replied, "it is[4] true that I was ill this morning. I stayed[5] in bed and I ate[5] nothing at midday, but now I am much better. You are very kind, I thank you very much. . . . But you, sir, you are (an) Englishman, aren't you? You speak French[6] very well. You are (an) officer at Fontainebleau, perhaps? We see a lot of English officers there. When we heard you talking[7] and joking[7] with the waiter we told one another[8] that you must be one of those officers."

"Oh no," I said, "I am not (a) soldier, I am (a) journalist. When I was young I spent several years in France. My family likes your country very much, so we come to France as often as[9] possible."

1. Past historic for events. 2. Past anterior. 3. "One told me". 4. *il est* or *c'est*? § 29. 5. Perfect tense in speech. 6. § 105. 7. Infinitive. 8. Reflexive, § 58; be careful of the past participle. 9. § 12.

LESSON 25

A. Recapitulation of the Past Participle rule (p. 191, § 64)

1. Where is your car?—I have sold it. 2. Do you want to see the watch which I have bought? 3. The children have already bathed. 4. She has rested (herself). 5. Marie has bought herself some new gloves. 6. Martine has broken her arm. 7. This letter had been burned. 8. The gates will be closed at 6 o'clock. 9. Mother has gone out. 10. All the guests have arrived.

B. Sortir en courant, etc. (p. 188, § 57(a))

1. Hearing this noise, we ran into the house. 2. The thief ran out of the shop. 3. The clerk ran up to the manager's office. 4. The children ran down to the beach.

C. Aucun; ni . . . ni; ne . . . guère (p. 173, §§ 43-4)

1. No passenger got out of the train. 2. In this quiet spot one saw no traveller, no car. 3. Not one of these prisoners came back. 4. Neither his wife nor his sons wanted to go there. 5. I had neither (a) pen nor (a) pencil. 6. She is hardly pretty.

D. Two negatives combined; *sans* with *aucun, rien*, etc. (p. 173, § 45)

1. I don't hear anything now. 2. Roger never tells us anything. 3. There is nobody on the beach now. 4. We came in without paying anything. 5. You go out without ever saying where you are going. 6. Without any doubt they will come back. 7. The young lady went off without thanking anybody.

E. Agreement of the adverbial *tout* (p. 161, § 7)

1. His face was all pale. 2. The widow was all alone in her house. 3. Their children are quite small. 4. Most of the women were quite young. 5. She arrived quite out of breath.

F. Cases of Inversion (p. 175, § 48)

1. Perhaps they have a key. 2. Perhaps we are wrong.
3. Perhaps this gentleman would like to come with us. 4.
I don't know what the others are doing. 5. Can you tell
me where the station is (*se trouver*), please? 6. She asked me
where my family lived.

G. WHAT[1] WAS HAPPENING IN THE MANSION?

(The) night had already fallen when (the) Inspector
Poret set off in his car to go and see[2] what[3] was happening
in this mansion. He got there about nine o'clock. In the
darkness he distinguished the drive leading to the house.
The building was surrounded by trees.

Two hundred yards[4] farther on he stopped his car.
Before getting out he listened for several minutes without
however hearing anything[5] (of) suspicious. Finally he
opened the door and got out.

He soon found a place to get through the hedge and walked
slowly towards the mansion, in which[6] he could not see
any[7] light. It was[8] difficult to walk under the trees without
making any noise because of the bits of dry wood.

He was still (at) some distance from the house when
suddenly a light appeared in one of the bedrooms.

1. What as subject? § 22. 2. "to go to see"; § 79. 3. *ce qui* or *ce
que*? § 25. 4. Use *mètres*. 5. § 45(*c*). 6. Pronoun? § 26. 7. Translate
"not any" by *ne . . . aucun(e)*; § 43. 8. *il était* or *c'était*? § 29.

H. ONE OF THEM ESCAPES, THE OTHER IS CAUGHT

A minute later a door opened,[1] a man ran out[2] of the
house and disappeared among the trees on the right. The
Inspector immediately ran towards the place where this
individual had entered the wood. Hearing rapid footsteps,
he started to chase the thief, but he soon realized that the
man was running faster than he and that he would not
catch him. Poret therefore returned to the mansion.

He had just[3] come out of the wood when he saw, coming
towards him, another figure, smaller than the first. It was a
boy who doubtless was looking for the man who had escaped.

As soon as the boy saw the Inspector he ran away, but Poret chased him and succeeded in catching him. Soon he would know who this boy was⁴ and what he was doing there.

1. Reflexive.   2. To run out = *sortir en courant*.   3. Remember *venir de*; § 71.   4. Order: " who was this boy ".

LESSON 26

A. Imperfect and Past Historic: more difficult points of usage (p. 193, § 68)

1. The tired travellers slept for ten hours.   2. I thought (= was thinking) that they had gone.   3. Suddenly he thought that he was going to fall.   4. We knew (= were knowing) that she had come back.   5. Then he knew that he had been mistaken (*se tromper*).   6. The sun shone again.   7. He pondered (*réfléchir*) for a few moments.   8. At last they were able to get out.   9. When he heard (*P. Hist.*) the dogs he was afraid.   10. As soon as she was alone she started to cry.

B. Further uses of the Disjunctive Pronoun (p. 165, § 20)

1. It is I who am late.   2. It is they who make all that noise.   3. You are cleverer than he.   4. He and I (we) are old friends.   5. You and your sister are going to play against Yvonne and me.   6. I saw it, (I) too.   7. He too had forgotten the number.   8. Do you remember Lagarde?— Yes, I remember him.   9. I was thinking about him a few days ago.

C. Uses of *autre* (p. 172, § 40)

1. Give me one or two envelopes; you can keep the rest.   2. Let us drink the rest of this wine.   3. I will lend you this blanket, I have others (of them).   4. The two farmers always helped each other.   5. The boys were chasing one another.

D. Distance (p. 211, § 109(*b*))

1. How far is it from here to Bordeaux?   2. Orleans is (at)
120 kilometres from Paris.   3. Cannes was 20 kilometres
away (= at 20 kilometres).   4. Some distance away (= at
some distance) there was an island.

E. Translation of " along, among " (p. 217, § 119)

1. The man was running along the hedge.   2. A lot of cars
pass along this road.   3. We were walking along a narrow
street.   4. Our cat hides among the plants.   5. The
gentlemen were chatting among themselves.

F.   WHO WILL PAY FOR THE MEAL?

When the three travellers began to talk loudly, the innkeeper's wife was[1] afraid and for a few moments she
thought[1] that they were going to fight.   Soon, however,
they calmed down and one of them[2] said to her:

" We are hungry, madam, may we have lunch here?"

" But of course you may have lunch, if you wish," she
replied.

When the meal was[1] ready the men sat down at table
and ate well.   As soon as they had finished[3] eating they
got up to go.

" It is I who will pay," said one of them,[2] putting[4]
his hand in his pocket.

" No, let me pay!" said another.

" No," said the third, " it is I who am the rich man."

This went on for several minutes and at last the tallest[5]
(one) said:

" You see, madam, that each[6] of us wants to pay.   It is
you who shall choose the one[7] who will pay.   I am going to
blindfold you and the first man you (will) touch shall be
the one[7] who will pay (for) the meal."

She was blindfolded.   She stretched out her[8] hands,
laughing,[4] she touched a man.   It was her husband!
The travellers had already gone.

1. Imperfect or past historic? § 68(*b*).   2. § 20(*a*).   3. Past anterior.
4. § 75.   5. § 9.   6. *chaque* or *chacun*? § 36.   7. Pronoun? § 31.
8. " the hands ".

G.   A BOY TRIES TO CATCH A RABBIT

(The) little Jacques had been watching[1] the rabbits for a few minutes when another boy, who was bigger and older than he,[2] came up and said to him:

" So you are watching the rabbits, Jacques? You would like to catch one (of them), wouldn't you? There is nothing (of) easier. If you can put a little salt on a rabbit's tail, he is caught!"

Jacques thought over[3] what this boy had told him and decided to try to catch a rabbit. He went into the kitchen, took a lump of salt, crossed the road, went into the meadow and found a hole, at the entrance of which[4] he carefully[5] placed his lump of salt.

The next day he returned to the meadow, hoping to see a dead rabbit there. After searching[6] for some time he found his lump of salt, which seemed to him smaller than when he had placed it in the hole. But there was no[7] rabbit!

The following day he went to the meadow again. It had rained during the night and the salt had disappeared!

1. Construction? § 70.   2. Disjunctive pronoun used in comparisons ; § 20(*d*).   3. To think over = *réfléchir à*.   4. Pronoun? § 26.   5. Adverb after verb.   6. " After having searched ".   7. Could be expressed by *ne . . . aucun.*

LESSON 27

A. Tenses used with *si* (= if) (p. 195, § 73)

1. If he refuses I shall be furious.   2. If he refused I should be furious.   3. If he had refused I should have been furious.   4. Ask him if my suit will be ready this week. 5. We are wondering if he will arrive in time.   6. He wanted to know if (whether) we should be free this evening. 7. He did not know if (whether) he would have (the) time.

B. Verbs used with the Dative (i.e. which require *à* before their object) (p. 202, § 88)

1. Answer my question.   2. I was thinking about Paul; I often think of him.   3. Are you thinking about your

journey?—Yes, I am thinking about it. 4. Madeleine is very much like her mother. 5. That will not please him. 6. The soldiers must obey the officers. 7. I shall never forgive him.

C. Verbs expressing ideas of "getting from" (p. 202, § 89)

1. Let us ask him the price. 2. We buy vegetables from them. 3. I have borrowed a few books from him. 4. He tried to conceal his surprise from them. 5. I took the basket from her. 6. His new companion stole his money from him.

D. The Possessive Pronoun (*le mien*, etc.) (p. 170, § 34)

1. Put your book on mine. 2. Your hands are as dirty as mine. 3. Here is my address, now give me yours. 4. Your work is more difficult than hers. 5. My room is smaller than his. 6. Their flat is above ours. 7. Put your things (*affaires, f.*) next to ours. 8. Our garden is as large as theirs.

E. Collective Numbers (p. 210, § 107)

1. Go and get a dozen eggs. 2. We shall stay there a fortnight. 3. They have about twenty lorries. 4. That will cost a few hundred francs. 5. In winter we see hundreds of duck. 6. In summer there will be thousands of tourists.

F.   CONVERSATION WITH AN OLD MAN

Sucet had been sitting[1] in front of the café for a few minutes when an old man came and[2] sat at the table next to his.[3] After ordering[4] a glass of wine, he put his hand in his pocket and exlaimed:

" Ah, what a pity! How[5] stupid I am!"

Then, turning to Sucet, he said with a smile:[6]

" Sir, if you have any cigarettes, would you lend me one (of them), please? I must have[7] left mine[8] at home."

Sucet offered him a cigarette and the old man took it from[8] him saying:

" Thank you very much, sir, you are very kind. I am sure that you are a man to whom one can tell a secret. . . . Tell me, sir, have you heard (speak) of Oscar Galette?"

" Yes," replied Sucet, " I have heard (speak) of him. He has just[9] died.   He was[10] a rich man."

" Yes, indeed, " went on the other, " he was rich, he was famous. You must have[7] seen his portrait in the newspapers many times.   He was[10] my brother."

1. Construction? § 70. 2. "came to sit". 3. Possessive pronoun ; § 34. 4. " After having ordered ". 5. § 48(*d*). 6. Express as " smiling ". 7. § 84. 8. § 89. 9. Use *venir de* ; § 71. 10. *il était* or *c'était*? § 28.

G.   HE WANTED TO BORROW SOME MONEY!

Sucet looked at the old man.   He was not very well dressed.   It was[1] difficult to believe that he was the brother of the famous Oscar Galette.

" You don't believe me? " the old man asked him. " Here,[2] lend me your newspaper.   Perhaps it contains[3] news which is not in mine.[4] . . .   Ah! there he is! Look at me, sir; now look at this photograph of Oscar Galette.   I am like[5] him, am I not? . . .   Now allow me to tell you my secret.   I have been told[6] that Oscar has left me a good part of his fortune.   I used to wonder if he would leave[7] me some money and he has done so.[8] But you know, sir, those things take[9] a lot of time.   For the moment I have nothing and I would like to borrow[10] a little money from someone."

1. *Il était* or *c'était*? § 29. 2. *Tenez.* 3. Inversion after *peut-être* ; § 48(*b*). 4. Possessive pronoun ; § 34. 5. To be like = *ressembler à.* 6. " One has told me ". 7. § 73. 8. " he has done it". 9. Use *demander*. 10. To borrow from = *emprunter à.*

LESSON 28

A. Impersonal Verbs (p. 196, § 76)

1. There have been (some) difficulties. 2. There would be (some) danger. 3. We have three days left. 4. They had nothing left. 5. It is better to do it at once. 6. It is a question of getting (*chercher*) our luggage. 7. It was a

question of crossing the stream. 8. It seems to me that the chemist has made a mistake.

B. Various Constructions with the Infinitive (p. 198, § 79)

1. We saw you arrive this afternoon. 2. I saw her go into that shop. 3. The boys were watching the trains go by. 4. You have only a few minutes to wait. 5. We have some photographs to show you. 6. There was not a minute to be wasted. 7. It is not hard to find. 8. She was just doing the rooms. 9. They were just lighting a (= some) fire. 10. We nearly ran over a dog.

C. Quelque(s), quelqu'un, quelques-un(e)s (p. 171, § 37)

1. It was something (of) frightful. 2. Obviously they were expecting someone (of) important. 3. Some of the rooms are very small. 4. Have you caught any fish?—Yes, I have caught a few (of them).

D. Some Adverbs of Place (p. 216, § 118)

1. What do I see over there? 2. We will go somewhere else. 3. You will not find that anywhere. 4. Is there something inside?—No, there is nothing inside. 5. What are you doing in there? 6. What did you do?—I jumped on it.

E. Expressions of Time (p. 212, § 112)

1. One winter evening Masson arrived home late. 2. One morning in spring, (the) old Fauchon had gone early to the fields. 3. One summer night we camped near a forest. 4. It was cold on (*par*) this January night. 5. I like September evenings.

F.   LOUIS GOES OFF ALONE

Louis looked at his watch. It was half-past eight. He still had half an hour to[1] wait. It seemed[2] to him that the time was passing very slowly. He[3] and Marcel had decided to go off when nine o'clock struck (= would strike) from the church clock.

Louis listened in the darkness. From time to time some [4] of the boys stirred in their sleep; others murmured as though they were dreaming. Perhaps[5] his friend Marcel was sleeping, (he) too.[6]

As soon as nine o'clock had struck,[7] Louis left his bed and approached Marcel's.[8] His friend, who had not seen him coming,[9] was frightened and nearly[10] cried out.

"Be quiet, Marcel!" whispered Louis, "it is I, Louis. Are you coming with me?"

The two boys looked at each other,[11] but Marcel made no[12] movement to get up.

"You gave me your word, you know," said Louis.

"No," Marcel answered, "I dare not go, I can't be cruel to[13] my parents. Father was to[14] come and see me (on) Sunday. What would he do if I weren't here? *You*[15] haven't got a father."

"Very well," said Louis, "I am not asking you to go with me, I shall go off alone. Later on you will hear (talk) of me when I am[16] (a) millionaire. I shall be able to send my mother (some) money and (some) fine presents."

1. *d.* 2. § 76. 3. Disjunctive ; § 20(*e*). 4. Pronoun? § 37. 5. Inversion after *peut-être* ; § 48(*b*). 6. § 20(*e*). 7. Past anterior. 8. "that of Marcel"; § 31. 9. Infinitive. 10. Use *faillir* ; § 79(*d*). 11. Reflexive ; § 58. 12. Use *ne . . . aucun* ; § 43. 13. *pour.* 14. *devoir* ; § 84. 15. Emphasize ; § 20(*b*). 16. "when I shall be".

G.   SILLY PRANKS

That afternoon, as the children had nothing to[1] do, they started playing pranks on the passers-by.

First, Charles stuck a stamp on the pavement in front of the house. From their window the children laughed[2] to[3] see the people stop,[4] bend down and try to pick up this stamp.

Next, a string was[5] fastened to a small parcel, which was[5] placed on the pavement. Each time that a person was about to[6] pick up this parcel, Henri pulled[2] on the string.

Finally a big stone was placed in the middle of the pavement and an old hat was put over it. The children waited.

After two or three minutes a gentleman approached, looked at the hat and passed without touching it. Then another man was seen coming.[7] He was walking slowly. On one foot he was wearing a slipper. He came up, he laughed and gave (into) the hat a great kick. Then he uttered a formidable yell.

A policeman was sent for.[8] He came into the house and declared that he would await the parents' return.

1. *d.* 2. Tense for repeated action? 3. *de.* 4. Infinitive. 5. To translate these passives, you could use *on* ; § 63. 6. § 72(*b*). 7. "one saw coming"; infinitive used for " coming ". 8. " One sent for . . .".

LESSON 29

A. Faire + infinitive (p. 199, § 81)

1. That made him hesitate. 2. I make them work. 3. We will get him to (= make him) drink some hot milk. 4. You have made them lose a fine opportunity. 5. I make him read a few lines. 6. We are having a house built. 7. My father has had several trees cut (down). 8. I will have all the windows cleaned. 9. In France we make ourselves understood. 10. This book has made him famous.

B. Verbs followed by de (p. 203, § 91)

1. We remember your American friend; we remember him. 2. Do you remember that conversation?—Yes, I remember it. It is a conversation I shall always remember. 3. I went up to him and thanked him for his kindness. 4. The other children used to make fun of her. 5. I use (*se servir de*) a large saucepan. Here is the saucepan I use; I always use it. 6. Don't laugh at my car! 7. Everything depends on him.

C. Tel (= such) (p. 172, § 39)

1. Such a companion; such companions. 2. Such a job; such jobs. 3. Such a family; such families. 4. Such a beautiful voice; such beautiful voices.

D. Encore du pain; sans argent (p. 159, § 4(*c*))

1. Do you want some more cheese? 2. In the other meadow there were some more cows. 3. At the age of fifteen Pierre had found himself without money, without (a) home, without friends.

E. Two Adjectives following the Noun (p. 160, § 5)

1. A long, tiring journey. 2. A thin, pale face. 3. A deep, dark cellar. 4. A warm, comfortable room. 5. A pleasant and interesting trip.

F.   A TIRING JOURNEY

That evening, about seven o'clock, Anita asked the men to stop, sat down on a big stone and began to weep.

" I am too tired to[1] go any farther," she said.

The two men looked at each other[2] without saying anything.[3] They knew that it[4] would be difficult to reach the frontier with the girl, for she was not strong enough to[1] walk so far. However, they would[5] not leave her, so they sat down, (they) too[6] and rested for some time. Bordin told Anita not to[7] weep, not to be afraid, since they would soon reach the end of their journey. Finally all (the) three got up and set off again.

Half an hour later they approached a farm. On hearing[8] his dog (to) bark, the peasant ran out, (with) his gun in his hands and for a moment the fugitives thought[9] he was going to shoot. However, after looking at them for a few seconds, the man understood that they were not robbers and invited them to enter his house. He gave them bread, cheese and milk. Bordin tried to talk to him but (he) could not make himself understood.[10]

When they had eaten,[11] the peasant led them to a barn, in which they spent the night.

1. Preposition after *trop* or *assez*? § 80. 2. Reflexive ; § 58. 3. § 45(*c*). 4. *il* or ce? § 29. 5. *vouloir* ; § 72(*b*). 6. § 20(*e*). 7. § 45(*b*). 8. § 75. 9. Tense? § 68(*b*). 10. § 81(*c*). 11. Past anterior.

G.   OLD TRINQUET'S SYSTEM

"Do you remember (the) old Trinquet? He was[1] such[2] a good fellow. We were lucky to have such[2] a master."

"Yes, I remember him.[3] It is[4] true that he was[1] a good master, he used to make us work[5] hard. I wonder if he remembers us. You and I[6] weren't always good pupils, George, we used to get ourselves punished[7] fairly often. Do you remember Trinquet's system?"

"Yes, I remember it[3] very well. For each crime he punished[8] a certain pupil. We thought that this was unfair, but Trinquet used to say that he had his responsibility and that each[9] of us had ours."[10]

"Yes, but it was not a good system. I remember an incident which always makes me laugh.[5] One day someone threw a little ball of paper which fell near Trinquet while he was writing on the blackboard. Without turning round he called out, 'Mercier, three pages of Latin!' Mercier had been[11] absent for a week!"

1. *il était* or *c'était*? § 28. 2. § 39. 3. § 91. 4. *il est* or *c'est*? § 29. 5. Infinitive. 6. Disjunctive ; § 20(*e*). 7. to get oneself punished = *se faire punir*. 8. Tense for habitual action? 9. *chaque* or *chacun*? § 36. 10. Possessive pronoun ; § 34. 11. Construction? § 70(*b*).

LESSON 30

A. Perfect Infinitive (p. 199, § 80)

1. I am pleased to have seen that. 2. We were sorry to have missed the first train. 3. They seem to have forgotten what I told them. 4. We thank you for having come so soon.

B. Partir pour, passer devant, etc (p. 203, § 92)

1. Our friends have left for Canada. 2. As I was passing (before) the hotel, a young lady came out (of it). 3. We made for a small island. 4. Madeleine turned to me and smiled. 5. In winter we play football, in summer we play tennis. 6. Does your daughter play the piano?—No,

she plays the violin. 7. He picked up his spectacles from the table, put them (on), then he took a pencil out of a drawer and began to write.

C. Celui-ci, celui-là, etc. (p. 169, § 32)

1. Which bag do you prefer, this one or that one? 2. Let me carry this suitcase; this one is heavier than that one. 3. Pass me the cakes, please!—These?—No, those. 4. There are a lot of letters; these are for Father, those are for Mother. 5. Massu and Puchet came in. The latter looked at me with a smile (= smiling).

D. Use of the Adjective with the Noun understood (p. 160, § 6)

1. Which coat has she chosen?—The black (one). 2. Who are those young fellows?—The tall (one) is named Jacques, the fat (one) is named Raphaël. 3. Do you like these white flowers?—Yes, but I prefer the red (ones). 4. Is it the same car?—Yes, it is the same (one).

E. Type of Question (p. 174, § 47(c))

1. Why did Grandma say that? 2. How many times has your son been to France? 3. At what time does the postman come (*passer*)? 4. When will the patient be able to get up?

F. THE AMERICAN AND HIS LUGGAGE

" May I show you a few photographs?" said the American who was sitting opposite me. " First, will you look at these?"[1]

He showed me some photographs which he had taken in Paris.

" Those[1] are interesting ", he went on, " now look at these,[1] I think they are better." He showed me photographs of the famous beaches of the Côte d'Azur. I gave them back to him, saying:[2]

" You must have[3] had[4] a good trip."

" Yes," he replied, " we have had a fairly good trip. I am glad to have come[5] to Europe and to have seen[5] so many interesting places. However, I don't know if I shall

do this trip again,⁶ it is too tiring. Would you believe it:
my wife brought twenty-two pieces of luggage! It is too
much, one ought³ not to bring so much luggage."

"You could have⁷ lost a few pieces, couldn't you?" I said
laughingly.⁸

"Ah!" he replied, "you don't know my wife. If I had
lost⁹ any suitcases, she would have bought some more."¹⁰

1. Pronoun? § 32.   2. § 75.   3. *devoir* ; § 84.   4. Use *faire*.
5. Perfect infinitive ; § 80.   6. to do again = *refaire*. 7. *pouvoir* ; § 83.
8. Express as "laughing".   9. § 73.   10. "would have bought others".

G.   THE NECKLACE

One winter evening,¹ when passing² (before) the Post
Office, Poissard picked up from³ the pavement a magnificent
necklace. He took⁴ it home and showed it to his wife.

"We can't keep it," said the latter at once, "let us take⁴
it to the police station."   They went (there).

The inspector said that such a jewel was worth (some)
thousands of francs. He asked Poissard a few questions,
wrote the details in a big book and told him to come back
in three months' time.⁵

"If the necklace is not claimed," he said, "it will be
yours."⁶

Every fortnight Poissard went⁷ to ask if the necklace
had been claimed.⁸ Ten weeks passed and the owner
had not presented himself.

"We have only a fortnight to⁹ wait," said Poissard to
his wife. "Obviously the necklace will soon be ours.¹⁰
When we (shall) have sold it, I wonder what we can¹¹ do
with¹² the money. First of all, we ought to leave this flat."

"I will tell you what we will do," said his wife. "We
will have¹³ a nice little house built at Margny and we will
go and live quietly in the country for the rest of our days."

I haven't (the) time to tell you the rest of the story. All
(that which) I can tell you is (*c'est*) that the end was sad.

1. "One evening of winter".   2. § 75.   3. *sur.*   4. Use *porter.*   5. §
115. 6. "to you".   7. Tense for repeated action?   8. In French one
usually says such things in the negative : "had not been claimed".
9. *à.*   10. "to us".   11. Future.   12. *de.*   13. *faire* + infin.; § 81(*b*).
14. § 25.

LESSON 31

A. Form of the Present Subjunctive (regular)
(p. 203, § 93)

Complete the conjugation:

> Il faut que je reste.
> Il faut que j'attende.
> Il faut que je choisisse.

Example: écrire: j'écrive, nous écrivions, ils écrivent.

Give the same forms of the Present Subjunctive of: sortir, partir, conduire, se lever, connaître, courir, dire, lire, mettre, suivre, se taire.

B. Form of the Present Subjunctive (irregular)
(p. 204, § 93)

Complete the conjugation:

> Il faut que je sois.
> Il faut que j'aie.
> Il faut que je fasse.
> Il faut que je prenne.

Example: écrire: j'écrive, nous écrivions, ils écrivent.

Give the same forms of the Present Subjunctive of: pouvoir, savoir, aller, vouloir, venir, tenir, devoir, boire, voir, croire, envoyer, recevoir.

C. Subjunctive after *il faut que, il est nécessaire que*
(p. 205, § 96)

1. I must drink some water. 2. She must choose another number. 3. He must say what he thinks. 4. We must take a taxi. 5. You must start early. 6. All the passengers must be here at 8 o'clock. 7. It is necessary for you to go (= that you go) to that office over there. 8. Is it necessary for me to tell (= that I tell) them my name?

D. De plus en plus (grand); plus âgé de deux ans
(p. 162, § 10)

1. This suitcase seems to get (*devenir*) heavier and heavier.
2. (The) life is more and more difficult. 3. *You* get fatter and

fatter, my dear, and *I* get thinner and thinner. 4. Claude is several centimetres taller than you. 5. Marcel is a few months younger than I.

In the following passages, express "must" by *il faut que* + subjunctive.

E.   I STOP TO ASK THE WAY

When I reached Trégastel I stopped, got out of the car and asked a passer-by if he knew where Monsieur Clédat's villa was.[1]

"Yes," said the man, "I know his villa, it is next to Monsieur Sorel's.[2] Let us see, which is the best way to go there? . . . Yes, you must[3] take that street on the right, you must go straight on for[4] about a kilometre, then you must turn to the right again. I must tell you that the road leading to the villa isn't very good."

Meanwhile another passer-by had stopped and was listening to what the first (one) was saying.[5]

"Excuse me," said the newcomer, "I think this gentleman would do better to[6] take the other road, which is better and shorter. . . . Listen, sir, you must go back to the centre of the town. There you must turn to the left, then you must take the second road on the left."

Other passers-by stopped. Each[7] had his opinion; the argument became lively. I hadn't (the) time to listen, so I said "Thank you very much" and got into my car.

Before starting off I looked round to see what[8] was happening. They were still arguing!

1. Use *se trouver*. Order of sentence? § 48(*c*). 2. "that of M. Sorel"; § 31. 3. Use *il faut que* and subjunctive ; § 96. 4. *pendant*. 5. Order of sentence? § 48(*c*). 6. *de*. 7. *chaque* or *chacun*? § 36. 8. *ce qui* or *ce que*? § 25.

F.   THE GUIDE

We went up the picturesque, narrow street, at the end of which[1] there were steps leading to the abbey.

At the entrance I paid (for) all the tickets and we went into a huge room in which[1] there were hundreds[2] of tourists. I said to the pupils:

" You must[3] wait here a few minutes; I must[3] go and find a guide."

I found one (of them). He was[4] a big man who seemed to consider himself as someone (of) important. He said to me:

" How many are you? "[5] I told him that there were thirty of us.[6]

He said: " Let us see, at fifty centimes a[7] person, that makes fifteen francs. You must pay before visiting the abbey."

This made[8] me furious. I told him that the tip was given[9] after the visit and that he would receive what I was willing (= would be willing) to give him.

" Very well," he said, " you must wait over there, you must have another guide."

Finally a young man arrived, a student. He was[10] very pleasant and polite. When the visit was[10] over I gave him ten francs and he appeared[10] well satisfied.

1. Pronoun? § 26. 2. § 107. 3. Use *il faut que* + subjunctive ; § 96. 4. *il était* or *c'était*? § 28. 5. " You are how many? " 6. " We were thirty." 7. *par*. 8. You must use *rendre*. 9. " one gave the tip ". 10. Tense?

LESSON 32

A. The Subjunctive after certain Conjunctions (p. 205, § 97)

1. Although he is not rich, he is generous. 2. Bring your exercise book so that I may see what you have written. 3. Before you go out I should like to know where you are going. 4. You go out without my knowing where you are going. 5. You can work until (the) lunch is ready. 6. We will go for a walk, unless you prefer to rest. 7. Yes, provided that they can pay.

B. The Subjunctive: special points (p. 205, § 98)

1. I shall wait until you call me. 2. He will come to see us before he goes. 3. We pay without knowing why we pay.

4. I leave the door open so that I can hear what is going on. 5. We shall see them before they leave (= before their departure). 6. Let us wait until Father comes back (= let us await Father's return).

C. Form of the Perfect Subjunctive (p. 204, § 95)

Complete the conjugation:

> Bien que j'aie compris.
> Avant que je sois descendu(e).
> Quoique je me sois levé(e).

Translate:

1. Although we have invited them several times they have not come. 2. Did you see her before she went out? 3. Although I got up early I haven't done anything.

D. More special uses of *y* and *en* (p. 163, § 15)

1. What do you do with (*de*) all these tins?—I keep all sorts of things in them. 2. I was about to enter the café when a young man came out (of it). 3. He picked up an envelope and drew from it a piece of blue paper.

E. Expressions made up of *faire* + noun (p. 212, § 111)

1. You have hurt him. 2. By shouting like that you frightened me. 3. The policeman signed to me and I stopped. 4. He pretends not to hear.

F.   THE QUESTION OF (THE) DEPARTURE

We shall wait until[1] André comes back with the car. Everything must[2] be ready tomorrow evening, so that we can[3] leave as soon as it is[4] dark. You must[2] get out of this house without[5] the neighbours knowing that you have been here.

We shall take you to a little town, near which there is a farm belonging to a friend of mine.[6] Before you go[3] from here I shall ask you to pay me half the money; you will pay the rest when we (shall) have finished the journey.

Now I must[2] go and see several people. You can stay in this room until I return,[3] unless[7] you wish to come with me. But if you stay here I advise you not to[8] make any noise and not to show yourself at the window. Provided you do[3] nothing (of) imprudent, there is no danger.

1. § 98. 2. Express by *il faut que*. 3. Subjunctive. 4. " it will be dark ". 5. *sans que* + subjunctive. 6. " one of my friends ". 7. § 97, *à moins que*. 8. § 45(*b*).

G.   HOW MANY BOTTLES?

When Gustave came in, Maurice was sitting on a chair, reading a newspaper.

" What! " exclaimed Gustave, " you have nothing to do, my lad? Get up, do a bit of work! You are getting lazier[1] and lazier. Do you know that before you woke up[2] this morning, before you opened[2] the curtains of your bedroom, I was sweeping this room and washing the glasses! You stay in bed until all the work is[3] done, then you come down! I ought to have[4] sent you to the factory, so that you should learn[3] to earn your living."

" Now listen, " he went on, " I am going out for a few minutes. Stay here so that the customers may know[3] that the café is open. . . . By the way, when the lorry comes (= will come) I want you to[5] take twelve bottles of lemonade. Do you hear: twelve, a dozen! "

When he came back, the café was full of bottles; there were twelve dozen (of them)!

1. Use *de plus en plus* ; § 10.   2. Perfect subjunctive ; § 95. 3. Subjunctive.   4. *devoir* ; § 84.   5. Expressed by *je veux que* + subjunctive.

LESSON 33

A. The Subjunctive after expressions of wishing and feeling (p. 205, § 99)

1. Charles, I want you to go (= wish that you go) to the butcher's! 2. We prefer that you should give us back our money. 3. I am sorry that your friend can't come. 4. We are surprised that you have never seen it. 5. I am glad that you visited my parents. 6. It is a pity that you are so tired. 7. I am afraid that you are wasting your time.

8. We are afraid we may miss (= of missing) the train.
9. He is sorry he cannot (= to be unable to) wait.

B. **Shall I wait?** etc. (p. 195, § 72(*b*))

1. Shall I write my name here? 2. Shall I wait for you?
3. Shall we come back later? 4. Shall I bring down your luggage?

C. **Subjunctive after expressions of possibility and doubt** (p. 206, § 100)

1. It is possible that a pupil has taken away my book.
2. It is impossible that they have come back already.
3. We don't say that you are wrong. 4. I doubt that it is true.

D. **Lequel?** (p. 168, § 26(*c*))

1. Put on another suit!—Which one? 2. Which of these glasses are clean? 3. I know one of his sisters.—Which one? 4. Which of these serviettes are ours?

E. **Transitive use of** *sortir, monter, descendre, rentrer* (p. 188, § 57(*a*))

1. Have you taken my suitcases up?—Yes, I have already taken them up. 2. The men had brought down all the furniture. 3. The old man had taken out his pipe.
4. Have you brought the bicycles in?

F. **"With"** (p. 219, § 123)

1. The gentleman with the black hat. 2. The girl in the green dress. 3. The boy with spectacles. 4. The house with white shutters. 5. Guérin was standing before the door with his hands in his pockets. 6. She came in with her face all pale and with tears in her eyes.

G. WERE THEY TELLING THE TRUTH?

" What is[1] money?" said the young man. " It's nothing; I have as much of it as I want. My aunt, whose father was (a) millionaire, left me a fortune. But, you know, although

I am[2] rich I am no happier than (the) other people. When one has all (that which) one wants, (the) life has no more meaning."

"Perhaps you are[3] right. However, I am surprised that you are[2] not happier and that you don't find[2] interesting things to[4] do. . . . I want you to[5] tell me your name."

"No, I won't[6] tell (it to) you; it is possible that you may recognize[2] it. Besides, you haven't told me yours." [7]

"My name is Vidal, Jean Vidal. I am (a) postal worker. I work only at night. Although I am[2] badly paid, I find (the) life pleasant and I am fairly happy."

"Well, I must be going. That is my car over there, the big black car. I usually have a chauffeur but today I am driving myself. Good-bye."

They shook hands, the young man walked away.

Half an hour later, Vidal went into the Post Office to buy some stamps. The young man with whom he had been chatting[8] was standing behind the counter, dressed in[9] a black overall. He did not see Vidal. The latter smiled, went out and walked towards his big black car.

1. § 23.   2. Subjunctive.   3. Inversion after *peut-être*; § 48(*b*). 4. *d*.   5. Expressed as: "I wish that . . ." + subjunctive.   6. *vouloir*; § 72(*b*).   7. Possessive pronoun; § 34.   8. " he had chatted ".   9. *de*.

H.   " GO AND SEE VELUTTI!"

"It is a pity that I can[1] grant you only a few minutes. I am sorry that you are[1] unwell. Now I want you to[2] tell me in[3] a few words what you feel."

"I am not really ill, doctor, only I am weary, indifferent, I sleep badly."

"It is possible that you do[1] too much work, that you don't rest[1] enough."

"I don't think that it is[1] (the) work that makes[4] me ill, since I work only two hours a[5] day. I must[6] tell you that my wife died six months ago. Since that time I have been leading [7] a sad life. I stay alone in my room a large part of the day. What do you expect [8] me to do?"

" Well, I advise you to go out, to see people. Try to be bright. Why don't you go to see Velutti? He is⁹ a wonderful clown. My wife and I went to see him last night. He is extraordinary."

" I am afraid that¹⁰ Velutti can do nothing for me, doctor. I have known⁷ that fellow for a long time."

" What! you know Velutti, personally?"

" Alas, doctor, I¹¹ am Velutti."

1. Subjunctive. 2. " I wish that you tell . . ." 3. *en*. 4. Use *rendre*. 5. *par*. 6. *il faut que* + subj. 7. Construction? § 70. 8. Expressed as: " What do you wish that I do?" 9. *Il est* or *C'est*? § 28. 10. § 99. 11. Emphasize by putting *moi* at the end of the sentence.

LESSON 34

A. Form of the Imperfect Subjunctive (p. 204, § 94)

Conjugate in full the Imperfect Subjunctive of: parler, faire, être, avoir.

Give the 3rd person singular and plural of the Imperfect Subjunctive of: aller, envoyer, prendre, ouvrir, lire, savoir, revenir.

B. Use of the Imperfect Subjunctive (p. 205, § 97)

1. Although it was very cold there were plenty of spectators. 2. The young man went away without his family knowing where he was going. 3. The guide spoke slowly so that everyone should understand what he was saying. 4. The men remained hidden until the soldier disappeared. 5. The pupils waited until the caretaker came to open the gate. 6. They promised to come unless the weather were bad.

C. Use of the Imperfect Subjunctive

1. He had to get home before it was dark. 2. It was necessary that the doctor should come at once. 3. She wanted the gardener to cut (down) this tree. 4. He was sorry that his son was not at home. 5. This lady was pleased that her daughter spoke French so well. 6. We were afraid he might do something unwise. 7. It was possible that there was some difficulty.

D. Le jour où, un jour que, etc. (p. 215, § 115)

1. Do you remember the day (when) we went to Fontainebleau? 2. It was (*C'est*) the evening (when) I came back from Paris. 3. One morning, when she was coming down the stairs, she fell. 4. One day, when I was working in my office, the manager sent for me.

E.   THE BURNT UMBRELLA

Although the manager was[1] busy he said that he was willing to see the lady. Mrs. Duval went into his office. He asked her to sit down, then he said to her:

" What can I do for you, madam? "

" It is a question of my umbrella. Here it is. As you see, it has been burned. We are insured here and I want you to[2] have my umbrella repaired,[3] please."

The manager looked at the umbrella and said with a sad smile:

" It looks very sick, doesn't it? I am sorry you have had[4] this little accident, but I am afraid that[5] we can do nothing for you. We do not sell umbrellas. How do you expect us to[6] repair this one? "[7]

Mrs. Duval told him that she would have the umbrella repaired[3] herself, provided he paid[1] the cost of the repair. Before he could[1] reply, she added that during the winter she had had a serious chimney fire at home, but that she had claimed nothing from[8] the Company. To which[9] the manager replied that it was surprising that, having claimed nothing for the chimney fire, she should come[1] to claim a small sum for a burnt umbrella. However, seeing that he was wasting his time, he asked her to tell him how the accident had happened.

1. Imperfect Subjunctive. 2. " I wish that you . . .". 3. To have an umbrella repaired = *faire réparer un parapluie*. 4. Perfect Subjunctive; § 95. 5. § 99. 6. Expressed as: " How do you wish that we . . . " 7. Pronoun? § 32. 8. *à*. 9. *quoi*.

F.   ON HOLIDAY

Mr. Belin usually took his holidays in August, whilst Miss Vannier, his secretary, took hers[1] in July, so that when Belin was away she could[2] go to the office each morning and read the mail. If there was anything important, she had to[3] forward it.

(On) the third day of the holiday Belin said to his wife: " I am surprised that there aren't[4] any letters for me this morning. Although I told[5] my secretary to forward the mail she has done nothing; not a single[6] letter has arrived. It is possible that she is[4] ill or that she has forgotten[5] what I told her before I left."[7]

" Let me tell you one thing," said his wife in a sharp tone, " I am glad that your secretary has not written.[5] Obviously she doesn't know our address, you must have[8] forgotten to give it to her. I don't want you to[9] tell her where we are. Can't you forget (the) money and (the) business for a few days? We can't go anywhere, we can't do anything without your thinking[10] about your rotten business! You don't know how that bores me!"

1. Possessive pronoun; § 34. 2. Imperfect subjunctive. 3. *il fallait que* + imperfect subjunctive. 4. Subjunctive. 5. Perfect subjunctive. 6. Express by *aucune* + *ne*; § 43. 7. You could say: " before my departure ". 8. *devoir*; § 84. 9. " I do not wish that . . .". 10. *sans que* + subj.

LESSON 35

A. Form of the Pluperfect Subjunctive (p. 204, § 95)

Complete the conjugation:

> Quoique j'eusse entendu.
> Avant que je fusse monté(e).
> Jusqu'à ce que je me fusse endormi(e).

B. Use of the Pluperfect Subjunctive

1. Although he had promised to do it, I was sure that he would not do it. 2. We had seen him at the window before he had come down. 3. Pichot had begun his work before the others had woken up. 4. I waited until he had finished writing. 5. I regretted that he had heard this conversation. 6. They were pleased that their son had become (an) officer. 7. We were afraid that the boat had already left.

C. " Until " (p. 218, § 122)

1. Let us wait until 9 o'clock. 2. The 'plane was not leaving until noon. 3. Stay here until I come back. 4. Wait until I have finished this. 5. I shall not pay until I (will) have received the goods.

D. *Cela* translating " it " (p. 169, § 30)

1. It amuses me to see you run like that! 2. It gives me pleasure to hear you play the piano. 3. It bores me to listen to that man. 4. It interested him to watch the birds (which were) making their nest.

E. Use of certain Conjunctions (*pendant que, tandis que,* etc.) (p. 215, § 117)

1. While I was reflecting, there was a knock (= one knocked) at the door. 2. We went for a walk, whilst the others went to the Casino. 3. Since you don't want to come I will go by myself (= all alone). 4. Since we have lived here nothing has changed. 5. I had nothing more to say, so I got up and came out. 6. Marie wanted to come home early, (and) so I came back with her. 7. We will see you then on Thursday evening.

F.   A SOLDIER SURRENDERS

Although he had eaten[1] nothing for[2] two days, Walter had remained hidden in the ditch, without daring to show himself. He wanted to surrender, to be (a) prisoner.

Around him the peasants worked in the fields, but Walter would[3] not surrender to men; he was afraid that[4] one of them[5] might try[6] to kill him. He decided therefore to wait until[7] all the peasants had gone[1] home. When everything was[8] quiet, he would come out of his hiding-place and would look for someone (of) harmless to whom he could[9] surrender without danger.

One by one the peasants went away. It was nearly dark when Walter perceived a woman who had just come out of the chateau and was about to cross the meadow.

He called out: "Madame! madame!" She stopped, looked in his direction, then ran back[10] to the chateau.

A minute later a dozen soldiers surrounded the spot where Walter was hiding. He put up his hands, shouting "Comrade! comrade!"

He was not harmed.[11] He was (a) prisoner at last!

1. Pluperfect subjunctive; § 95. 2. "since". 3. *vouloir*. 4. § 99. 5. § 20. 6. Imperfect subjunctive. 7. to wait until = *attendre que*. 8. "would be". 9. Imperfect subjunctive. 10. to run back = *retourner en courant*. 11. "One did not do him any harm."

G. WHERE WAS THIS YOUNG MAN?

Although it was[1] late, (the) Inspector Laurent decided to go and see the mother. He found her all[2] alone in the house.

First, he asked her to tell him what had happened the evening when[3] her son had disappeared. She told him that before Jacques had gone out,[4] she had asked him where he was going. He had replied that he was going to see a friend. He had told her to go to bed early and not to[5] wait until[6] he came home.[1] He had never come back.

Then the Inspector questioned her about the letter she had received from Paris. She was sure that this letter had not been written by her son; the writing was not his.[7]

Laurent thought for a moment. It was possible that someone living in the town had written[4] this letter. This someone could have[8] gone to Paris himself, or he could have had the letter sent[9] from Paris by another person.

The Inspector decided to go at once to the station to question the porters.

1. Imperfect subj. 2. Agreement? § 7. 3. § 115. 4. Pluperfect subj. 5. § 45(*b*). 6. to wait until = *attendre que*. 7. Possessive pronoun: § 34. 8. § 83. 9. § 81(*b*).

LESSON 36

A. Subjunctive used after a Superlative (p. 206, § 101)

1. Bring me the smallest box you can find. 2. Dutate is the best pupil we have at present. 3. That girl has the

most beautiful voice I have ever heard.   4. It was the most amazing book he had ever read.

B. Special points concerning Affirmation and Negation (p. 174, § 46)

1. Has Robert come back?—I think so.   2. Is Mr. Thomas at home?—I don't think so.   3. I didn't hear it; François didn't hear it either.—Neither did I.   4. It is several weeks since we saw them.   5. It is a long time since I went there.

C. Tout en (faisant) (p. 196, § 75)

1. While eating, the workman read his newspaper. 2. As I spoke I realized that I ought not to have come. 3. While chatting, my aunt picked a few fine flowers. 4. As he worked, he was thinking of his departure.

D. Additional points concerning the Article (p. 158, § 2)

1. I think it is Mr. Dodin, (the) headmaster of the school. 2. This lady was Madame Braillard, (the) widow of a famous musician.   3. Here is our dog Chouquet, (a) great enemy of all cats.   4. 3 francs a pound; 100 kilometres an hour; 20 francs a day.

E. Position of certain Adverbs (p. 163, § 13(*b*))

1. To sing well you have to breathe well.   2. To be strong you have to eat well.   3. This umbrella is certainly not mine.   4. We don't even know his name.

F.   A WONDERFUL DOG

After admiring this fine dog for a few seconds, Paty turned to Franchot and said:

" I like your dog very much.   I think he is[1] the best dog I have ever seen.[2]   Is he a good hunting-dog?"

" Oh yes, Frisquet is marvellous, especially for (the) duck.   If there are any duck in the neighbourhood, he is sure to find them.   I will tell you a story about this dog.

One day, as[3] I was approaching a pond, Frisquet went off like an arrow and disappeared behind some bushes near the pond. I thought: 'Good, in a moment we shall see some duck!' Then Frisquet began to bark and I heard a man's voice. I went up to see what[4] was happening. A peasant was getting to his feet,[5] rubbing[6] his eyes. He said to me: 'It is a pity your dog woke[2] me up just then.[7] I was dreaming that I was eating duck!' That duck was rather hard to[8] find, wasn't it?"

1. *il est* or *c'est*? § 28. 2. Perfect subj. 3. § 115. 4. *ce qui* or *ce que*? § 25. 5. to get to one's feet = *se mettre debout*. 6. Construction? § 35. 7. "at that moment". 8. *à*.

G. NOTRE-DAME-DES-DUNES

I remember the day when[1] I entered that little room for the first time. I thought it was the most wretched room I had ever seen.[2] But, on looking[3] through the window, I perceived on the other side of the valley the great statue of Notre-Dame-des-Dunes. Each time (that) I looked out[4] of that window I saw[4] her over there, motionless on her hill. Sometimes she was pink in the mists of (the) morning, sometimes she was hard and grey under the clouds and the rain, sometimes she shone golden in the rays of the setting sun. She became[5] for me something (of) familiar, she seemed[6] to keep me company; when I was sad and lonely she seemed to comfort me.

It is a long time since[7] I saw Notre-Dame-des-Dunes. Now other eyes look through that window and see her as mine[8] saw[9] her so many years ago. Yet, even now, when I think of her,[10] I experience a feeling of calm and (of) peace.

1. § 115. 2. Pluperfect subj. 3. § 75. 4. Tense for repeated action? 5. Tense? This ranks as a happening. 6. Tense? This describes a continuous state. 7. § 46. 8. Possessive pronoun; § 34. 9. Means "used to see". 10. § 88.

FREE COMPOSITION

NOTE ON FREE COMPOSITION

Success in writing free composition depends to a large extent on the method you adopt. Let us first consider the bad method, which many begin by using and which can never lead to excellence.

The student reads the subject, wonders what he can say first, thinks out a sentence in English, then translates it in his head into " French ". He writes this down, aware that it is clumsy and wrong, then in desperation thinks out the next sentence. Painfully he evolves half a page of bad French, and then probably realizes that he has got nowhere with the subject and has only a short space in which to bring his composition to a conclusion. Unfortunately Examiners see a great many of these shapeless compositions, marred with anglicisms and grammatical blunders. Needless to say, such work can be awarded only a low mark.

Let us consider a better approach to the problem. First, a word about the subjects set for free composition. Teachers and Examiners, knowing that the students' power of expression in French is limited, set simple subjects for which nobody should be short of ideas. When you have to write a composition, the first thing to do is to think over the subject, sketch out your ideas and form them into a plan. Indicate the broad lines first, then add any other details that occur to you. For instance, if you are going to describe a trip to a certain place, the obvious broad lines of the composition will be :

Départ—le voyage—l'endroit que nous avons visité—ce que nous y avons fait—le retour—arrivée chez nous.

If the whole composition is to occupy between fifteen and twenty lines, then on each stage of your plan (let us assume there are four or five) you have to compose only two or three sentences, which together will form a short paragraph. When you start to write the actual essay, let your sentences be simple and direct ; write only what, to the best of your knowledge, is correct French ; be content to keep to the beaten track and to say just ordinary things. If you follow this method, you will not experience great difficulty with free composition ; you will quickly get a sense of progress and will find pleasure in the work. But you must accept this principle, that to write well in another language, you first have to pass through the narrow gate of simplicity.

THE MAIN TENSES USED IN NARRATIVE

The Perfect Tense

Personal accounts of recent happenings, things forming part of one's immediate recollections are related in the Perfect tense :

Hier soir, nous sommes allés au cinéma.
La semaine dernière j'ai perdu mon portefeuille.
Dimanche dernier nous avons rendu visite à des amis.

When writing a letter, you always use the Perfect to relate what has happened and what you have done.

The Past Historic

Independent stories about other people's experiences (e.g. " A Prisoner's Escape ", " A Child Rescued ", etc.) may be related in the Past Historic.

The Imperfect

Whether the events of the story are related in the Perfect or the Past Historic, the Imperfect will be used for:

(1) description in past time:

Il faisait chaud.
Nous étions fatigués.
Une ferme se trouvait au bord du chemin.

(2) actions which were in progress:

Quand je l'ai vu, il nettoyait sa voiture. *When I saw him, he was cleaning his car.*

(3) actions which were repeated or habitual:

Je voyais cet homme tous les jours. *I saw this man every day.*

SUBJECTS FOR FREE COMPOSITION

INCIDENTS

1. Racontez un incident qui s'est passé au collège.

2. En jouant dans la maison, deux enfants cassent une chaise. Leur père est furieux.

Racontez comment cet accident s'est produit. Décrivez l'arrivée du père. Que dit-il? Que fait-il?

3. Aventures de deux garçons qui vont à la pêche.

4. La visite inattendue d'un parent que vous n'avez pas vu depuis longtemps.

5. Deux enfants s'égarent dans de grands bois qui se trouvent à quelque distance de leur maison. Les parents inquiets finissent par les retrouver.

6. Un groupe scolaire est en France. Un élève vient dire au professeur qu'il a mis des cartes postales par mégarde dans la boîte aux lettres d'une maison particulière. Lui et le professeur vont ensemble à cette maison pour redemander les cartes.

7. Un ouvrier fatigué s'endort dans l'autobus et dépasse l'arrêt où il aurait dû descendre. Il arrive en retard chez lui. Il explique à sa femme ce qui s'est passé.

8. Les Roche se promènent. Claude, le fils, âgé de treize ans, aperçoit une guêpière (*wasps' nest*). Il y enfonce un bâton, les guêpes sortent, la mère est piquée. Le père est furieux contre son fils.

Racontez cet incident.

9. Trois amis, Pierre, Jean et Henri, ont décidé de faire une excursion ensemble. Henri n'arrive pas au rendez-vous. Les deux autres partent sans lui. Le lendemain ils s'expliquent avec Henri.

C'est Pierre qui raconte cet incident.

10. Un voleur pénètre dans une banque. Déjoué (*foiled*) par un jeune employé, il prend la fuite.

Racontez cette aventure.

11. En rentrant tard chez vous, vous apercevez une lumière dans la maison d'à côté. Vous savez que les voisins sont partis en vacances. Que faites-vous?

12. Au bord de la mer, des enfants cherchent des coquilles (*shellfish*). En sautant d'un rocher à l'autre, l'un d'eux tombe dans la mer. Les autres réussissent à le retirer de l'eau. Racontez cet incident.

CONVERSATIONS

13. Conversation entre deux ami(e)s qui ne se sont pas vu(e)s depuis longtemps.

14. Dans le train, le monsieur qui est assis en face de vous, a l'amabilité de vous prêter ses journaux. Au bout de quelque temps vous les lui rendez et vous vous mettez à causer avec lui.

15. Conversation entre un touriste et le patron d'un petit hôtel. Celui-ci parle de la ville, des environs, des clients qui viennent chez lui.

16. En France, des Anglais font pique-nique au bord de la route. Des paysans qui s'en vont déjeuner, s'arrêtent pour leur dire bonjour et pour causer pendant quelques instants.

17. Deux villageois (ou villageoises) discutent les affaires de leurs voisins.

LETTERS

18. Lettre à un(e) ami(e) français(e), dans laquelle vous lui racontez ce que vous avez fait d'intéressant pendant ces derniers jours.

19. Lettre à un(e) jeune Français(e), dans laquelle vous lui faites une petite description de votre famille et de votre maison.

20. Lettre à un(e) ami(e) français(e), où vous l'invitez à venir passer quelques jours chez vous. Parlez-lui des choses que vous comptez faire pendant son séjour à la maison.

21. Vous êtes en France, en promenade. Au cours de votre voyage vous voulez rendre visite à des amis français. Écrivez-leur une lettre pour leur annoncer que vous allez passer chez eux pour leur dire le bonjour.

22. Vous avez passé des vacances délicieuses chez des amis français. Écrivez-leur une lettre de remerciements, dans laquelle vous rappelez quelques-uns des plaisirs de votre séjour chez eux.

TRAVEL

23. Une famille anglaise, qui va passer les vacances en France, arrive au port d'embarquement. On ne trouve pas les passeports. Situation difficile. On finit par les retrouver dans une valise.

24. Un groupe scolaire a passé un séjour en France. Avant de repartir pour l'Angleterre, Roger Martin fait le tour des magasins pour acheter des cadeaux pour sa famille.

Rapportez ses conversations avec les marchands, et dites ce qu'il achète.

25. Vous voyagez en France avec votre famille. Un soir vous vous arrêtez devant un hôtel. Vous y entrez demander si on a des chambres libres. Il n'y en a pas. Cependant l'aimable patronne vous trouve des chambres confortables dans une maison voisine.

26. Vous êtes en Suisse. Vous faites une promenade en montagne. Le mauvais temps survient. Il pleut, tout est couvert par les nuages. Vous arrivez enfin à un chalet, où vous mangez et passez la nuit. Le lendemain il fait beau ; vous repartez.

27. Vous voyagez en voiture. Vous avez besoin d'essence. Dans un village, vous vous arrêtez devant un garage. Il est fermé, parce que le garagiste s'en est allé déjeuner. Vous attendez son retour.

Racontez cet incident.

ANIMALS

28. Histoire d'un chien courageux.

29. Histoire d'une bête qui protège ses petits.

30. Vous avez une perruche (*budgerigar*) que vous aimez beaucoup. Un jour cet oiseau s'échappe de sa cage et s'envole. Vous réussissez à le reprendre. Racontez.

31. Vous vous promenez à la campagne. Dans un chemin, vous voyez venir un taureau qui a réussi à sortir de sa prairie. Racontez ce que vous faites.

32. Un chat, monté très haut sur un arbe, a peur de descendre. On finit par aller chercher une échelle. Un jeune homme monte à l'échelle et réussit à prendre le chat. Racontez.

GRAMMAR

THE ARTICLE

1. Definite Article

The definite article is required with nouns used in a general sense:

> Le verre est très dur. *Glass is very hard.*
> Je n'aime pas les chats. *I do not like cats.*
> La nuit était tombée. *Night had fallen.*

Also before adjectives and titles preceding a proper name:

> le petit Pierre; la pauvre Marie.
> la reine Élizabeth; le président Coty.

2. Indefinite Article

(a) Examples of its use with *à* and *de*:

> J'écris à un monsieur, à une dame, à des amis.
> L'adresse d'un ami. L'adresse d'une amie.

NOTE: *a doctor's son*, le fils d'un médecin.
the doctor's son, le fils du médecin.

(b) Always used with a qualified abstract noun:

> un grand courage, *great courage.*
> une politesse parfaite, *perfect politeness.*

(c) Omitted when one is stating a person's occupation:

> Mon père est pharmacien. *My father is a chemist.*

One may say:

> Il est pharmacien *or* C'est un pharmacien.

(d) The article (definite and indefinite) is usually omitted before a noun in apposition:

> Cette femme, mère de quatre enfants . . . *This woman, the mother of four children . . .*
> C'était M. Fleury, ancien maire de la ville. *It was M. Fleury, a former mayor of the city.*

(*e*) Expressions to note:

3 francs le kilo (le mètre). *3 francs a kilo (a metre).*
Nous roulions à 80 kilomètres à l'heure. *We were travelling at 80 kilometres an hour.*
Il gagne 400 francs par semaine (par mois). *He earns 400 francs a week (a month).*

3. Partitive Article

(*a*) **du** beurre, **de la** viande, **de l'**eau, **des** œufs.

I have bought butter and eggs. J'ai acheté du beurre et des œufs.
Have you any milk? Avez-vous du lait?

(*b*) **De** alone is used after a negative:

Nous n'avons pas de lait. *We have not any milk.*
Je n'ai plus d'enveloppes. *I have no more envelopes.*

Note also:

J'ai un parapluie. *I have an umbrella.*
Je n'ai pas de parapluie. *I have not an umbrella.*

(*c*) **De** alone is used when, in the plural, an adjective precedes the noun:

des amis   de bons amis
des fenêtres   de grandes fenêtres

N.B. In a few common instances, when noun + adjective form a single idea, **des** is used: des petits enfants, des jeunes filles, des jeunes gens, des grandes personnes (*grown-up people*).

4. De after words of Quantity

(*a*) Une livre de fromage, *a pound of cheese.*
Une boîte d'allumettes, *a box of matches.*

(*b*) Beaucoup de vin, *much (a lot of, a great deal of) wine.*
Beaucoup de bouteilles, *many (a lot of) bottles.*

Other words so used:

assez (de), *enough*   plus (de), *more*
combien (de), *how much (many)*   moins (de), *less, fewer*
trop (de), *too much (many)*   un peu (de), *a little*
tant (de), *so much (many)*   peu (de), *little, few*
autant (de), *as much (many)*

(*c*) Note the distinction:

Nous brûlons plus de bois. *We burn more wood.*
Apportez encore du bois! *Bring some more wood!*

Sans may be used without the article:

Sans argent, *without money;* sans chapeau, *without a hat;* sans amis, *without friends.*

(*d*) **Plusieurs** (*m. and f.*), *several*:

plusieurs hommes; plusieurs femmes.

Quelque, *some,* e.g. quelque temps, *some time.*

Quelques, *some, a few,* e.g. quelques minutes, *a few (some) minutes.*

La plupart, *most:*

La plupart des gens sont honnêtes. *Most people are honest.*
La plupart des soldats étaient jeunes. *Most of the soldiers were young.*

ADJECTIVES

[For plurals and feminines, see page 209]

5. Position of Adjectives

The following are usually placed before the noun:

beau, *beautiful*	gros, *big*	meilleur, *better, best*
bon, *good*	jeune, *young*	petit, *small*
excellent, *excellent*	joli, *pretty*	vieux, *old*
gentil, *nice*	long, *long*	vilain, *ugly, nasty*
grand, *large*	mauvais, *bad*	

Other adjectives are generally placed after the noun.

Examples:

une petite ville française, *a little French town.*
un beau tapis vert, *a beautiful green carpet.*
une grande table ronde, *a large round table.*

Two adjectives following the noun are usually linked by *et*:

une rue étroite et sale, *a narrow, dirty street.*
un visage pâle et triste, *a pale, sad face.*

Note the position of **assez**:

Ce n'est pas assez grand. *It is not big enough.*

6. Note how the noun is understood in cases of this sort:

Quelle robe vas-tu mettre?— La rouge (*the red one*).
Lequel de ces garçons est ton frère?— Le grand (*the tall one*).
Quels cahiers, monsieur?— Les bleus (*the blue ones*).
Est-ce le même bateau?— Oui, c'est le même (*the same one*).

7. Agreement of the adverbial **tout**

Tout (= *all*, *quite*, *altogether*) used before an adjective, agrees only when the adjective is feminine and begins with a consonant:

M.S. tout seul	F.S. toute seule	tout étonnée
M.P. tout seuls	F.P. toutes seules	tout étonnées

COMPARISON

8. Comparison of Adjectives

Je suis aussi fort que Jean (*as strong as*).
Je suis plus fort que Jean (*stronger than*).
Je suis moins fort que Jean (*less strong than*, *not as strong as*).
Je ne suis pas si fort que Jean (*not as strong as*).

Better = meilleur(e): un meilleur hôtel, de meilleures chambres.

Do not confuse *meilleur* (adj.) with *mieux* (adverb):
C'est un meilleur élève.) *He is a better pupil.*
Vous parlez mieux que lui. *You speak better than he.*

9. Superlative of Adjectives

(*a*) Adjective before noun:

le plus grand hôtel.	les plus grands hôtels.
la plus belle voiture.	les plus belles voitures.
sa plus jolie robe.	ses plus jolies robes.

Best = le meilleur, la meilleure:
le meilleur hôtel; nos meilleures chambres.
Best (adverb) = le mieux:
C'est Marie qui joue le mieux.

(*b*) Adjective after noun:

le livre le plus intéressant, *the most interesting book.*
nos promenades les plus agréables, *our pleasantest walks.*

If we wish to say *the least*, we use *moins*:
la question la moins importante.

(*c*) After a superlative, *in* is translated by **de**:
la plus grande maison du village.
le meilleur élève de la classe.

10. Other examples involving comparison

(*a*) **Plus de** (*more than*), **moins de** (*less or fewer than*) are used only with quantities:

plus de 1000 francs; plus de 50 kilomètres; moins de trois mois.

Plus que, moins que are used in real comparisons:

Tu manges plus que moi.

Je travaille moins que vous.

(*b*) Le travail devient de plus en plus difficile (*more and more difficult*).

Les jours sont de plus en plus courts (*shorter and shorter*).

Il est plus âgé que moi de deux ans (*two years older*).

ADVERBS

11. Formation of Adverbs from Adjectives

Add *-ment* to the feminine, but if the adjective ends in a vowel, add *-ment* to the masculine:

heureuse, heureusement; douce, doucement.

but: vrai, vraiment; absolu, absolument.

Exception: gai, gaiement.

Note the form of adverbs derived from adjectives ending in *-ent* and *-ant*:

évident, évidemment; constant, constamment.

Exceptional:

énormément, *enormously*   bien, *well.*
précisément, *precisely.*   mieux, *better.*
profondément, *deeply.*   mal, *badly.*

12. Comparison of Adverbs

Nous allons aussi vite que lui (*as quickly as*).

Allez plus vite! (*more quickly*).

Allez moins vite! (*less quickly*).

N'allez pas si vite! (*not so quickly*).

C'est nous qui allons le plus vite. (*the most quickly, the fastest*).

C'est Madeleine qui danse le mieux.

N.B. *Le plus* with an adverb is invariable.

13. Position of Adverbs

(*a*) Never between the subject and the verb, as is frequently done in English:

I often go there. J'y vais souvent.

He always refused. Il refusait toujours.

Usually before the object:
> *He shook his head sadly.* Il secoua tristement la tête.

(*b*) Note the word-order in the following:
> Vous avez bien travaillé. *You have worked well.*
> Il avait tant mangé. *He had eaten so much.*
> Pour bien jouer. *To play well.*
> Ce n'est certainement pas ton frère. *It certainly is not your brother.*
> Je ne le connais même pas. *I do not even know him.*

PRONOUNS

14. Personal Pronouns

Direct Object		*Indirect Object*	
Il me voit.	*He sees me.*	Il me parle.	*He speaks to me.*
Il te voit.	*He sees you.*	Il te parle.	*He speaks to you.*
Il le(la) voit.	*He sees him (her, it).*	Il lui parle.	*He speaks to him (her).*
Il nous voit.	*He sees us.*	Il nous parle.	*He speaks to us.*
Il vous voit.	*He sees you.*	Il vous parle.	*He speaks to you.*
Il les voit.	*He sees them.*	Il leur parle.	*He speaks to them.*

Voici, voilà may govern a pronoun object:
> Les voici! *Here they are!* Vous voilà! *There you are!*

Note the use of **le** (= *it*) in these examples:
> Vous l'avez dit hier. *You said so yesterday.*
> Le saviez-vous?— Oui, je le savais. *Did you know?— Yes, I knew.*

15. Y (= *there*)

> Allez-vous à la gare?— Oui, j'y vais (y = *there*).
> Il alla à son bureau; il y posa des papiers (y = *on it*).
> Il gagna des buissons; il s'y cacha (y = *in them*).

En (= *some, any, of it, of them*)
> Avez-vous de l'argent?— Oui, j'en ai (en = *some, any*).
> J'ai du papier, j'en ai beaucoup (en = *of it*).
> A-t-il des sœurs?— Il en a deux (en = *of them*).
> Quand je passais devant la maison, un homme en sortit (en = *of it, from it*).
> Il ouvrit un tiroir, il en tira des lettres (en = *from it*).

16. Position of Pronoun Objects

Immediately before the verb; in compound tenses, immediately before the auxiliary:

Je le vois. Le voyez-vous? Est-ce que vous le voyez?
Je ne le vois pas.
Je l'ai vu. Je ne l'ai pas vu.
J'en ai mangé. Je n'y suis pas allé.

A pronoun governed by a infinitive stands immediately before that infinitive:

Je veux les voir. Nous allons leur écrire.

17. Order of Pronoun Objects

When two pronoun objects precede the verb, they must be placed in the correct order. All cases are provided for in this table:

me				
te	le			
se	la	lui		
nous	les	leur	y	en
vous				

Examples:

Il me les donne. *He gives them to me.*
Je le leur envoie. *I send it to them.*
Elle nous y emmènera. *She will take us there.*
Vous m'en avez parlé. *You spoke to me of it. You mentioned it to me.*
Il y en a. *There is (are) some.*

18. Pronoun Objects with the Imperative

Imperative affirmative: pronouns follow, and in the order usual in English.

Imperative negative: pronouns precede, the order being that observed in the normal sentence (see § 17).

Examples:

Apportez-les!	Ne les apportez pas!
Écrivez-leur!	Ne leur écrivez pas!
Allez-y!	N'y allez pas!
Montrons-le-lui!	Ne le lui montrons pas!
Envoyez-les-moi!	Ne me les envoyez pas!
Mettons-les-y!	Ne les y mettons pas!

19. Disjunctive (or Stressed) Pronouns

moi	nous
toi	vous
{lui	{eux
elle	elles

They combine with **même** to form **moi-même** (*myself*), **lui-même** (*himself*), **nous-mêmes** (*ourselves*), etc.¹

Il l'a fait lui-même. *He did it himself.*

There is also a pronoun **soi** (*oneself*):

On travaille pour soi.   Chacun pour soi.
On le fait soi-même.

20. Uses of the Disjunctive Pronouns

(*a*) With prepositions:

devant moi; avec lui; pour elle, etc.
chez moi, chez lui, etc.

Remember the useful expressions:

Il est chez son oncle. *He is at his uncle's.*
Je vais chez le boulanger. *I am going to the baker's.*

Note the expression **l'un d'eux**, *f.* **l'une d'elles**, *one of them*:
L'un d'eux vint frapper à la porte.

(*b*) For emphasis:

Moi, je ne le connais pas.   *I do not know him.*
Vous, vous parlez bien! } *You speak well!*
Vous parlez bien, vous! }

(*c*) Pronoun standing alone:

Qui a fait cela?— Moi.   (*I did*).

Also with *c'est*:

C'est moi (toi, lui, elle, nous, vous).
But: Ce sont eux (elles).

(*d*) In comparisons:

Tu es plus fort que moi.

(*e*) When the subject is composite:

Toi et moi, nous allons jouer ensemble.
Lui et ses frères font tout le travail.

Also when the pronoun subject is accompanied by **aussi** or **seul**:
Lui aussi est venu nous voir.
Eux seuls savaient le secret.

(f) After verbs of motion, and also after **penser à** (*to think of*):

> Viens à moi, mon enfant! Il courut à elle.
> Je pensais à toi.

Also after reflexive verbs accompanied by **de**:

> Je me souviens de lui. *I remember him.*
> Il s'approcha de moi. *He came up to me.*

Interrogative Adjective and Pronouns

21. Adjective

M. **quel(s)**.   F. **quelle(s)**.

> Quel livre? *which book?*   Quelle rue? *Which (what) street?*
> Quel est votre numéro?   *What is your number?*
> Quel joli jardin!   *What a pretty garden!*

22. Pronouns

Who? (subject):

> Qui appelle?   Qui est-ce qui appelle?

Whom? (object):

> Qui voyez-vous?   Qui est-ce que vous voyez?

Whom? (with prepositions):

> A qui écrivez-vous?   De qui parlez-vous?

What? (subject):

> Qu'est-ce qui vous surprend?   *What surprises you?*

What? (object):

> Que dites-vous?   Qu'est-ce que vous dites?

What? (with prepositions):

> De quoi parlez-vous?   Avec quoi jouent-ils?

23. Useful examples involving **que**

> Qu'est-ce?
> Qu'est-ce que c'est? } *What is it (this)?*
> Qu'est-ce que c'est que cela?   *What is that?*
> Qu'est-ce que c'est que cette boîte?   *What is this box?*
> Qu'est-ce qu'une écurie?   *What is a stable?*
> Qu'y a-t-il?   *What is there?* (also means: *What is the matter?*)
> Qu'est-il devenu?   *What has become of him?*
> Que faire?   *What is to be done?*   *What am I (is he, are we, etc.) to do?*
> Je ne sais que faire.   *I do not know what to do.*

Relative Pronouns

24(a). Qui, *who, which* (subject), que, *whom, which* (object)

La personne qui attend.   Une personne que je connais.
Les choses qui m'amusent.   Les choses que je fais.

Note these examples showing the person and number of the verb following a relative:

C'est moi qui suis content.
Est-ce vous qui avez dit cela?

(b). Dont, *whose, of whom, of which*

La personne dont je parle.   Les choses dont je parle.
L'argent dont j'ai besoin. *The money of which I have need (which I need)*.
Les choses dont vous avez peur. *The things of which you are afraid (which you are afraid of)*.

Note the word order:

C'est un monsieur dont je connais bien les fils (*whose sons I know well*).
Je m'approchai de la maison, dont la porte était ouverte (*the door of which was open*).

(c) Used with prepositions, *whom* = qui:

Un élève à qui je donne des leçons.
Une dame avec qui je causais.

25. Ce qui (subject), ce que (object)

Allons voir ce qui se passe. *Let us go and see what is happening.*
Dites-moi ce que vous faites. *Tell me what you are doing.*
Que dit-il? Je veux savoir ce qu'il dit.
J'ai entendu tout ce que vous avez dit (*all you said*).

Ce qui is used to refer to the sense of a foregoing phrase:

Il n'est pas encore revenu, ce qui nous inquiète un peu (*which rather worries us*).

26. Lequel, lesquels; laquelle, lesquelles

(a) Used with prepositions (*with which, on which*, etc.):

L'arbre sous lequel j'étais assis (*under which*).
La raquette avec laquelle je jouais (*with which*).
Les raisons pour lesquelles je refuse (*for which*).

The article contracts with *à* and *de* to give:

auquel	auxquels	duquel	desquels
	auxquelles		desquelles

Un jardin au milieu duquel il y a un bassin.
Des questions auxquelles je refuse de répondre.

(*b*) *In which, on which*, etc. are often translated by **où:**
> *The street in which I live.* La rue où je demeure.
> *The bench on which I was sitting.* Le banc où j'étais assis.

(*c*) **Lequel, lesquels,** etc. are used in questions with the sense of *which one? which ones?*
> J'ai vu une de tes sœurs—Laquelle? (*Which one?*)
> Apporte mes souliers!—Lesquels? (*Which ones?*)
> Lequel de ces chapeaux est le mien?

Demonstrative Adjective and Pronouns

27. Adjective

ce livre	cette maison	ces livres
cet arbre		ces arbres
		ces maisons

Ce livre-ci et ce livre-là. *This book and that book.*
Ce matin, *this morning.* Ce matin-là, *that morning.*
Ce soir, *this evening.* Ce soir-là, *that evening.*
Ce jour-là, (*on*) *that day.*

28. Examples of the use of **ce** (pronoun)

C'est un pigeon. *It is a pigeon.*
Ce sont des pigeons. *They are pigeons.*
Qui est-ce?— C'est mon cousin. *Who is it?— It is my cousin.*
Je connais son frère. Il est charmant. C'est un garçon charmant.
Je connais ses sœurs. Elles sont charmantes. Ce sont des jeunes filles charmantes.
J'aime ton chapeau. Il est joli. C'est un joli chapeau.
J'aime ta cravate. Elle est jolie. C'est une jolie cravate.

29. **Il est difficile (possible,** etc.**) and c'est difficile (possible,** etc.**)**

Il est leads off when the adjective is followed by **de +** infinitive, or by **que +** phrase. Thus one says:

Il est difficile (facile, possible, nécessaire, etc.) de. . . .
Il est certain (vrai, probable, évident, etc.) que. . . .

But *c'est difficile* (*possible*, etc.) is complete in itself. *C'est* really means *that* (i.e. what has been mentioned) *is* difficult (possible, etc.):

Il est évident qu'ils vont accepter.— Oui, c'est évident.
Il est possible de le voir?— Oui, c'est possible.

30. Ceci (*this*), cela (*that*)

Voulez-vous signer ceci? *Will you sign this?*
Qui a fait cela? *Who has done that?*

Cela translates *it* in a number of expressions, chiefly of feeling:
Cela m'amuse de les voir jouer. *It amuses me to see them play.*
{ Cela me plaît de les écouter.
{ Cela me fait plaisir de les écouter.
Cela m'ennuie de rester ici. *It bores me to stay here.*

31. M.S. celui   F.S. celle
M.P. ceux   F.P. celles

(*a*) Followed by **de**:

Ce n'est pas mon sac, c'est celui de Marie (*that of Mary, Mary's*).
J'aime mieux ta bicyclette que celle de Jean (*that of John, John's*).
Voici mes gants. Où sont ceux de maman? (*Mother's*).

(*b*) Followed by a relative (**qui** or **que**):

Quelle dame?— Celle qui chantait (*the one who, she who*).
Quel livre?— Celui que vous lisez (*the one which*).
Quelles cartes?— Celles que je t'ai montrées (*those which, the ones which*).
Ceux qui vivent sont ceux qui luttent. *Those who live are those who strive.*
J'ai vu tous ceux qui sont entrés. *I saw all (those) who came in.*

32. M. celui-ci, *this one*   F. celle-ci, *this one*
celui-là, *that one*   celle-là, *that one*
ceux-ci, *these*   celles-ci, *these*
ceux-là, *those*   celles-là, *those*

Qu'ont fait ces deux élèves?— Celui-ci mangeait des bonbons, celui-là lançait des boules de papier.

Quelle est votre maison?— Celle-là (*that one*).

Quelles assiettes? Celles-ci?— Non, celles-là (*These? — No, those*).

Celui-ci (*the latter*), **celui-là** (*the former*):
Qui êtes-vous? demanda celui-ci (*asked the latter*).
Jean et Robert étaient dans leur chambre. Celui-ci (i.e. Robert) lisait un livre, celui-là (i.e. Jean) écoutait la T.S.F.

Possessive Adjective and Pronoun

33. Adjective

Remember that *mon, ton, son* are used before a feminine noun beginning with a vowel sound:

mon assiette (*f.*); ton histoire (*f.*); son école (*f.*).

Son, sa agree with the noun, not with the possessor:

Il écrit à son fils (*his son*). Elle écrit à son fils (*her son*).
Il est dans sa chambre (*his room*). Elle est dans sa chambre (*her room*).

Note these expressions:
Un de mes amis, *a friend of mine.*
A qui est ce stylo?— Il est à moi. *Whose fountain-pen is this?— It is mine.*

34. Pronoun

	Singular		Plural	
mine	le mien	la mienne	les miens	les miennes
yours	le tien	la tienne	les tiens	les tiennes
his, hers	le sien	la sienne	les siens	les siennes
ours	le (la) nôtre		les nôtres	
yours	le (la) vôtre		les vôtres	
theirs	le (la) leur		les leurs	

Voici ton chapeau. Où est le mien? (*mine*).
Voici vos billets. Où sont les nôtres? (*ours*).
J'ai ma voiture et Paul a la sienne (*his*).

35. Constructions used with Parts of the Body

There are certain typical constructions in which the possessive (*mon, son,* etc.) is not used:

(*a*) Je lève la main. *I raise my hand.*
Elle ouvrit les yeux. *She opened her eyes.*

Note also:

Il a les yeux bleus. *He has blue eyes.*
Tu as les doigts courts. *You have short fingers.*

(*b*) Je me lave les mains et le visage. *I wash my hands and face.*
Elle s'essuya les yeux. *She wiped her eyes.*

(*c*) Je lui pris la main. *I took his hand.*
Il me toucha le bras. *He touched my arm.*

(*d*) In expressions descriptive of attitude or state, *with* is not translated:

Il marchait lentement, les mains derrière le dos (*with his hands behind his back*).
L'enfant entra, le visage rouge, les larmes aux yeux.

Indefinite Adjectives and Pronouns

36. Chaque (adj.), *each*

chaque jour, *each day*; chaque personne (*f.*), *each person*.

Chacun(e) is the pronoun, i.e. *each* or *each one*, used apart from the noun:

Chacun de ces enfants. *Each (one) of these children.*
Chacune de ces voitures. *Each (one) of these cars.*
Chacun fera ce qu'il voudra. *Each will do what he likes.*

37. Quelque, *some*; quelques, *some, a few*

Au bout de quelque temps, *after some time.*
A quelque distance, *some distance away.*
Quelque chose de bon, *something good.*
Au bout de quelques instants, *after a few (some) moments.*

Quelqu'un, *someone, somebody*:

J'attends quelqu'un.
Quelqu'un d'important, *someone important.*

Quelques-un(e)s, *some* or *a few*, used apart from the noun:

Quelques-uns de nos voisins sont gentils.
Avons-nous des pommes de terre?— Oui, nous en avons quelques-unes (*we have a few*).

38. Tout

Il sait tout. *He knows everything (all).*
Nous voulons tout voir. *We wish to see everything.*
Vous avez tout vu. *You have seen everything.*
Vous le savez tous. *You all know it.*
Je les connaissais tous. *I knew them all.*
Tous les deux sont grands. ⎫
Ils sont grands, tous les deux. ⎬ *Both are tall.*

39. Tel, *f.* telle, *such*

Un tel homme, *such a man*; de tels hommes, *such men.*
Une telle chose, *such a thing*; de telles choses, *such things.*

But note:

une si belle voiture, *such a fine car.*
de si belles voitures, *such fine cars.*

40. Autre

Je n'ai que trois verres. Où sont les autres? (*the others, the rest.*)

Note that *the rest* meaning *the remaining portion* is **le reste:**
le reste du temps, le reste de mon argent.

Prenez ces allumettes, j'en ai d'autres (*I have others, I have some more*).
Nous nous aidons l'un l'autre. *We help each other.*

NEGATIVES

41. Personne

Personne ne vient. *Nobody comes.*

Je n'ai rencontré personne. *I have met nobody. I have not met anybody.*

Il ne parlait à personne. *He spoke to nobody. He did not speak to anybody.*

Qui veut y aller?— Personne (*nobody*).

42. Rien

Rien ne bouge. *Nothing moves (stirs).*
Il n'a rien fait. *He has done nothing. He has not done anything.*

Qu'a-t-il dit?— Rien (*nothing*).
Il n'y a rien de plus facile.   *There is nothing easier.*

43. **Aucun(e) + ne,** *none, not one*

Il n'y avait aucun bruit, aucun mouvement (*no sound, no movement*).
Aucune voiture n'attendait devant la gare (*no car*).

Pas un(e) + ne, *not one.*
Pas un homme n'hésita.   *Not a man hesitated.*
Pas un ne s'échappa.   *Not one escaped.*

44. (*a*) **Ne . . . jamais,** *never, not ever*

Je n'y vais jamais.   *I never go there.*
Je ne l'ai jamais lu.   *I have never read it.*
Y êtes-vous allé?— Jamais (*never*).

But note that **jamais** means *ever* in sentences like these:
Avez-vous jamais vu cela?   Si jamais il vient ici . . .

(*b*) **Ne . . . plus,** *no more, no longer.*

Je ne leur écris plus. $\left\{ \begin{array}{l} \textit{I no longer write to them.} \\ \textit{I do not write to them any more.} \\ \textit{I do not write to them now.} \end{array} \right.$

(*c*) **Ne . . . que,** *only, nothing but.*

Je n'ai qu'une chose à vous dire.   *I have only one thing to say to you.*
Elle ne boit que du lait.   *She drinks nothing but milk.*

(*d*) **Ni . . . ni . . . + ne,** *neither . . . nor . . .*

Ni leurs amis ni leurs voisins ne les avaient vus.   *Neither their friends nor their neighbours had seen them.*
Je n'ai ni chapeau ni parapluie.   *I have neither a hat nor an umbrella.*

(*e*) **Ne . . . guère,** *hardly, scarcely*
Ce n'est guère possible.   *It is hardly possible.*

45. (*a*) **Two Negatives combined**

Je ne fais plus rien.   *I no longer do anything.   I do not do anything now.*
Elle ne leur donne jamais rien.   *She never gives them anything.*
Je n'y vois plus personne.   *I do not see anyone there now.*

(*b*) **Negatives with the Infinitive**

Both parts (*ne pas, ne rien*, etc.) are placed before the infinitive:
Je leur dirai de ne pas attendre.
Nous avons décidé de ne rien dire.

(c) **Sans** (*without*) used with **rien, jamais,** etc.

> Sans rien dire, *without saying anything.*
> Sans jamais hésiter, *without ever hesitating.*
> Sans aucune difficulté, *without any difficulty.*
> Sans voir personne, *without seeing anybody.*

46. Other Examples involving Affirmation and Negation

> Vous ne partez pas?— **Si,** je pars.
> Mais ce n'est pas vrai!— **Si,** c'est vrai.
> Tu les connais, n'est-ce pas? *You know them, don't you?*
> Il joue bien, n'est-ce pas? *He plays well, doesn't he?*
>
> Je crois que oui. *I think so.*
> Je crois que non. *I think not. I don't think so.*
> Jean ne viendra pas **non plus.** *John will not come either.*
> Ni moi **non plus.** *Nor I (either). Neither shall I.*

Note this construction:

> Il y a longtemps que je **ne** l'ai vu. *It is a long time since I saw him.*
> Il y a deux mois qu'elle **ne** nous a écrit. *It is two months since she wrote to us.*

47. Question Forms

(a) Comprenez-vous?
Est-ce que vous comprenez? } *Do you understand?*

Ne comprenez-vous pas?
Est-ce que vous ne comprenez pas? } *Do you not understand?*

Avez-vous compris? } *Have you understood?*
Est-ce que vous avez compris? } *Did you understand?*

N'avez-vous pas compris? } *Have you not understood?*

Est-ce que vous n'avez pas compris? } *Did you not understand?*

(b) **Est-ce que** is almost universally used for asking questions in the first person singular:

> Est-ce que j'écris? Est-ce que je prends? Est-ce que je vais? etc.

(c) Form of question when the subject is a noun:

> { Votre père est-il chez lui?
> { Est-ce que votre père est chez lui?

Note the form of questions beginning with *pourquoi, quand, combien, comment, à quelle heure:*

> Pourquoi votre frère est-il parti?
> A quelle heure vos amis vont-ils arriver?
> Combien ton père a-t-il payé son auto?

One may also use *est-ce que* in such cases:

> { Quand ta mère va-t-elle rentrer?
> { Quand est-ce que ta mère va rentrer?

48. Word-order

(*a*) Remember the inversion when translating all such expressions as *he said, she answered,* etc., introduced in the course of quotation:

> Viens ici! cria-t-il. *Come here! he shouted.*
> Oui, a dit le marchand, j'en ai. *Yes, said the shopkeeper, I have some.*
> Où vas-tu? lui demanda Giles. *Where are you going? Giles asked him.*

(*b*) Inversion when the sentence begins with **peut-être** (*perhaps*):

> Peut-être savez-vous où il est.
> *or* Peut-être que vous savez où il est.

(*c*) Inversion is frequent in subordinate clauses:

> As-tu entendu ce que disait Paul?
> Savez-vous où habitent ses parents?
> Elle était dans une grande voiture, que conduisait un chauffeur (*which a chauffeur was driving, driven by a chauffeur*).

(*d*) Note the word-order in exclamations of this sort:

> Comme il est beau! *or* Qu'il est beau! *How handsome he is!*
> Comme elle joue bien! *or* Qu'elle joue bien! *How well she plays!*

VERBS

49. Verb List (*see following pages*)

Infinitive	Participles	Present Indicative	Imperfect Past Hist.	Future Conditional
Avoir, être				
avoir, *to have*	ayant eu	ai, as, a, avons, avez, ont	avais eus	aurai aurais
être, *to be*	étant été	suis, es, est, sommes, êtes, sont	étais fus	serai serais
Donner, Finir, Vendre				
donner, *to give*	donnant donné	donne, -es, -e, donnons, -ez, -ent	donnais donnai	donnerai donnerais
finir, *to finish*	finissant fini	finis, -is, -it finissons, -ez, -ent	finissais finis	finirai finirais
vendre, *to sell*	vendant vendu	vends, -s, vend, vendons, -ez, -ent	vendais vendis	vendrai vendrais
Irregular Verbs				
aller, *to go*	allant allé	vais, vas, va, allons, allez, vont	allais allai	irai irais
asseoir (Refl. s'asseoir, *to sit down*)	asseyant assis	assieds, -s, assied, asseyons, -ez, -ent	asseyais assis	assiérai assiérais
battre, *to beat*	battant battu	bats, -s, bat, battons, -ez, -ent	battais battis	battrai battrais
boire, *to drink*	buvant bu	bois, -s, boit, buvons, -ez, boivent	buvais bus	boirai boirais
conduire, *to lead*	conduisant conduit	conduis, -s, -t, conduisons, -ez, -ent	conduisais conduisis	conduirai conduirais
connaître, *to know*	connaissant connu	connais, -s, connaît connaissons, -ez, -ent	connaissais connus	connaîtrai connaîtrais

Present Subjunctive	Imperative	Remarks. Verbs similarly conjugated
aie, aies, ait, ayons, ayez, aient	aie, ayons, ayez	
sois, sois, soit, soyons, soyez, soient	sois, soyons, soyez	
donne, -es, -e, donnions, -iez, -ent	donne, donnons, donnez	Large group
finisse, -es, -e, finissions, -iez, -ent	finis, finissons, finissez	Large group
vende, -es, -e, vendions, -iez, -ent	vends, vendons, vendez	Large group
aille, -es, -e, allions, -iez, aillent	va, allons, allez	Conjugated with *être*
asseye, -es, -e, asseyions, -iez, -ent	assieds, asseyons, asseyez	Used reflexively: s'asseoir, *to sit down*
batte, -es, -e, battions, -iez, -ent	bats, battons, battez	combattre, abattre
boive, -es, -e buvions, -iez, boivent	bois, buvons, buvez	
conduise, -es, -e, conduisions, -iez, -ent	conduis, conduisons, conduisez	produire, construire, réduire, traduire, etc.
connaisse, -es, -e, connaissions, -iez, -ent	connais, connaissons, connaissez	paraître, and compounds of both

Infinitive	Participles	Present Indicative	Imperfect Past Hist.	Future Conditional
courir, *to run*	courant couru	cours, -s, -t, courons, -ez, -ent	courais courus	courrai courrais
craindre, *to fear*	craignant craint	crains, -s, -t, craignons, -ez, -ent	craignais craignis	craindrai craindrais
croire, *to believe*	croyant cru	crois, -s, -t, croyons, -ez, croient	croyais crus	croirai croirais
cueillir, *to gather*	cueillant cueilli	cueille, -es, -e, cueillons, -ez, -ent	cueillais cueillis	cueillerai cueillerais
devoir, *to owe*	devant dû (*f.* due)	dois, -s, -t, devons, -ez, doivent	devais dus	devrai devrais
dire *to say*	disant dit	dis, -s, -t, disons, dites, disent	disais dis	dirai dirais
dormir, *to sleep*	dormant dormi	dors, -s, -t, dormons, -ez, -ent	dormais dormis	dormirai dormirais
écrire, *to write*	écrivant écrit	écris, -s, -t, écrivons, -ez, -ent	écrivais écrivis	écrirai écrirais
envoyer, *to send*	envoyant envoyé	envoie, -es, -e, envoyons, -ez, envoient	envoyais envoyai	enverrai enverrais
faire, *to do, to make*	faisant fait	fais, -s, -t, faisons, faites, font	faisais fis	ferai ferais
falloir, *to be necessary*	fallu	il faut	il fallait il fallut	il faudra il faudrait
fuir, *to flee*	fuyant fui	fuis, -s, -t, fuyons, -ez, fuient	fuyais fuis	fuirai fuirais
lire, *to read*	lisant lu	lis, -s, -t, lisons, -ez, -ent	lisais lus	lirai lirais
mettre, *to put*	mettant mis	mets, -s, met, mettons, -ez, -ent	mettais mis	mettrai mettrais

Present Subjunctive	Imperative	Remarks. Verbs similarly conjugated
coure, -es, -e, courions, -iez, -ent	cours, courons, courez	accourir, and other compounds
craigne, -es, -e, craignions, -iez, -ent	crains, craignons, craignez	Verbs in -indre, e.g. plaindre, éteindre
croie, -es, -e, croyions, -iez, croient	crois, croyons, croyez	
cueille, -es, -e, cueillions, -iez, cueillent	cueille, cueillons, cueillez	accueillir, recueillir
doive, -es, -e devions, -iez, doivent	dois, devons, devez	
dise, -es, -e, disions, -iez, -ent	dis, disons, dites	
dorme, -es, -e, dormions, -iez, -ent	dors, dormons, dormez	s'endormir, servir, sentir, mentir
écrive, -es, -e, écrivions, -iez, -ent	écris, écrivons, écrivez	décrire, inscrire
envoie, -es, -e, envoyions, -iez, envoient	envoie, envoyons, envoyez	renvoyer
fasse, -es, -e, fassions, -iez, -ent	fais, faisons, faites	
il faille		Used only in 3rd person singular
fuie, -es, -e, fuyions, -iez, fuient	fuis, fuyons, fuyez	s'enfuir
lise, -es, -e, lisions, -iez, -ent	lis, lisons, lisez	relire
mette, -es, -e, mettions, -iez, -ent	mets, mettons, mettez	permettre, promettre, remettre, omettre

Infinitive	Participles	Present Indicative	Imperfect Past Hist.	Future Conditional
mourir, *to die*	mourant mort	meurs, -s, -t, mourons, -ez, meurent	mourais mourus	mourrai mourrais
naître, *to be born*	naissant né	nais, -s, naît, naissons, -ez, -ent	naissais naquis	naîtrai naîtrais
ouvrir, *to open*	ouvrant ouvert	ouvre, -es, -e, ouvrons, -ez, -ent	ouvrais ouvris	ouvrirai ouvrirais
partir, *to depart*	partant parti	pars, -s, -t partons, -ez, -ent	partais partis	partirai partirais
plaire, *to please*	plaisant plu	plais, -s, plaît, plaisons, -ez, -ent	plaisais plus	plairai plairais
pleuvoir, *to rain*	pleuvant plu	il pleut	il pleuvait il plut	il pleuvra il pleuvrait
pouvoir, *to be able*	pouvant pu	peux (puis), -x, -t, pouvons, -ez, peuvent	pouvais pus	pourrai pourrais
prendre, *to take*	prenant pris	prends, -s, prend, prenons, -ez, prennent	prenais pris	prendrai prendrais
recevoir, *to receive*	recevant reçu	reçois, -s, -t, recevons, -ez, reçoivent	recevais reçus	recevrai recevrais
rire, *to laugh*	riant ri	ris, -s, -t, rions, -ez, -ent	riais ris	rirai rirais
rompre, *to break*	rompant rompu	romps, -s, -t, rompons, -ez, -ent	rompais rompis	romprai romprais
savoir, *to know*	sachant su	sais, -s, -t, savons, -ez, -ent	savais sus	saurai saurais
sortir, *to go (come) out*	sortant sorti	sors, -s, -t, sortons, -ez, -ent	sortais sortis	sortirai sortirais
suivre, *to follow*	suivant suivi	suis, -s, -t, suivons, -ez, -ent	suivais suivis	suivrai suivrais

Present Subjunctive	Imperative	Remarks. Verbs similarly conjugated
meure, -es, -e, mourions, -iez, meurent	meurs, mourons, mourez	Conjugated with *être*, e.g. il est mort
naisse, -es, -e, naissions, -iez, -ent	nais, naissons, naissez	Conjugated with *être*, e.g. elle est née
ouvre, -es, -e, ouvrions, -iez, -ent	ouvre, ouvrons, ouvrez	couvrir, découvrir, offrir, souffrir
parte, -es, -e, partions, -iez, -ent	pars, partons, partez	Conjugated with *être*
plaise, -es, -e, plaisions, -iez, -ent	plais, plaisons, plaisez	
il pleuve		Used only in 3rd person singular
puisse, -es, -e, puissions, -iez, -ent		
prenne, -es, -e, prenions, -iez, prennent	prends, prenons, prenez	apprendre, comprendre, surprendre, reprendre
reçoive, -es, -e, recevions, -iez, reçoivent	reçois, recevons, recevez	apercevoir, décevoir, concevoir
rie, -es, -e, riions, riiez, rient	ris, rions, riez	sourire
rompe, -es, -e, rompions, -iez, -ent	romps, rompons, rompez	interrompre
sache, -es, -e, sachions, -iez, -ent	sache, sachons, sachez	
sorte, -es, -e, sortions, -iez, -ent	sors, sortons, sortez	Conjugated with *être*
suive, -es, -e, suivions, -iez, -ent	suis, suivons, suivez	poursuivre

Infinitive	Participles	Present Indicative	Imperfect Past Hist.	Future Conditional
taire (Refl. se taire, *to be silent*)	taisant tu	tais, -s, -t, taisons, -ez, -ent	taisais tus	tairai tairais
tenir, *to hold*	tenant tenu	tiens, -s, -t, tenons, -ez, tiennent	tenais tins, -s, -t, tînmes, tîntes, tinrent	tiendrai tiendrais
valoir, *to be worth*	valant valu	vaux, -x, -t, valons, -ez, -ent	valais valus	vaudrai vaudrais
venir, *to come*	venant venu	viens, -s, -t, venons, -ez, viennent	venais vins, -s, -t, vînmes, vîntes, vinrent	viendrai viendrais
vivre, *to live*	vivant vécu	vis, -s, -t, vivons, -ez, -ent	vivais vécus	vivrai vivrais
voir, *to see*	voyant vu	vois, -s, -t, voyons, -ez, voient	voyais vis	verrai verrais
vouloir, *to wish*	voulant voulu	veux, -x, -t, voulons, -ez, veulent	voulais voulus	voudrai voudrais

50. Verbs in -er showing slight variations

(*a*) In verbs like **manger** and **commencer,** the **g** or **c** must be softened (**ge, ç**) before **o** or **a**, e.g. nous mangeons, nous commençons; je mangeais, il commença.

(*b*) Verbs like **mener, lever, acheter** require **è** before mute endings.

Appeler and **jeter** open the **e** by doubling the consonant.

Répéter, espérer, etc., change **é** to **è** before mute endings, except in the future, where **é** stands.

Present Subjunctive	Imperative	Remarks. Verbs similarly conjugated
taise, -es, -e, taisions, -iez, -ent	tais, taisons, taisez	Used reflexively: se taire, *to be (become) silent*
tienne, -es, -e, tenions, -iez, tiennent *Imp.* tinsse, -es, tînt tinssions, -iez, -ent	tiens, tenons, tenez	contenir, retenir, appartenir, etc.
vaille, -es, -e, valions, -iez, vaillent	vaux, valons valez	
vienne, -es, -e, venions, -iez, viennent *Imp.* vinsse, -es, vînt, vinssions, -iez, -ent	viens, venons, venez	devenir, revenir, convenir, parvenir, se souvenir
vive, -es, -e, vivions, -iez, -ent	vis, vivons, vivez	survivre, revivre
voie, -es, -e, voyions, -iez, voient	vois, voyons, voyez	revoir
veuille, -es, -e, voulions, -iez, veuillent	veuille, veuillons, veuillez	

je mène	j'appelle	je jette	je répète
tu mènes	tu appelles	tu jettes	tu répètes
il mène	il appelle	il jette	il répète
nous menons	nous appelons	nous jetons	nous répétons
vous menez	vous appelez	nous jetez	vous répétez
ils mènent	ils appellent	ils jettent	ils répètent
je mènerai	j'appellerai	je jetterai	je répéterai
je mènerais	j'appellerais	je jetterais	je répéterais

(c) Verbs in **-oyer** (e.g. employer, nettoyer) and those in **-uyer** (e.g. ennuyer, essuyer) change **y** to **i** before mute endings. In the case of **essayer, payer,** etc., the change is optional.

j'emploie	j'essuie	j'essaye or j'essaie, etc.
tu emploies	tu essuies	
il emploie	il essuie	
nous employons	nous essuyons	
vous employez	vous essuyez	
ils emploient	ils essuient	
j'emploierai	j'essuierai	

51. Ordinary meanings of the simple tenses

Example: **écrire,** *to write*

Present: j'écris, *I write, I am writing.*
Imperfect: j'écrivais, *I was writing, I used to write.*
Past Historic: j'écrivis, *I wrote.*
Future: j'écrirai, *I shall write.*
Conditional: j'écrirais, *I should (would) write.*

NOTES ON VERB FORMS

52. The Imperfect

Except for *être* (Imperfect: j'étais), the form of the Imperfect is always indicated by the first person plural of the Present:

Nous disons. Je disais, *I was saying, I used to say.*

All verbs have the same endings in the Imperfect:

je	dis-**ais**	nous	dis-**ions**
tu	dis-**ais**	vous	dis-**iez**
il	dis-**ait**	ils	dis-**aient**

53. The Past Historic

The Past Historic is always one of these types:

je	parl-**ai**	je	vend-**is**	je	cour-**us**
tu	parl-**as**	tu	vend-**is**	tu	cour-**us**
il	parl-**a**	il	vend-**it**	il	cour-**ut**
nous	parl-**âmes**	nous	vend-**îmes**	nous	cour-**ûmes**
vous	parl-**âtes**	vous	vend-**îtes**	vous	cour-**ûtes**
ils	parl-**èrent**	ils	vend-**irent**	ils	cour-**urent**

Exceptions: **je vins** (venir), *I came*; **je tins** (tenir), *I held*:

je	vins	nous	vînmes
tu	vins	vous	vîntes
il	vint	ils	vinrent

All verbs in **-er** (including *aller*) are conjugated in the Past Historic like **parler**.

All verbs of the **finir** group and the **vendre** group are conjugated in the Past Historic like **vendre**.

Past Historic of Common Irregular Verbs:

dormir, *to sleep*	je dormis	faire, *to do*	je fis
partir, *to depart*	je partis	fuir, *to flee*	je fuis
sortir, *to go out*	je sortis	s'enfuir, *to flee*	je m'enfuis
servir, *to serve*	je servis	mettre, *to put*	je mis
sentir, *to feel*	je sentis	permettre, *to permit*	je permis
ouvrir, *to open*	j'ouvris	promettre, *to promise*	je promis
couvrir, *to cover*	je couvris	prendre, *to take*	je pris
offrir, *to offer*	j'offris	comprendre, *to understand*	je compris
conduire, *to lead*	je conduisis	apprendre, *to learn*	j'appris
construire, *to construct*	je construisis	surprendre, *to surprise*	je surpris
produire, *to produce*	je produisis	rire, *to laugh*	je ris
craindre, *to fear*	je craignis	sourire, *to smile*	je souris
joindre, *to join*	je joignis	suivre, *to follow*	je suivis
plaindre, *to pity*	je plaignis	poursuivre, *to pursue*	je poursuivis
s'asseoir, *to sit down*	je m'assis	voir, *to see*	je vis
battre, *to beat*	je battis		
cueillir, *to gather*	je cueillis		
dire, *to say*	je dis		
écrire, *to write*	j'écrivis		
décrire, *to describe*	je décrivis		

avoir, *to have*	j'eus	lire, *to read*	je lus
être, *to be*	je fus	mourir, *to die*	il mourut
apercevoir, *to perceive*	j'aperçus	plaire, *to please*	je plus
recevoir, *to receive*	je reçus	pleuvoir, *to rain*	il plut
boire, *to drink*	je bus	pouvoir, *to be able*	je pus
connaître, *to know*	je connus	savoir, *to know*	je sus
paraître, *to appear*	je parus	se taire, *to be silent*	je me tus
courir, *to run*	je courus	vivre, *to live*	je vécus
croire, *to believe*	je crus	vouloir, *to wish*	je voulus
devoir, *to owe*	je dus	tenir, *to hold*	je tins
falloir *to be necessary*	il fallut	venir, *to come*	je vins

54. The Future and the Conditional

All verbs have the same endings in the Future and in the Conditional:

Future		Conditional	
I shall depart, etc.		*I should (would) depart*, etc.	
je	partir-**ai**	je	partir-**ais**
tu	partir-**as**	tu	partir-**ais**
il	partir-**a**	il	partir-**ait**
nous	partir-**ons**	nous	partir-**ions**
vous	partir-**ez**	vous	partir-**iez**
ils	partir-**ont**	ils	partir-**aient**

Irregular Futures:

avoir, *to have*	j'aurai	faire, *to do*	je ferai
être, *to be*	je serai	falloir *to be necessary*	il faudra
⎰ apercevoir, *to perceive*	j'apercevrai	mourir, *to die*	je mourrai
⎱ recevoir, *to receive*	je recevrai	pleuvoir, *to rain*	il pleuvra
aller, *to go*	j'irai	pouvoir, *to be able*	je pourrai
s'asseoir, *to sit down*	je m'assiérai	savoir, *to know*	je saurai
courir, *to run*	je courrai	tenir, *to hold*	je tiendrai
cueillir, *to gather*	je cueillerai	venir, *to come*	je viendrai
devoir, *to owe*	je devrai	voir, *to see*	je verrai
envoyer, *to send*	j'enverrai	vouloir, *to wish*	je voudrai

appeler, *to call*	j'appellerai
jeter, *to throw*	je jetterai
acheter, *to buy*	j'achèterai
répéter, *to repeat*	je répéterai

55. Form of the Imperative

The three forms of the imperative are normally the ordinary forms of the present tense *minus* the pronouns:

2nd P. Sing. attends! *wait!* n'attends pas!
1st P. Plur. attendons! *let us wait!* n'attendons pas!
2nd P. Plur. attendez! *wait!* n'attendez pas!

But remember these points:

parle! (*no* **s**)   va! (*no* **s**)
parlons!   allons!
parlez!   allez!

Irregular:

être: sois, soyons, soyez.
avoir: aie, ayons, ayez.
savoir: sache, sachons, sachez.

56. Compound Tenses with *avoir*

> J'ai pris.   *I have taken.*
> Je n'ai pas pris.   *I have not taken.   I did not take.*
> Ai-je pris?   *Have I taken?   Did I take?*
> N'ai-je pas pris?   *Have I not taken?   Did I not take?*
> J'avais pris.   *I had taken.*
> J'aurai pris.   *I shall have taken.*
> J'aurais pris.   *I should (would) have taken.*

Note:

> *I have been working.*   J'ai travaillé.
> *I had been working.*   J'avais travaillé.
> *It has been raining.*   Il a plu.
> *It had been raining.*   Il avait plu.

Agreement of the Past Participle

The only thing which effects the past participle is a preceding direct object:

> Où sont tes gants?— Je les ai perdus.
>
> Montre-moi la robe que tu as achetée.
>
> Combien de gâteaux a-t-il mangés?

N.B. No agreement with **en**:

> As-tu rapporté des journaux?— Oui, j'en ai rapporté.

57. Verbs conjugated with *être*

aller, *to go*	entrer, *to enter*
venir, *to come*	rentrer, *to re-enter; to go (come) home*
revenir, *to come back*	descendre, *to go (come) down*
devenir, *to become*	monter, *to go (come) up*
arriver, *to arrive*	tomber, *to fall*
partir, *to depart*	retourner, *to return, go back*
sortir, *to go (come) out*	naître *to be born (e.g.* elle est née)
rester, *to remain, stay*	mourir, *to die (e.g.* elle est morte)

With these verbs, the past participle agrees with the subject:

> Ils sont arrivés.   *They have arrived.*
> Ils étaient arrivés.   *They had arrived.*
> Ils seront arrivés.   *They will have arrived.*
> Ils seraient arrivés.   *They would have arrived.*

(a) Transitive use of **sortir, descendre, monter, rentrer**

Used transitively, these verbs are conjugated with **avoir**:

J'ai monté (descendu) les bagages. *I have taken up (brought down) the luggage.*

Elle avait sorti son mouchoir. *She had taken out her handkerchief.*

As-tu rentré les chaises? *Have you brought (put) the chairs in?*

Useful idioms:

Il monta les marches en courant. *He ran up the steps.*

Il descendit les marches en courant. *He ran down the steps.*

Elle sortit de la maison en courant. *She ran out of the house.*

J'y suis allé à pied. *I went there on foot. I walked there.*

J'y suis allé en auto. *I went there by car. I drove there.*

J'y suis allé à bicyclette. *I cycled there.*

Reflexive Verbs

58. Type: **se baigner,** *to bathe (oneself)*

Present Tense

je me baigne	nous nous baignons
tu te baignes	vous vous baignez
il se baigne	ils se baignent

The reflexive pronoun agrees with the subject, even when attached to an infinitive:

Nous allons nous baigner. Voulez-vous vous baigner?

Examples showing some uses of the Reflexive verb

La porte s'ouvre (se ferme). *The door opens (closes).*

La voiture s'arrêta. *The car stopped.*

The reflexive pronoun may be used with the sense of *each other* or *one another, to each other* or *to one another.*

Nous ne nous aimons pas. *We do not like each other.*

Ils se connaissent. *They know each other (one another).*

Nous nous rencontrons souvent. *We often meet (each other).*

Ils s'écrivent de temps en temps. *They write to each other from time to time.*

59. Examples of Imperative

Se lever, *to stand up* (lit. *to raise oneself*):

lève-toi!	ne te lève pas!
levons-nous!	ne nous levons pas!
levez-vous!	ne vous levez pas!

Note the imperative of **s'en aller**, *to go away*:

va-t'en!	ne t'en va pas!
allons-nous-en!	ne nous en allons pas!
allez-vous-en!	ne vous en allez pas!

60. Compound Tenses of Reflexive Verbs

Je me suis baigné(e). *I have bathed.*
Je m'étais baigné(e). *I had bathed.*
Je me serai baigné(e). *I shall have bathed.*
Je me serais baigné(e). *I should have bathed.*

Agreement of the Past Participle

The rule of the agreement of the past participle with a preceding direct object applies to Reflexive verbs. In most cases the reflexive pronoun is the direct object of the verb, therefore the past participle agrees:

Ils se sont habillés. *They have dressed (themselves).*
↑   ↑

Elle s'est cachée. *She has hidden (herself).*
↑   ↑

In somewhat rare instances the reflexive pronoun is the indirect object (= *to myself, for myself*, etc.). In such cases the past participle does not agree:

Nous nous sommes écrit. *We have written to each other.*
Elle s'est acheté un joli manteau. *She has bought (for) herself a nice coat.*
Elle s'est essuyé les yeux (**se** = *to herself*, the direct object being *les yeux*).

61. S'asseoir, être assis

S'asseoir = *to seat oneself, to sit down* (the act):

Il s'assied sur un banc. *He sits down. . . .*
Il s'est assis sur un banc. *He (has) sat down. . . .*
Il s'assit sur un banc. *He sat down. . . .*
Il s'était assis sur un banc. *He had sat down. . . .*

Être assis = *to be seated, to be sitting* (the state):

Il est assis sur un banc. *He is sitting . . . .*
Il était assis sur un banc. *He was sitting . . . .*

Similar case:

> Je me couche. *I lie down. I go to bed.*
> Je suis couché. *I am lying (down). I am in bed.*
> J'étais couché. *I was lying (down). I was in bed.*

Note this useful example:

> *He stood (sat, lay) still.* Il resta (demeura) immobile.

The Passive Voice

62. Form of the Passive

The Passive is made up of *être* + the past participle, which agrees with the subject. In other words, the past participle is just used as an adjective. Any tense may be made up without difficulty.

> Nous sommes suivis. *We are (being) followed.*
> Nous avons été suivis. *We have been followed.*
> Nous étions suivis. *We were (being) followed. (The state.)*
> Nous fûmes suivis. *We were followed. (Event, particular occasion.)*
> Nous serons suivis. *We shall be followed.*
> Nous aurions été suivis. *We should have been followed.*

63. Avoidance of the Passive

(a) By using **on**:

> *They were seen yesterday.* On les a vus hier.
> *My plate has been taken away.* On a emporté mon assiette.
> *It is said (known, thought) that* . . . On dit (sait, croit) que . . .

Note carefully these important examples:

> *I have been told to wait.* On m'a dit d'attendre.
> *He has been asked for his papers.* On lui a demandé ses papiers.
> *We were given (shown, promised) photographs.* On nous a donné (montré, promis) des photographies.
> *They are allowed (forbidden) to go out:*
> On leur permet (défend) de sortir.
> *or* Il leur est permis (défendu) de sortir.

(b) Passive avoided by using the Reflexive:

> *He is called (named) Paul.* Il s'appelle Paul.
> *You are mistaken.* Vous vous trompez.
> *I am surprised that* . . . Je m'étonne que . . .
> *That is done (said, used).* Cela se fait (se dit, s'emploie).
> *That is seen (noticed).* Cela se voit (se remarque).

64. Recapitulation of the Past Participle Rule

(*a*) The fundamental rule is that the past participle agrees with a preceding direct object. This rule finds expression in two main constructions:

1. When we are using *avoir* as auxiliary, and there is a preceding direct object:

J'ai vu de jolis gants et je les ai achetés.

Voici les gants que j'ai achetés.

2. In the compound tenses of reflexive verbs when the reflexive pronoun is the true direct object (i.e. is in the accusative case):

Ils se sont cachés. (se = *themselves*, direct object)

But no agreement when the reflexive pronoun is the indirect object (dative case):

Elle s'est acheté un joli sac (se = *for herself*, the direct object being *un joli sac*).
Elle s'est essuyé les yeux (se = *to herself*; direct object: *les yeux*).

(*b*) In the Passive voice and in the compound tenses of verbs conjugated with *être* (aller, venir, etc.), the past participle plays the part of an adjective and always agrees with the subject:

Ils ont été battus.

Elle est sortie.

THE USE OF TENSES

65. Perfect and Past Historic

When the French are conversing about recent happenings, they use the Perfect:

je suis sorti; j'ai vu; nous avons mis; ils sont rentrés, etc.
Therefore, if you are asked to give an account, spoken or written, of something which happened today, yesterday, last week or even last year, you should use the Perfect.

The use of the Past Historic is reserved for literary narratives: novels, stories, biography, etc. When you have to translate into French a passage taken from a story or a novel, you should set down the actual events (he went, he saw, etc.) in the Past Historic.

66. The Imperfect

The Imperfect always translates the English forms *was (doing)* and *used to (do)*:

> *They were playing in the yard.* Ils jouaient dans la cour.
> *I used to go there every day.* J'y allais tous les jours.

The difficult point is this: when the English simple past tense is used in *description*, or with the underlying sense of *was (doing)* or *used to (do)*, it must be translated by the French Imperfect:

> *His parents were poor.* Ses parents étaient pauvres.
> *My room overlooked the street.* Ma chambre donnait sur la rue.
> *He often came* (= *used to come*) *to our house.* Il venait souvent chez nous.

N.B. When *would (do)* means *used to (do)*, use the Imperfect:
In the evening he would go for a little walk.
Le soir il faisait une petite promenade.

67. Types of Narrative

(*a*) Conversational narrative (a person talking about recent happenings or writing about them in a letter):

> Perfect for events.
> Imperfect for description.

(*b*) Literary narrative (e.g. passage out of a story or a novel):
> Past Historic for events.
> Imperfect for description.

(*c*) Literary narrative containing quoted conversation:
> Past Historic for events (*he went, he saw*, etc.).
> Perfect for events in quoted speech, e.g. " Yes," answered (*P. Hist.*) John, " I saw (*Perfect*) them yesterday."
> Imperfect for description.

68. More difficult points of Tense usage

(a) The Past Historic is used for any event which is considered as **finished,** no matter what its duration:

The war lasted six years. La guerre dura six ans.
He worked for two hours, then he went out. Il travailla pendant deux heures, puis il sortit.

(b) Study the examples:

Je croyais qu'il était parti. *I thought (= was thinking) he had gone.*
Je savais qu'elle était malade. *I knew (= was knowing) that she was ill.*
Je connaissais ses parents. *I knew (= used to know) his parents.*
Je voulais les voir. *I wanted (= was wanting) to see them.*

In these cases we use the Imperfect (je croyais, je savais, etc.) because we are describing what was in the person's mind all the time.

But now study these cases:

At first I thought he was asleep. D'abord je crus qu'il dormait.
Then I knew that it was true. Alors je sus que c'était vrai.
At last he was able to get out. Enfin il put sortir.
Then I was afraid. Alors j'eus peur.
The door closed and that was all. La porte se ferma et ce fut tout.

In these cases the Past Historic (je crus, je sus, etc.) is used because we are speaking of things which **happened.** In other words, when definite time (*then, at last, at first,* etc.) comes into it, we use the Past Historic.

69. The Past Anterior

Examples:

avoir verb: il eut compris, *he had understood.*
être verb: il fut arrivé, *he had arrived.*
Reflexive: il se fut arrêté, *he had stopped.*

Use

I had (done) is nearly always translated by the Pluperfect (j'avais vu, nous étions arrivés, etc.). The Past Anterior is used only in literary narrative, to record one event occurring immediately before another (" When he had done this, he did that ")₁

As soon as he had spoken he realized his mistake.
Dès (Aussitôt) qu'il eut parlé, il comprit son erreur.

When they had gone, he locked the door.
Quand ils furent partis, il ferma la porte à clef.

Scarcely had he gone out, when the soldiers arrived.
A peine fut-il sorti que les soldats arrivèrent.

70. Constructions with *depuis*

(a) Depuis quand êtes-vous ici?
Depuis combien de temps êtes-vous ici? } *How long have you been here?*
Il y a combien de temps que vous êtes ici? }

Je suis ici depuis un mois. } *I have been here for a*
Il y a (*or* Voilà) un mois que je suis ici. } *month.*

(b) Depuis quand attendiez-vous?
Depuis combien de temps attendiez-vous? } *How long had you been waiting?*
Il y avait combien de temps que vous attendiez? }

J'attendais depuis une heure. } *I had been waiting for*
Il y avait une heure que j'attendais. } *an hour.*

71. Venir de (faire)

He has just gone out.   Il vient de sortir.
He had just gone out.   Il venait de sortir.

72. Future Tenses

(a) After conjunctions of time (*quand, lorsque, dès que, aussitôt que*), the future must be used when future time is meant:

Dès que j'arriverai chez moi, je vous écrirai.
As soon as I get home I will write to you.

Il a dit qu'il le ferait quand il reviendrait.
He said he would do it when he came back.

Quand j'aurai lu ce roman, je vous le prêterai.
When I have (= shall have) read this novel, I will lend it to you.

Elle a dit qu'elle me prêterait ce roman quand elle l'aurait lu.
She said she would lend me that novel when she had (= would have) read it.

(*b*) Other points

I am going to telephone. Je vais téléphoner.

I was going to telephone. J'allais téléphoner.

I was about to go to bed. {J'étais sur le point de me coucher.
{J'allais me coucher.

Shall I ring? {Faut-il sonner?
{Voulez-vous que je sonne?

When *will, would* express willingness, use **vouloir:**

Il est dehors, mais il ne veut pas entrer (*will not come in*).

Il était dehors, mais il ne voulait pas entrer (*would not come in*).

73. Tenses used with **si** (*if*)

Si je le vois, je le reconnaîtrai. (*If I see him* . . .)

Si je le voyais, je le reconnaîtrais. (*If I saw him* . . .)

Si je l'avais vu, je l'aurais reconnu. (*If I had seen him* . . .)

S'il était venu, je serais resté. (*If he had come* . . .)

Note that *if* + English simple past tense is regularly translated by **si** + Imperfect (*if he saw* = s'il voyait).

Si may be used with the future and conditional only in indirect questions:

I wonder if (whether) he will come. Je me demande s'il viendra.

I was wondering if (whether) he would come. Je me demandais s'il viendrait.

74. The Present Participle

Invariable, except when used purely as an adjective:

Verb: Ils étaient dans la cour, causant avec le fermier.

Voyant qu'il était occupé, elle ne l'a pas dérangé.

Adjective: Une femme charmante. Des mots touchants.

Where we should use a present participle, the French often prefer a relative clause:

Two men, going through a wood . . . Deux hommes, qui traversaient un bois . . .

I can hear them talking in the shop. Je les entends qui causent dans la boutique.

75. En + Present Participle

Merci beaucoup! dit-il en souriant. *Thank you very much! he said smiling (with a smile).*

Des enfants passèrent en chantant. *Some children went by singing.*

On (*doing*), *by* (*doing*), *while* (*doing*), *when* (*doing*), are all expressed by **en** (**faisant**):

> En voyant le gendarme, il se sauva (*on seeing*).
>
> En faisant tant de bruit, vous avez réveillé grand'maman (*by making*).
>
> En me baignant, j'ai eu des crampes (*while bathing*).
>
> J'avais fait du bruit en fermant la porte (*when shutting*).

NOTE: **Par** + infinitive is used only after **commencer** and **finir :**

> Il commença par faire des excuses. *He began by apologizing.*
>
> Ils finirent par accepter. *They finished by accepting. In the end they accepted.*

Tout en [faisant] conveys the idea of one action going on at the same time as another:

> Tout en parlant, il bourra sa pipe. *While talking (As he talked) he filled his pipe.*

76. Impersonal Verbs

Il y a; **il y a eu** (*there has* or *have been*).

Il reste, *there remains :*

> Il me reste 50 francs. *I have 50 francs left.*
>
> Il ne me reste plus rien. *I have nothing left.*

Il arrive beaucoup d'accidents. *A lot of accidents happen.*

Il vaut mieux rester ici. *It is better to stay here.*

Il s'agit de, *it is a matter (question)of :*

> Il s'agit d'une montre qu'on a trouvée.
>
> Il s'agissait de trouver la clef.

Il me semble que vous avez raison. *It seems to me that you are right.*

Il paraît que ces gens sont riches. *It appears that those people are wealthy.*

THE INFINITIVE

77. Construction of some common Verbs with the Infinitive

(Abbreviations used in this list: qn. = quelqu'un; s.o. = someone.)

> aider à faire, *to help to do.*
>
> aimer faire, *to like to do.*
>
> aimer mieux faire, *to like better (to prefer) to do.*
>
> aller faire, *to go to do, to go and do.*
>
> apprendre à faire, *to learn to do.*

s'arrêter de faire, *to stop doing*.
avoir peur de faire, *to be afraid to do* (*of doing*).
avoir besoin de faire, *to need to do*.
cesser de faire, *to cease* (*stop*) *doing*.
commencer à faire, *to begin to do*.
continuer à faire, *to continue to do*.
décider de faire, *to decide to do*.
se décider à faire, *to make up one's mind to do*.
défendre à qn. de faire, *to forbid s.o. to do*.
demander à qn. de faire, *to ask s.o. to do*.
désirer faire, *to desire* (*want*) *to do*.
devoir faire, *to have to do*.
dire à qn. de faire, *to tell s.o. to do*.
empêcher qn. de faire, *to prevent s.o.* (*from*) *doing*.
espérer faire, *to hope to do*.
essayer de faire, *to try to do*.
finir de faire, *to finish doing*.
hésiter à faire, *to hesitate to do*.
inviter qn. à faire, *to invite s.o. to do*.
laisser faire, *to let* (*allow to*) *do*.
se mettre à faire, *to start to do*.
offrir de faire, *to offer to do*.
oser faire, *to dare to do*.
oublier de faire, *to forget to do*.
passer son temps à faire, *to spend one's time doing*.
permettre à qn. de faire, *to permit* (*allow*) *s.o. to do*.
pouvoir faire, *to be able to do*.
préférer faire, *to prefer to do*.
prier qn. de faire, *to beg* (*ask*) *s.o. to do*.
promettre de faire, *to promise to do*.
refuser de faire, *to refuse to do*.
réussir à faire, *to succeed in doing*.
savoir faire, *to know how to do*.
sembler faire, *to seem to do*.
il vaut mieux faire, *it is better to do*.
venir faire, *to come to do, to come and do*.
vouloir faire, *to wish* (*want*) *to do*.

78. Construction of other common words with the Infinitive

certain de faire, *certain to do* (*of doing*).
charmé de faire, *charmed to do*.
content de faire, *pleased* (*glad*) *to do*.
étonné de faire, *astonished* (*surprised*) *to do*.
heureux de faire, *happy to do*.
obligé de faire, *obliged to do*.
surpris de faire, *surprised to do*.

le droit de faire, *the right to do.*
l'occasion de faire, *the opportunity (chance) of doing.*
la permission de faire, *(the) permission to do.*
le temps de faire, *(the) time to do.*

prêt à faire, *ready to do.*
le premier à faire, *the first to do.*
le dernier à faire, *the last to do.*
beaucoup à faire, *much (a lot) to do.*
rien à faire, *nothing to do.*

79. The Infinitive: Special Points

(*a*) The second verb of expressions such as *go and close, come and see,* is translated by an infinitive:

Go and close that door.   Allez fermer cette porte.
Come and see this creature.   Venez voir cette bête.

(*b*) Note the infinitive in these cases:

Je l'ai vu (entendu) entrer. *I saw (heard) him come in.*
Il nous regardait (écoutait) jouer. *He was watching (listening to) us play.*

(*c*) Note the infinitive with **à** in expressions of this sort:
Une heure à attendre, *an hour to wait.*
Une lettre à écrire, *a letter to write (to be written).*
Pas un instant à perdre, *not a moment to lose (to be lost).*
C'est difficile (facile) à comprendre. *It is difficult (easy) to understand.*

(*d*) **Etre en train de faire**, *to be (in the act of) doing:*
Charles était en train de faire ses devoirs.
Je suis en train d'expliquer le système. *I am just explaining the system.*

Faillir + infinitive = *nearly to (do).*
J'ai failli tomber. *I nearly fell.*
Il faillit renverser un agent de police. *He nearly knocked down a policeman.*

80. Other Prepositions used with the Infinitive

Pour, (*in order*) *to*:

Il s'arrêta pour allumer sa pipe. *He stopped (in order) to light his pipe.*

Pour must be used after **trop** (*too*) and **assez** (*enough*):
Je suis trop fatigué pour travailler. *I am too tired to work.*

Est-il assez fort pour le porter? *Is he strong enough to carry it?*

Sans, *without:*

Sans frapper, *without knocking.* Sans réfléchir, *without thinking.*

Avant de, *before:*

J'ai beaucoup à faire avant de partir. *I have a lot to do before leaving(before I leave).*

Au lieu de, *instead of:*

Au lieu de sortir, il alla se coucher. *Instead of going out, he went to bed.*

Après. *After doing* must always be translated as *after having done:*

After reading the letter. . . . Après avoir lu la lettre. . . .

Note other examples of the Perfect Infinitive:

Je regrette d'avoir prêté ce livre. *I regret lending (having lent) that book.*

Elle le remercia d'avoir porté sa valise. *She thanked him for carrying (having carried) her case.*

Je suis content d'être venu. *I am glad to have come (that I came).*

81. Use of *faire* with the Infinitive

(*a*) Vous me faites rire. *You make me laugh.*
Cela le fit trembler. *This made him tremble.*

When the infinitive depending on *faire* has a direct object, the person is made dative:

Le douanier **lui** fit ouvrir sa valise. *The customs officer made him open his case.*

Cela **leur** fera regretter leur action. *This will make them regret their action.*

(*b*) " To have a thing done " (e.g. to have a house built) is expressed in French as " to make to do a thing ", i.e. by *faire* + infinitive:

Nous faisons construire un garage. *We are having a garage built.*

Je ferai réparer ce fauteuil. *I shall have this armchair repaired.*

(*c*) Note this kind of phrase: **se faire comprendre,** *to make oneself understood;* **se faire entendre,** *to make oneself heard:*

Je me fais comprendre.
Il essayait de se faire entendre.

(*d*) *To make* + adjective (e.g. to make happy, ill, etc.) is expressed by **rendre:**

Cela me rend malade. *This makes me ill.*

MODAL VERBS

82. Vouloir

Voulez-vous signer là, s'il vous plaît? *Will you sign there, please?*
Je ne veux pas le faire. *I do not wish to (I will not) do it.*
Je ne voulais pas le faire. *I did not wish to (I would not) do it.*
Je voudrais savoir le numéro. $\begin{cases} \textit{I would like to know the number.} \\ \textit{I wish I knew the number.} \end{cases}$
J'aurais voulu rester. $\begin{cases} \textit{I should have liked to stay.} \\ \textit{I should like to have stayed.} \end{cases}$

Vouloir dire = *to mean:*
Qu'est-ce que cela veut dire? *What does that mean?*

83. Pouvoir

Vous pouvez entrer. *You can (may) come in.*
Puis-je vous poser une question? *May I ask you a question?*

Can, may sometimes refer to the future:
I can do that later. Je pourrai faire cela plus tard.

Could, meaning *was able,* is translated by the Imperfect:
Il ne pouvait pas quitter son bureau.

Could or *might,* meaning *would be able,* is translated by the Conditional:
He said he could (might) come tomorrow. Il a dit qu'il pourrait venir demain.

Could have, might have are rendered by **j'aurais pu** (faire):
You could have (might have) come earlier. Vous auriez pu venir plus tôt.

NOTES: (1) When using verbs like **voir** (*to see*), **entendre** (*to hear*), **comprendre** (*to understand*), the French often do not trouble to bring in **pouvoir**:

I can see (hear) a car.   Je vois (J'entends) une voiture.
We could see the mountains.   Nous voyions les montagnes.
I cannot understand why.   Je ne comprends pas pourquoi.

(2) When *can* means *know(s) how to*, use **savoir**:

Je sais nager (danser, conduire une auto, jouer du piano, etc.).
I can swim (dance, drive a car, play the piano, etc.).

84. Devoir

Je dois écrire.   *I must write.   I have to write.   I am to write.*

J'ai dû écrire.   {*I (have) had to write.*
                  {*I must have written.*

Je devais écrire.   {*I had to (used to have to) write.*
                    {*I was to write (to have written).*

Je dus écrire.   *I had to write.*
Je devrai écrire.   *I shall have to write.*
Je devrais écrire.   *I ought to write.*
J'aurais dû écrire.   *I ought to have written.*

NOTE: *To have to (do)* is often expressed by **avoir à** (*faire*):

Qu'avez-vous à faire ce matin?—J'ai à voir quelques clients.

85. Falloir

Il faut (il fallait, etc.) may be followed by a infinitive, or by **que** + subjunctive:

Il me faut partir.   }*It is necessary for me to go.*
Il faut que je parte.   }*I must go.*

Il faut aller voir le médecin.   }*You must go and*
Il faut que vous alliez voir le médecin.   }*see the doctor.*

VERB GOVERNMENT

86. Do not put a preposition after these verbs, in imitation of English:

attendre, *to await, to wait for*	J'attends un ami.
regarder, *to look at*	Il regarda sa montre.
écouter, *to listen to*	Nous écoutons la musique.
demander, *to ask for*	Il demanda la clef.
chercher, *to seek, look for*	Il cherchait son porte-feuille.
envoyer chercher, *to send for*	Elle envoya chercher le médecin.
habiter, *to live in*	Nous habitons Lyon.
payer, *to pay for*	J'ai payé les billets.

87. Remember to use **to** with the person when using such
   verbs as:

donner, *to give*	montrer, *to show*
dire, *to tell*	prêter, *to lend*
envoyer, *to send*	promettre, *to promise*
offrir, *to offer*	raconter, *to relate*

Examples:

I told him that . . . Je lui ai dit que . . .
He sends them presents. Il leur envoie des cadeaux.
I gave the waiter 3 francs. J'ai donné 3 francs au garçon.

88. These verbs govern the dative (i.e. require **à** before their
   object):

répondre à, *to answer, reply to*	Répondez à ma question.
penser à, *to think of (about)*	Il pense à son fils. Il pense à lui.
	Il pense à son travail. Il y pense.
réfléchir à, *to reflect on*	Je réfléchissais à ma situation.
ressembler à, *to resemble*	Tu ressembles à ton père.
plaire à, *to please*	Vous plaisez à mes parents.
obéir à, *to obey*	Il faut obéir aux ordres.
pardonner à, *to forgive*	Il pardonna à son ennemi.
se fier à, *to trust (to)*	Je ne me fie pas à ses promesses.

89. **From** is translated by **à** after these verbs, all expressing
   some idea of *getting from*:

demander, *to ask*	Il demanda la clef à la concierge.
acheter, *to buy*	Je leur achète des fleurs.
emprunter, *to borrow*	Il emprunta 50 francs à un ami.
cacher, *to hide, conceal*	Je leur cachai mon secret.
prendre, *to take*	L'employé lui prit son passeport.
voler, *to steal*	Cet homme lui vola ses papiers.

90. The following constructions are most important:

dire, *to tell*	Je dirai à ce monsieur d'attendre.
demander, *to ask*	Je demanderai à ce monsieur d'attendre.
permettre, *to permit*	Je permets à ces élèves de rester.
conseiller, *to advise*	Il leur conseilla de s'en aller.
défendre, *to forbid*	Son père lui défendit d'y aller.
ordonner, *to order*	Il lui ordonna de sortir.

prier, *to beg, to ask* — Je prierai ces messieurs de monter.

empêcher, *to prevent* — Nous empêcherons ces gens d'entrer.

apprendre, *to teach* — Il apprend à sa fille à conduire l'auto.

91. Verbs followed by **de**

se souvenir de, *to remember*
s'approcher de, *to approach*
se moquer de, *to make fun of*
se servir de, *to use*

remercier de, *to thank for*
rire de, *to laugh at*
jouir de, *to enjoy*
dépendre de, *to depend on*

Examples:

Je me souviens de mon grand-père. Je me souviens de lui.
Je me souviens de cet incident. Je m'en souviens.
C'est une personne (une chose) dont je me souviens.

92. Other Useful Examples

Elle entra dans l'église. *She entered the church.*
Il partit pour New-York. *He set off (left) for New York.*
Je passe devant leur maison. *I pass their house.*
Il se dirigea vers la gare. *He made for (went towards) the station.*
Elle se tourna vers moi. *She turned to me.*
J'ai assisté à cette dispute. *I witnessed (was present at) this quarrel.*
Nous jouons au football (au tennis, etc.). *We play football (tennis, etc.).*
Elle joue du piano (du violon, etc.). *She plays the piano (the violin, etc.).*
Elle prit des bijoux dans un tiroir. *She took some jewellery out of a drawer.*
Il ramassa un livre sur la table. *He picked up a book from the table.*

THE SUBJUNCTIVE MOOD

93. Form of the Present Subjunctive

The stem is usually provided by the 3rd person plural of the Present Indicative:

finir	ils finissent	je finisse
vendre	ils vendent	je vende
mettre	ils mettent	je mette

The endings are:

-e	je finisse	je mette
-es	tu finisses	tu mettes
-e	il finisse	il mette
-ions	nous finissions	nous mettions
-iez	vous finissiez	vous mettiez
-ent	ils finissent	ils mettent

A few verbs have an irregular Present Subjunctive: avoir, être, aller, faire, pouvoir, vouloir, savoir (see Verb List, pp. 176–183).

There are also a few verbs which, in the 1st and 2nd person plural (nous . . . vous . . .), revert to a form identical with the Imperfect Indicative:

appeler	j'appelle	nous appelions
jeter	je jette	nous jetions
envoyer	j'envoie	nous envoyions
croire	je croie	nous croyions
voir	je voie	nous voyions
prendre	je prenne	nous prenions
boire	je boive	nous buvions
devoir	je doive	nous devions
tenir	je tienne	nous tenions
venir	je vienne	nous venions
recevoir	je reçoive	nous recevions

94. Form of the Imperfect Subjunctive

Always one of three types, according as the Past Historic is in *-ai*, *-is* or *-us*. (Only exceptions: venir, je vinsse; tenir, je tinsse. See Verb List, pp. 176–183).

je donnai	je vendis	je reçus
je donnasse	je vendisse	je reçusse
tu donnasses	tu vendisses	tu reçusses
il donnât	il vendît	il reçût
nous donnassions	nous vendissions	nous reçussions
vous donnassiez	vous vendissiez	vous reçussiez
ils donnassent	ils vendissent	ils reçussent

95. Perfect and Pluperfect Subjunctive

Just use the subjunctive form of the auxiliary:

Il a dit.	Bien qu'il ait dit.
Elle est descendue.	Avant qu'elle soit descendue.
Il avait réussi.	Quoiqu'il eût réussi.

Where the Subjunctive occurs

96. After **il faut que, il est nécessaire que**

Il faut que je sois prêt à cinq heures.
Il est nécessaire qu'il vienne ici.

97. After these conjunctions

bien que ⎫
quoique ⎭ *although*
pour que ⎱ *so that,*
afin que ⎰ *in order that*
avant que, *before*

sans que, *without*
jusqu'à ce que ⎫
en attendant que ⎭ *until*
pourvu que, *provided that*

Examples:

Bien qu'il soit (fût) fatigué. *Although he is (was) tired.*
Avant qu'elle le reçoive (reçût). *Before she receives (received) it.*
Sans qu'il nous voie. *Without his seeing us.*

A moins que (*unless*) also requires **ne** before the verb:

A moins que vous ne préfériez sortir. *Unless you prefer to go out.*

98. Additional Points

(*a*) *To wait until* is simply **attendre que:**
Attendons qu'ils soient prêts.

(*b*) Use the infinitive, not the subjunctive, when principal and subordinate clauses have the same subject:
I shall see you before I go. Je vous verrai avant de partir.

(*c*) Occasionally we can dispense with the subjunctive by using a noun:

Avant mon départ. *Before I leave (left).*
Avant mon arrivée. *Before I arrive (arrived).*
Avant mon retour. *Before I return (returned).*
Attendons le retour de M. Charles. *Let us wait until M. Charles comes back.*

99. The Subjunctive is used after expressions of **wishing** and **feeling,** such as:

vouloir que, *to wish that*
désirer que, *to desire that*
aimer mieux que ⎫
préférer que ⎭ *to prefer that*
regretter que, *to regret (be sorry) that*

s'étonner que, *to be surprised that*
être content que, *to be glad (pleased) that*
c'est dommage que, *it is a pity that*

Examples:

Elle veut (désire) que vous attendiez un instant.
Nous regrettons qu'il soit occupé.
C'est dommage qu'ils ne puissent pas venir.

Avoir peur que (*to be afraid that*) also requires **ne** before the verb:

J'ai peur que vous n'arriviez trop tard.

But note these examples:

He is afraid that he may fall.   Il a peur de tomber.
I am sorry I am so busy.   Je regrette d'être si occupé.

100. The Subjunctive is used after expressions of **possibility** and **doubt,** such as:

il est possible (impossible) que, *it is possible (impossible) that*
je ne dis (crois, pense) pas que, *I do not say (think) that*
je doute que, *I doubt that*

Examples:

Il est possible que vous vous trompiez. *It is possible that you are mistaken.*
Je ne crois pas que ce soit vrai. *I do not think it is true.*
Nous doutons qu'ils aient compris. *We doubt that they understood.*

101. The Subjunctive in clauses depending on a **superlative:**

C'est la plus jolie fille que je connaisse. *She is the prettiest girl I know.*
C'est le film le plus amusant que j'aie jamais vu. *It is the funniest film I have ever seen.*

102. **The Tense to use**

After conjunctions there is no difficulty:

Although he is.   Bien qu'il soit.
Although he was.   Bien qu'il fût.

Strictly speaking, after a principal verb in the Imperfect or Past Historic, one should use the Imperfect Subjunctive:

Il fallait qu'il partît tout de suite.
Ils voulaient qu'elle allât les voir.

In actual fact, in conversation the French habitually use the Present subjunctive after past tenses, indeed after any tense:

Il fallait que j'attende.
Elle voulait que je lui écrive.
J'aurais voulu que vous restiez plus longtemps.

GENERAL

103. Nouns

(a) Plural Form

Types to note:

-eau, -eaux	le tableau, *picture*	les tableaux.
-eu, -eux	le jeu, *game*	les jeux
-al, -aux	l'animal	les animaux
-ou, -ous	le clou, *nail*	les clous.

Several nouns in **-ou** form their plural in **-oux:**

le caillou, *pebble*	les cailloux	le chou, *cabbage*	les choux
le bijou, *jewel*	les bijoux	le hibou, *owl*	les hiboux
le genou, *knee*	les genoux	le joujou, *plaything*	les joujoux

Miscellaneous:

un œil, *eye*	les yeux
le ciel, *sky*	les cieux
la pomme de terre, *potato*	les pommes de terre
monsieur	messieurs
madame	mesdames
mademoiselle	mesdemoiselles

(b) Feminine Forms

Common nouns having the same form for both genders:

un (une) enfant, *child*	le (la) domestique, *servant*
un (une) élève, *pupil, student*	le (la) concierge, *caretaker*
le (la) camarade, *friend*	

Types:

le marchand, *shopkeeper*	la marchande
le fermier, *farmer*	la fermière
le danseur, *dancer*	la danseuse
le Canadien, *Canadian*	la Canadienne

Miscellaneous

le mari, *husband*	la femme, *wife*
le grand-père, *grandfather*	la grand'mère, *grandmother*
le neveu, *nephew*	la nièce, *niece*
le maître, *master*	la maîtresse, *mistress*
le compagnon, *companion*	la compagne, *companion*
le roi, *king*	la reine, *queen*
un acteur, *actor*	une actrice, *actress*
le garçon, *waiter*	la serveuse, *waitress*

(c) Gender

Some effort of memory is saved if one takes note of certain characteristic masculine and feminine endings.

Masculine:

-ier	**-eau**
-ment	**-age**

Exceptions: l'eau (*f.*), la peau (*skin*), la page, la cage, la plage (*beach*), une image (*picture*).

Feminine:

-ade	**-ille**
-ance	**-ine**
-ence	**-ion**
-ière	**-té, -tié**
-ette	

Exceptions: le silence; le million, le camion (*lorry*), un avion (*aeroplane*); un été, le côté (*side*), le comté (*county*).

104. Geographical Names

(a) No article with the names of towns:
   à Paris, *to*, *at*, or *in Paris*.
   de Londres, *of* or *from London*.

(b) *To* or *in* with feminine names of countries is **en**; *from* is **de**:
   Nous allons en France.   *We are going to France.*
   Ils sont en Angleterre.   *They are in England.*
   Elle est revenue de France (d'Italie, d'Amérique, etc.).
   She has come back from France (from Italy, from America, etc.)

Most names of countries are feminine. The few masculine names include: le Canada, le Japon, le Portugal, le Mexique, le Brésil.

With these nouns, *to* or *in* is **au**, from is **du**:
   Il est allé au Canada.   Il est revenu du Canada.

Note: les États-Unis (*m. pl.*), *the United States:*
  Ils sont allés aux États-Unis.
  Ils sont revenus des États-Unis.

(*c*) *Of* with the names of countries is followed by the article:
  le Midi de la France, *the South of France.*
  la capitale de l'Angleterre, *the capital of England.*

But in titles **de** alone is used:
  la reine d'Angleterre; la Banque de France.

105. Nationality, Languages

  French people, the French, les Français.
  English people, the English, les Anglais.
  A French boy, un petit (un jeune) Français.
  A French girl, une petite (une jeune) Française.
  I am an Englishman }
  I am English } Je suis Anglais.

  She is an American { Elle est Américaine.
  { C'est une Américaine.
  Parlez-vous français?— Oui, je parle français.
  Vous parlez bien le français. *You speak French well.*
  Vous connaissez bien le français. *You know French well.*
  Dites-le en français. *Say it in French.*

Note when to use a capital and when to use a small letter:
  Il apprend le français (language: small letter).
  Je connais des Français (person: capital).
  Un journal français (adjective: small letter).

106. Adjectives

(*a*) **Plurals**

  -eau, -eaux   nouveau, nouveaux.
  -al, -aux   principal, principaux.

The plural of *bleu* is *bleus*, e.g. ses yeux bleus.

(*b*) **Bel, nouvel, vieil**

Forms used only before a masculine singular noun beginning with a
vowel sound. The plural is normal.

  un bel homme   de beaux hommes
  un nouvel ami   de nouveaux amis
  un vieil arbre   de vieux arbres

(c) Feminine Forms

Types:

-er, -ère	cher, chère	*dear*
-eux, -euse	joyeux, joyeuse	*joyful*
-f, -ve	neuf, neuve	*brand-new*
-en, -enne	ancien, ancienne	*former, ancient*
-el, -elle	actuel, actuelle	*present*

Miscellaneous

beau, belle	*beautiful*	frais, fraîche	*fresh*
nouveau, nouvelle	*new*	public, publique	*public*
vieux, vieille	*old*	long, longue	*long*
fou, folle	*mad*	gentil, gentille	*nice*
bon, bonne	*good*	gros, grosse	*big*
blanc, blanche	*white*	gras, grasse	*fat*
doux, douce	*sweet*	bas, basse	*low*
sec, sèche	*dry*	épais, épaisse	*thick*

107. Numbers

21, vingt et un	80, quatre-vingts
22, vingt-deux	81, quatre-vingt-un
31, trente et un	90, quatre-vingt-dix
33, trente-trois	99, quatre-vingt-dix-neuf
41, quarante et un	100, cent
45, quarante-cinq	101, cent un
51, cinquante et un	500, cinq cents
61, soixante et un	520, cinq cent vingt (no *s* on *cent*
70, soixante-dix	when another number follows)
71, soixante et onze	1,000, mille
72, soixante-douze	5,000, cinq mille
79, soixante-dix-neuf	

N.B. mille = *mile* takes the plural *s*: vingt milles.

1.000.000 de francs, un million de francs.

Expression to note:

neuf sur dix, *nine out of ten.*

Collectives

une douzaine d'œufs, *a dozen eggs.*
une quinzaine (de jours), *a fortnight.*
une vingtaine de pages, *about twenty pages.*
une centaine de personnes, *about a hundred people.*
des centaines de voitures, *hundreds of cars.*
des milliers de poissons, *thousands of fish.*

108(a). Ordinal Numbers

1st	premier, *f.* première	8th	huitième
2nd	deuxième	9th	neuvième
	second(e)	10th	dixième
3rd	troisième	20th	vingtième
5th	cinquième	21st	vingt et unième

Expression to note:

> *The first ten pages.* Les dix premières pages.

(b) Fractions

> la moitié, *half*, e.g. la moitié de mon argent.

NOTE: *half an hour,* une demi-heure
an hour and a half, une heure et demie.

> un quart, *quarter*, e.g. un quart de litre.
> le tiers, *third*, e.g. le tiers de cette distance.
> un cinquième, *a fifth;* trois huitièmes, *three-eighths.*

109(a) Age

> Quel âge a ton frère?— Il a seize ans.
> Il est âgé de seize ans. *He is sixteen years old (of age).*
> Un homme de trente ans. *A man of thirty.*

(b) Distance

> C'est une ville située à 50 kilomètres de Paris.
> Quelle distance y a-t-il d'ici à Rouen?
> Combien y a-t-il d'ici à Rouen?
> D'ici à Rouen il y a 120 kilomètres.

(c) Dimensions

> Cette pièce a 5 mètres de long. *This room is 5 metres long.*
> Elle a 4 mètres de large. *It is 4 metres wide.*
> Elle a 5 mètres de long sur 4 de large. *It is 5 metres long by 4 wide.*
> Cette tour a 35 mètres de haut. *This tower is 35 metres high.*

110. Le temps qu'il fait *(the weather)*

> Quel temps fait-il?
> Il fait beau (temps). *It (the weather) is fine.*
> Il fait mauvais temps. *The weather is bad.*
> Il fait chaud (froid). *It is warm (cold).*
> Il fait frais. *It is fresh (chilly).*
> Il fait du vent. *It is windy.*

Il fait du brouillard. *It is foggy (misty).*
Il pleut. *It rains (is raining).* Il a plu; il pleuvait.
Il neige. *It is snowing.* Il neigeait.
Il gèle. *It freezes (is freezing).* Il gelait.

Note the use of **par** in expressions of this type:

par un temps splendide, *in lovely weather.*
par un jour très froid, *on a very cold day.*

Other useful expressions:

Il fait jour. *It is light.*
Il fait nuit. *It is dark (i.e. night has fallen).*
Il fait noir. *It is dark (= shut away from the light).*
Il fait nuit noire. *It is quite dark (pitch dark).*

111. Phrases made up of **avoir** + noun

J'ai chaud (froid). *I am warm (cold).*
J'ai faim. *I am hungry.* J'ai très faim (grand'faim). *I am very hungry.*
J'ai soif. *I am thirsty.* J'ai très soif (grand'soif). *I am very thirsty.*
J'ai peur. *I am afraid.*
J'ai besoin de . . . *I have need of, I need.*
J'ai raison. *I am right.*
J'ai tort. *I am wrong.*
J'ai envie de sortir. *I feel inclined to go out.* *I feel like going out.*
J'ai sommeil. *I am (feel) sleepy.*
J'ai mal à la tête. *I have a headache.*
J'ai mal aux dents. *I have toothache.*
J'ai honte de le dire. *I am ashamed to say it.*

Avoir lieu, *to take place,* e.g. Cela aura lieu demain.
Avoir soin de, *to take care of,* e.g. Ayez soin de vos habits!

Expressions with *faire:*

Faire mal à, *to hurt,* e.g. Cela lui fait mal.
Faire peur à, *to frighten,* e.g. Tu leur as fait peur.
Faire signe à, *to sign (beckon) to,* e.g. Je lui faisais signe.
Faire semblant de, *to pretend to,* e.g. Il faisait semblant de dormir.

112(a). **Les Saisons** (*f.*)

le printemps	au printemps
l'été (*m.*)	en été
l'automne (*m.*)	en automne
l'hiver (*m.*)	en hiver

un matin d'hiver, *a winter morning;* un soir d'été, *a sumerm evening.*

(*b*) **Les Mois** (*m.*)

(The names of the months are all masculine nouns.)

janvier	avril	juillet	octobre
février	mai	août	novembre
mars	juin	septembre	décembre

en septembre
au mois de septembre } *in September.*

une nuit (un matin) de décembre, *a (one) December night (morning).*

(*c*) **La date**

Le premier mars.   Le deux (trois, etc.) mars.
Le huit février.   Le onze novembre.
Nous arriverons le 20 avril.   *We shall arrive on April 20.*

In 1958 { en mil neuf cent cinquante-huit.
en dix-neuf cent cinquante-huit.

Le vingtième siècle.   *The twentieth century.*
Au vingtième siècle.   *In the twentieth century.*

113. Les jours de la semaine

(le) lundi	(le) vendredi
(le) mardi	(le) samedi
(le) mercredi	(le) dimanche.
(le) jeudi	

Examples to note:

Venez me voir lundi.   *Come and see me on Monday.*
J'y vais généralement le lundi.   *I usually go there on Mondays.*
Samedi matin, *Saturday morning.*   Dimanche soir, *Sunday evening.*
C'est (*or* Nous sommes) aujourd'hui jeudi.   *It is Thursday today.*
Samedi dernier, *last Saturday.*   Samedi prochain, *next Saturday.*

La journée, la soirée, la matinée

These are used when we have in mind what goes to fill up the time:

J'ai travaillé toute la journée.   *I have worked all day.*
Nous avons passé une soirée tranquille.   *We have spent a quiet evening.*
Dans la matinée j'ai vu quelques clients.   *In the morning I saw a few customers.*

114. Time of day

Quelle heure est-il ?— Il est huit heures vingt.

12 (noon)	midi
12 (midnight)	minuit
12.30	midi (minuit) et demi
3.30	trois heures et demie
4.15	quatre heures et quart
6.45	sept heures moins le (un) quart.
8.20	huit heures vingt.
9.50	dix heures moins dix.

At 7 *a.m.*   A sept heures du matin.
At 2 *p.m.*   A deux heures de l'après-midi.
At 9 *p.m.*   A neuf heures du soir.

It is nearly 5 *o'clock.*   Il est près de cinq heures.
At about (or *towards*) 7 *o'clock.*   Vers sept heures.   A sept heures environ.

At exactly 6 *o'clock.*   A six heures précises.
The nine o'clock train.   Le train de neuf heures.
Ten o'clock struck (*chimed*) *from the church clock.*   Dix heures sonnèrent à l'horloge de l'église.

115. Expressions of Time

L'an dernier, l'année dernière.   *Last year.*
L'an prochain, l'année prochaine.   *Next year.*

Tous les ans (mois, jours).   *Every year* (*month, day*).
Il y a un mois.   *A month ago.*
Il y a bien des années.   *Many years ago.*
Deux ans auparavant.   *Two years before.*
Un jour du mois dernier (de la semaine dernière).   *One day last month* (*last week*).
Au bout de trois jours il revint.   *After three days he came back.*

Huit jours, *a week.*   Quinze jours, *a fortnight.*
Le matin je travaille, le soir je me repose.   *In the morning I work, in the evening I rest.*

Demain, *tomorrow.*
Le lendemain, *the next* (*following*) *day, the morrow.*
Le lendemain matin (soir), *the next morning* (*evening*).
Hier soir, *yesterday evening, last night.*
La veille, *the day* (*evening*) *before, the eve.*

Le jour (matin, soir) où ils sont partis. *The day (morning,*
evening) when (on which) they left.

Un jour (matin, soir), que je rentrais chez moi. *One day*
(morning, evening) when I was coming home.

On peut y aller en deux heures (*time taken*).

Nous partirons dans une heure. *We shall start in an hour's*
time.

De temps en temps, *from time to time.*

En même temps, *at the same time.*

A temps, à l'heure, *in time*, e.g. Nous y arriverons à temps
(à l'heure).

Longtemps, *long*, (*for*) *a long time*, e.g. Nous avons causé
longtemps.

116. Expressions of Time (contd.)

Bientôt = *soon* (used by itself), e.g. Il partira bientôt.

Tôt = *soon* when qualified by another word (si, trop, plus) :

Pourquoi partez-vous si tôt? (*so soon, so early*).

Vous y arriverez trop tôt (*too soon, too early*).

Je suis rentré plus tôt (*sooner, earlier*).

Aussitôt que possible, *as soon as possible.*

Tôt (*early*) may be used thus:

Il se leva tôt.
Il se leva de bonne heure. } *He got up early.*
Il était tôt. *It was early.*

Note also:

de grand (bon) matin
le matin, de bonne heure } *early in the morning.*

Tard = *late* (at a late hour):

Nous nous sommes couchés tard. *We went to bed late.*

Il reviendra plus tard. *He will return later.*

Il est tard. *It is late.*

En retard = *late* (after time)

Il est déjà cinq heures! Je suis en retard!

117. Notes on some Conjunctions

Pendant que, *while* (= during the time that) :

Pendant que j'attendais, j'ai lu mon journal.

Tandis que, *while, whilst, whereas* (with an idea of contrast) :
Vous, vous travaillez bien, tandis que les autres ne font rien.

Puisque, *since* (= for the reason that) :
Je vous le dirai, puisque vous insistez.

Depuis que, *since* (= from the time that) :
Depuis que nous sommes ici, il n'a pas plu une seule fois. *Since we have been here it has not rained once.*

Comme, *as* :
Comme nous sommes bien ici, nous resterons. *As we are comfortable (all right) here, we shall stay.*
Faites comme moi. *Do as I do.*

Car, *for* (not to be confused with the preposition *pour*) :
Il marchait lentement, car il était vieux.

Donc, *therefore.* When *so* or *then* = *therefore,* translate by **donc:**
Il pleuvait, donc nous sommes restés à la maison (*so we stayed*).
Jean y allait, donc j'y suis allé avec lui (*and so I went*).
J'attendrai donc jusqu'à demain. *I shall wait then until tomorrow.*

118. Some Adverbs of Place

Là-bas, *over there, yonder.*
Ailleurs, *elsewhere, somewhere else.*
Quelque part, *somewhere.*
Nulle part + **ne,** *nowhere, not anywhere :*
Je n'ai vu cela nulle part.

Dedans, *in, inside :*
Qu'y a-t-il dedans? *What is there inside (in it)?*
Il y a un papillon dedans. *There is a butterfly inside (in it).*
Qu'est-ce qu'il fait là-dedans? *What is he doing in there?*

Dessus, *on, on top :*
Mets ton chapeau dessus. *Put your hat on top (over it).*

FRENCH RENDERINGS OF SOME ENGLISH PREPOSITIONS

119. About

About 9 o'clock. {Vers neuf heures.
{A neuf heures environ.

About 50 francs. $\begin{cases} \text{Environ 50 francs.} \\ \text{A peu près 50 francs.} \end{cases}$

What are you talking about? De quoi parlez-vous?

We are talking about that tree. Nous parlons de (au sujet de) cet arbre.

They are quarrelling about that tree. Ils se disputent au sujet de (à propos de) cet arbre.

Along

Along the beach (the river). Le long de la plage (de la rivière).

We were travelling along a good road. Nous roulions sur une bonne route.

I was walking along the street. Je marchais dans la rue.

Among

They were arguing among themselves. Ils discutaient entre eux.

Among the trees (the rocks). Parmi les arbres (les rochers).

Before

Before the gates. Devant les portes.

He arrived before me. Il arriva avant moi.

Before 3 o'clock. Avant trois heures.

Before speaking. Avant de parler.

120. By

Followed by a porter. Suivi d'un porteur.

Accompanied by a friend. Accompagné d'un ami.

Surrounded by trees. Entouré d'arbres.

Bitten by a dog. Mordu par un chien.

Decorated by the President. Décoré par le président.

One by one. Un à un.

Side by side. Côte à côte.

I learnt it by heart. Je l'ai appris par cœur.

For

I worked for three hours. J'ai travaillé pendant trois heures.

He thought for a few moments. Il réfléchit pendant quelques instants.

We are here for three days. Nous sommes ici pour trois jours.

N.B. **Pour** is used only to express a pre-arranged time limit.

From

From tomorrow. A partir de demain.

An invitation (message, letter) from M. Lélage. Une invitation (un message, une lettre) de la part de M. Lélage.

121. In

In the country. A la campagne.
In the fields. Aux champs.
In the sun. Au soleil. *In the shade.* A l'ombre.
In my opinion. A mon avis.
What have you in your hand? Qu'avez-vous à la main?
In a polite manner (way, fashion). D'une manière (façon) polie.
In this way. De cette manière (façon).
In danger. En danger. *In a temper.* En colère.
Dressed in black. Habillé (vêtu) de noir.

On

On my arrival (return). A mon arrivée (mon retour).
On one side. D'un côté.
On the other side. De l'autre côté.
On foot. A pied.

Out of

He rushed out of the house. Il s'élança hors de la maison.
I was looking out of the window. Je regardais par la fenêtre.

Since

Since that day. Depuis ce jour-là.
Since that time. Depuis ce temps-là.
I have not seen them since Saturday. Je ne les ai pas vus depuis samedi.

122. To

The road (train) to London. La route (le train) de Londres.
A ticket to Paris. Un billet pour Paris.
Kind (nice) to me. Bon (gentil) pour moi.
Polite (pleasant) to everybody. Poli (aimable) avec tout le monde.

Until, till

I stayed there until two o'clock. J'y suis resté jusqu'à deux heures.

He will not come back until twelve. { Il ne reviendra qu'à midi.
Il ne reviendra pas avant midi.

He will not come out until he has finished his work.
{ Il ne sortira que lorsqu'il aura fini son travail.
Il ne sortira pas avant d'avoir fini son travail.

Up

> *He went up the stairs.* Il monta l'escalier.
> *He climbed up the hill.* Il gravit la colline (gravir = to walk up a steep place).
> *I climbed up a tree.* J'ai grimpé sur (*or* dans) un arbre.

123. With

> *He hit it with a stick (a hammer).* Il le frappa avec un bâton (un marteau).
> *Covered with snow.* Couvert de neige.
> *Filled with water.* Rempli d'eau.
> *Laden with wood.* Chargé de bois.
> *Wild with joy.* Fou de joie.
> *With all my might.* De toutes mes forces.
> *The man with white hair.* L'homme aux cheveux blancs.
> *The lady with the red hat.* La dame au chapeau rouge.
> *The house with the green door.* La maison à la porte verte.

NOTE: *with* is left untranslated in descriptive expressions of attitude or state:

> *She was sitting there, with her eyes closed.* Elle était assise là, les yeux fermés.

VOCABULARY

ABBREVIATIONS USED

adj., adjective
adv., adverb
conj., conjugated
fam., familiar
irr., irregular

pl., plural
pop., popular
prep., preposition
pron., pronoun
subj., subjunctive

FRENCH-ENGLISH

A

un **abat-jour**, (lamp-) shade.
s' **abattre**, to collapse, go down; **abattu**, collapsed, slumped.
un **abbé**, abbé, (Roman Catholic) priest, clergyman.
s' **abîmer**, to be engulfed, swallowed up.
un **abord**, approach.
aborder, to approach, come to; to broach (*a question*).
aboyer, to bark.
un **abri**, shelter.
abriter, to shelter.
accomplir, to accomplish, carry out.
accorder, to grant.
accoudé, leaning (*on the elbows*).
accoutumer, to accustom.
acheter, to buy.
achever, to complete, finish.
l' **acier** (*m.*), steel.
s' **acquitter**, to settle (up).
adresser, to address; s'**adresser à**, to apply to.
une **affaire**, affair, matter; deal; **avoir affaire à**, to deal with; **se tirer d'affaire**, to get out of it; **les affaires**, business.
s' **affamer de**, to hunger for; **affamé**, hungry, starving.
affolé, panic-stricken, crazed with fear.
affreux, awful, frightful.

afin de, in order to.
l' **âge** (*m.*), age.
un **agent** (**de police**), policeman, constable.
agir, to act; **il s'agit de**, it is a matter (question) of.
agiter, to move, work.
un **agresseur**, assailant.
agreste, rural, countrified.
l' **aide** (*f.*), help.
aider, to help.
aigre, sour, bitter.
aigu, *f.* **aiguë**, keen, sharp.
une **aile**, wing.
aimer, to love, like.
ainsi, thus, so; **ainsi que**, as also, just as; **pour ainsi dire**, so to speak.
l' **air** (*m.*), air; look; tune; **avoir l'air**, to look, seem, appear; **il a l'air content**, he looks pleased.
aisé, easy.
ajouter, to add.
une **allée**, path, ride; **les allées et venues**, comings and goings.
l' **allègement**, lightening.
allemand, German.
aller, to go; **s'en aller**, to go away; **allez-y! allons**, let us go; **allons!** come! come on!
allonger, to lengthen; **s'allonger**, to stretch out, lie down.
allumer, to light.

220

une **allumette**, match.
    alors, then; **alors!** well then!
    alors que, whereas.
une **alouette**, lark, skylark.
    alourdi, weighted, weighed down.
l' **amabilité** (*f.*), kindness.
une **amarre**, warp, line.
    amarrer, to moor; to tie (up), fasten.
l' **âme**, soul, heart.
un **ami**, (*f.*) une **amie**, friend.
    amical, friendly.
l' **amitié** (*f.*), friendship.
l' **amour** (*m.*), love.
    amusant, amusing, funny.
    s' **amuser**, to amuse (enjoy) oneself.
un **an**, year.
un **ancêtre**, ancestor.
un **âne**, donkey.
un **ange**, angel.
    anglais, English.
l' **angoisse** (*f.*), anguish, anxiety.
un **anneau**, ring.
une **année**, year.
un **anniversaire**, birthday.
    annoncer, to announce, tell.
une **anomalie**, anomaly, something wrong.
(s') **apercevoir**, to perceive, see, notice, spot.
    apparaître, to appear.
    appartenir, to belong.
    appeler, to call.
    apporter, to bring.
    apprécier, to appreciate.
    apprendre, to learn; to find out, hear of; to teach.
    s' **apprêter**, to prepare, get ready.
    approcher, to approach; to get (draw, come) near; to bring near; **s'approcher de**, to approach, to go (come) up to.
    approuver, to approve.
    appuyer, to lean, rest.
    après, after, afterwards; **d'après**, according to.
un **après-midi**, afternoon.
une **arabesque**, pattern, scroll.
un **arbre**, tree.
l' **argent** (*m.*), silver; money.
    argenté, silvery.
    armé (*of guns*), cocked.

une **armoire**, cupboard.
    arracher, to pull away, wrest.
une **arrestation**, arrest.
un **arrêt**, stop.
    arrêter, to stop; to arrest.
    en **arrière**, back(-wards).
l' **arrivée** (*f.*), arrival.
    arriver, to arrive, come along; to happen.
un **assassin**, murderer; **à l'assassin!** murder!
un **assassinat**, assassination, murder.
    assassiner, to murder.
    s' **asseoir**, to sit down.
    assez, enough; rather; **j'en ai assez de**, I have had enough of.
une **assiette**, plate.
    assister, to help.
    assurer, to assure.
un **astre**, star.
    attacher, to tie, fasten.
    attarder, to delay, keep (back).
    atteindre, to reach; to strike; **atteint de**, stricken with.
    attendre, to await, to wait (for).
l' **attention** (*f.*), attention; **faire attention**, to pay attention, take notice; **attention!** be careful! look out!
    atterré, floored, crushed; in consternation.
    attirer, to attract.
    attraper, to catch.
une **auberge**, inn.
    aucun (+ **ne**), none, not any.
une **augmentation**, increase, rise.
    aujourd'hui, today.
    auparavant, before.
    auprès de, close to, just by.
    aussi, also; too; **aussi grand que**, as large as.
    aussitôt, at once, forthwith.
    aussitôt que, as soon as.
    autant, as much (many); **autant que**, as much (far) as; **d'autant plus**, all the more.
un **auteur**, author.
un **autobus**, (*town*) 'bus.
une **auto(mobile)**, motor car.
    autour de, round.
    autre, other.
    avaler, to swallow.

avance; à l'avance, in advance, beforehand.

avancer, to advance.

avant, before; à l'avant, in front; en avant, forward; d'avant en arrière, backwards and forwards.

les avaries (f.), damage.

avec, with.

l' avenir (m.), future.

une aventure, adventure.

avertir, to warn.

aveuglé, blinded.

s' aviser, to take it into one's head; to " rumble ".

avouer, to confess, admit.

avril, April.

ayant, having.

B

le bagne, convict station; prison-house.

la bague, ring.

baigner, to bathe, flood.

bâiller, to yawn, gape.

baisser, to lower; se baisser, to bend (stoop) down.

le bal, ball, dance.

balayer, to sweep.

balbutier, to stammer.

la bande, strip.

le bandeau, bandage.

la banlieue, suburbs, outlying districts.

la baronne, baroness.

la barre, bar.

le barreau, bar.

barrer, to bar.

la barrière, gate.

bas, f. basse, low; en bas, downstairs; tout bas, quietly; à voix basse, in a low tone, quietly; le bas, bottom.

le bassin, pond; tank.

le bateau, boat.

le batelier, boatman.

le bâtiment, building.

le bâton, stick.

le battement, beating, flutter.

battre, to beat, to thump; se battre, to fight.

bavarder, to chatter, gossip.

beau (bel *before a vowel*), f. belle, beautiful, fine, handsome.

beaucoup, much, many, a lot, plenty.

le bélier, ram.

belle, f. of beau, beautiful, fine, handsome; rire de plus belle, to laugh all the louder (all the more).

le bénéfice, profit.

le berceau, cradle.

bercer, to lull.

la berge, bank.

le berger, shepherd.

la besogne, work, job.

la bête, creature, beast, animal.

les bêtises (f.), nonsense.

le beuglement, bellow.

beugler, to bellow.

bien, well; very; duly, properly; eh bien! well! le bien, property, possessions.

bienveillant, kindly, good-tempered.

le bifteck, steak.

bigarré, variegated, multicoloured.

le bijou, jewel; piece of jewellery.

le bijoutier, jeweller.

le billet, note; ticket.

bizarre, strange, weird.

la bizarrerie, peculiarity, oddness.

blessé, wounded, injured.

bleu, blue.

le bock, glass of beer.

le bœuf, bullock, steer.

boire, to drink.

le bois, wood.

la boiserie, woodwork.

la boîte, box; la boîte aux lettres, letter-box.

bon, f. bonne, good.

le bond, bound, jump, leap.

bondir, to leap, bound.

le bonheur, happiness; good fortune.

le bonhomme, chap, fellow.

le bord, edge, side, bank; à bord de, aboard.

le bordeaux, bordeaux (*wine*).

le bosquet, clump of trees (bushes).

le bossu, hunchback.

la bouche, mouth.

le **bouchon**, cork.
la **boucle**, buckle.
la **boue**, mud.
bouger, to move, shift.
le **boulanger**, baker.
bourgeois; les petits bour-geois, lower-middle class, people of modest means.
la **bourse**, purse; **sans bourse dé-liée**, without paying anything.
bousculer, to jostle.
le **bout**, end; **au bout de**, at the end of, after; **tout au bout**, at the very end, right at the end.
la **bouteille**, bottle.
la **boutique**, shop.
le **bras**, arm.
brave, good, worthy.
la **brebis**, ewe.
la **brèche**, breach.
bref, *f.* **brève**, brief, short; **bref**, in short, in a word.
brillant, brilliant, bright, lively.
briller, to shine.
un **brin de causette**, a little chat.
la **brindille**, twig.
la **brique**, brick.
briser, to break, smash.
le **brocanteur**, second-hand dealer.
la **brosse**, brush; **la brosse à dents**, tooth-brush.
brosser, to brush.
le **brouillard**, mist, fog.
brouter, to browse, graze (on).
le **bruissement**, rustling.
le **bruit**, noise, sound; **avec bruit**, noisily, loudly.
brûler, to burn.
la **brume**, mist.
bruni, bronzed, browned.
brusquement, suddenly, abrupt-ly.
la **brutalité**, rough manner.
bruyamment, noisily.
le **buis**, box (- bush).
le **buisson**, bush.
le **bureau**, office.
le **but**, aim, goal, purpose.
buvant (*verb* boire), drinking.

C

ça, that; this; **ça va?** are you well? are you all right?

çà et là, here and there.
le **cabinet de travail**, study.
le **câble**, cable, warp.
cacher, to hide, conceal.
le **cadeau**, present, gift.
le **café**, coffee; café.
le **cafetier**, café proprietor.
la **caisse**, box, packing-case.
calmer, to calm (down).
le (la) **camarade**, friend, pal.
camouflé, camouflaged, disguis-ed.
la **campagne**, country.
le **canard**, duck.
le **canevas**, canvas.
le **caniche**, poodle.
capital, capital, of the highest importance.
le **caporal**, corporal.
car (*conj.*), for.
le **car**, (*long-distance*) 'bus, motor-coach.
le **caractère**, character; letter.
le **carré**, square; plot, bed.
le **carreau**, (window-) pane.
la **carte**, card; **jouer aux cartes**, to play cards.
le **cas**, case.
le **casque**, helmet.
cassant, abrupt.
casser, to break, smash.
la **cassette**, money-box.
le **cauchemar**, nightmare.
à **cause de**, because of.
causer, to chat.
la **cave**, cellar.
cela, that, this.
celui-ci, this one, the latter; **celui-là**, that one.
censé, supposed, thought.
cent, (one, a) hundred.
centième, hundredth.
cependant, however.
le **cercle**, circle; hoop.
le **cerf**, stag.
certes, to be sure
cesser, to cease, stop.
chacun, each (one).
la **chaleur**, heat, warmth.
la **chambre**, (bed-) room.
le **champ**, field.
la **chance**, luck.
le **changement**, change.
changer, to change, alter.

le **chant**, song, singing.
chanter, to sing.
le **chapeau**, hat.
chaque, each.
la **charge**, load.
charger, to load.
charmant, charming, entrancing.
charmé, charmed, entranced.
la **charrue**, plough.
la **chasse**, hunting, shooting.
chasser, to hunt, shoot.
le **chasseur**, hunter, sportsman.
le **chat**, cat.
le **château**, castle, chateau, mansion.
chauffer, to warm, heat.
le **chaume**, thatch; thatched cottage.
la **chauve-souris**, bat.
le **chef**, chief, leader.
le **chemin**, road, way; **passer son chemin**, to go one's way; **en chemin**, on the way; **le chemin de fer**, railway.
la **cheminée**, chimney; fireplace.
cher, dear; **chère amie**, my dear.
chercher, to seek, to look for; to get; **chercher à (faire)**, to try to (do); **aller chercher**, to go and get, to fetch.
le **cheval**, horse; **à cheval**, on horseback.
le **chevalier**, knight.
les **cheveux** (*m.*), hair.
la **chèvre**, goat.
la **chévrière**, goat-herd, goat-girl.
chez, at (to) the house of; **chez le boucher**, at (to) the butcher's.
le **chien**, dog; **le chien de chasse**, hunting dog, shooting dog.
le **chiffre**, figure.
la **Chine**, China.
le **choc**, shock, jolt.
le **chœur**, chorus.
choisir, to choose.
la **chose**, thing.
chuchoter, to whisper.
la **chute**, fall.
le **ciel**, sky, heaven.
la **circulation**, traffic.
les **ciseaux** (*m.*), scissors.

le **citoyen**, citizen; **le soldat-citoyen**, Home Guard.
clair, clear, bright; **le clair de la lune**, moonlight.
le **clapotement**, splashing, lapping sound.
la **clarté**, light, radiance.
classer, to classify, sort out.
la **clef**, key.
le **client**, customer.
cliqueter, to clink, jingle.
le **cœur**, heart.
le **coin**, corner.
le **col**, pass.
la **colère**, anger, temper; **en colère**, angry, angrily.
le **colimaçon**, snail.
le **colis**, parcel, package.
le **collègue**, colleague.
coller, to stick; to press; **collé**, stuck, glued.
le **collier**, necklace.
combien, how much (many).
comme, as, just as, like.
comment, how; **comment est-il?** what is he like? **comment!** what!
le **commissaire**, (police) superintendent, chief inspector.
la **compagnie**, company.
le **compatriote**, fellow-countryman.
le **complice**, accomplice.
la **composition**, composition; test.
comprendre, to understand, realize.
y compris, including.
le **compte**, account; **sur le compte de**, about; **se rendre compte**, to realize.
compter, to count, reckon; to expect.
le **comptoir**, counter.
le **concierge**, caretaker, doorkeeper, janitor.
conciliant, conciliatory.
le **concurrent**, competitor.
le **conducteur**, driver.
conduire, to lead; to drive.
la **connaissance**, acquaintance.
connaître, to know.
le **conseil**, council; counsel, (piece of) advice.
conseiller, to advise.

le conseiller, councillor.

conserver, to keep, preserve.

considérer, to consider; to gaze (stare) at.

constamment, constantly.

constater, to verify, to note.

contempler, to contemplate, gaze at.

content, glad, pleased.

conter, to tell, relate.

continu, continuous, unbroken.

continuer, to continue, go on.

contre, against; le pour et le contre, the pros and cons.

le contrebandier, smuggler.

contrefaire, to imitate, mimic, pretend to be.

le contremaître, foreman.

convaincre, to convince.

il convient de, it is fitting (proper) to.

le convoi, train.

copier, to copy.

la coque, hull.

le corbeau, crow.

la corde, rope.

la corne, horn.

le corps de garde, guard-room.

le Corse, Corsican.

la côte, slope, hill; coast.

le côté, side; direction; à côté de, beside, next to; à côté, next door; de ce côté, in this direction.

le coteau, hill, hillside.

le cou, neck; elle se jette à mon cou, she throws her arms round my neck.

couché, lying.

coucher, to sleep, spend the night; se coucher, to lie down; to go to bed; le soleil se couche, the sun sets.

le coude, elbow.

couler, to flow, to run (away).

la couleur, colour.

le coup, blow; shot; le coup de fusil, shot; un coup d'œil, glance; tout à coup, suddenly; tout d'un coup, all of a sudden.

coupable, guilty.

couper, to cut (off).

la cour, court; yard.

courageux, courageous, brave.

le courant, current.

courbé, bending, stooping.

courir, to run.

le courrier, mail, correspondence.

au cours de, in the course of.

court, short.

le couteau, knife.

coûter, to cost.

la couverture, blanket.

couvrir, to cover.

craindre, to fear.

la crainte, fear.

se cramponner à, to cling to, hold on to.

craquer, to crack, crackle.

le crayon, pencil.

le créancier, creditor.

le crépuscule, twilight.

creuser, to dig (out).

creux, hollow, sunken; un chemin creux, sunken road, lane.

le cri, cry, shout.

crier, to shout, call out; to shriek.

croire, to believe, think.

la croix, cross; faire un signe de la croix, to cross oneself.

cru, thought.

la cuisine, kitchen; cooking; faire la cuisine, to cook.

la culotte, breeches, trousers.

le curé, parish priest.

curieux, curious.

D

d'abord, at first, first of all.

daigner, to deign, condescend.

d'ailleurs, besides, moreover, furthermore.

la dame, lady.

danser, to dance.

débarrasser, to rid.

débiter, to retail; to hand out.

déboucher, to uncork; to come out.

debout, upright, standing; se mettre debout, to get to one's feet.

décédé, deceased, departed.

déchirer, to rend, tear.

décider, to decide; **se décider**, to make up one's mind.

décourager, to discourage.

la **découverte**, discovery.

découvrir, to discover.

dedans, inside, in it.

défendre, to defend; to forbid; **défendu**, prohibited, forbidden, sealed off.

la **défense**, defence.

défiguré, disfigured.

le **degré**, degree; step.

dehors, outside; **au dehors**, out, outside.

déjà, already.

déjeuner, to have lunch; to have breakfast; le **déjeuner**, lunch.

demain, tomorrow.

la **demande**, request.

demander, to ask (for); **se demander**, to wonder.

démentir, to belie, contradict.

demeurer, to live, dwell, stay, remain; **il demeura immobile**, he stood (sat) motionless.

demi, half; **faire demi-tour**, to turn about.

la **demoiselle**, young lady.

démolir, to demolish, pull down.

la **dent**, tooth; **un coup de dent**, bite.

le **départ**, departure.

dépasser, to pass, go past.

se dépêcher, to hurry (up).

dépens; **aux dépens de**, at the expense of.

déployer, to open, spread.

depuis, since; for.

déranger, to disturb; **se déranger pour**, to bother about.

dériver, to drift.

dernier, last.

se dérouler, to unfold, stretch away.

derrière, behind; **par derrière**, from behind.

descendre, to descend, to go (come) down; to go and stay (*at an hotel*).

le **désert**, desert.

désert, deserted.

désespéré, despairing, desperate.

le **désespoir**, despair.

se déshabiller, to undress.

désirer, to desire, want.

dès que, as soon as.

le **dessin**, drawing; design, pattern.

dessous, underneath.

dessus, on top, on it (them).

se détacher, to become detached; to come (fall) off.

déterminé, determined, definite.

le **détour**, bend, turn.

détourner, to turn away.

le **détroit**, channel, sound.

détruire, to destroy.

la **dette**, debt.

devant, before, in front of.

devenir, to become.

devoir, to owe; to have to; **vous devez (faire)**, you must (do); **vous devriez (faire)**, you ought to (do); **les devoirs**, homework, preparation.

le **diable**, devil.

le **diamant**, diamond.

dicter, to dictate.

Dieu, God; **mon Dieu!** gracious me!

digne, worthy.

dîner, to dine.

dire, to say, tell.

le **directeur**, director, **manager**; headmaster.

diriger, to direct, guide; **se diriger vers**, to go towards, make for.

disant, saying.

la **discussion**, discussion, argument

discuter, to discuss.

disparaître, to disappear.

le **disparu**, missing man.

disposé, disposed, ready.

disposer de, to have the use of, make use of.

la **dispute**, quarrel.

se dissimuler, to hide, conceal oneself.

dissiper, to dispel, disperse, clear.

distinguer, to distinguish, make out; **distingué**, distinguished-looking.

la **distraction**, thoughtlessness, absent-mindedness.

distrait, absent-minded.

le **docteur**, doctor.

le doigt, finger.

le (la) domestique, servant.

> **dommage; c'est dommage**, it is a pity; **quel dommage!** what a pity!

donc, therefore; so; then.

donner, to give; **donner sur**, to give (open) on to.

dont, whose, of whom, of which.

doré, golden.

dormir, to sleep.

le dortoir, dormitory.

le dos, back.

> **douce**, *f. of* **doux**, soft, gentle, sweet; **doucement**, gently, softly, quietly.

le doute, doubt; **sans doute**, very likely, doubtless.

se douter de, to suspect.

> **doux**, *f.* **douce**, soft, gentle, sweet.

la douzaine, dozen.

> **dresser**, to raise; to prick up (*the ears*); **se dresser**, to get (stand) up; to stand; **dressé**, raised, standing.

> **droit**, straight; right; upright; **le droit**, right.

> **drôle**, funny, strange.

le ducat, ducat.

> **dur**, hard; **durement**, harshly.

durant, during.

durer, to last.

E

l' eau (*f.*), water; **l'eau-de-vie**, brandy.

écarter, to part, separate.

s' échapper, to escape; to slip.

une échelle, ladder.

un échelon, rung.

éclabousser, to splash, bespatter.

une éclaboussure, splash, spatter.

éclairer, to light up, illumine.

un éclat, burst; **avec éclat**, suddenly and loudly; **des éclats de voix**, raised voices.

> **éclater**, to burst (out); to splinter; **éclater de rire**, to burst out laughing.

une école, school.

les économies (*f.*), savings.

s' écouler, to go by, elapse.

écouter, to listen (to).

s' écrier, to exclaim.

écrire, to write.

édifiant, edifying.

s' effacer, to fade away.

effaré, startled, scared.

un effet, effect; **en effet**, indeed.

effrayant, terrifying, frightening.

effrayer, to frighten, scare.

l' effroi (*m.*), fear, dread.

> **égal**, equal; **cela m'est égal**, it is all the same to me; I don't mind.

s' égarer, to stray, lose one's way.

> **égorger**, to slay; to cut the throat of.

un élan, dash, flying start.

s' élancer, to dash forward, make a dash.

s' élargir, to broaden, spread.

élégant, smart.

un élève, pupil.

s' élever, to arise, go up; to start up.

s' éloigner, to walk (move) away.

s' embarquer, to embark, go aboard, get on.

> **embarrasser**, to embarrass; to hamper, encumber; to get caught (stuck).

embrasser, to kiss.

un embusqué, man in hiding; shirker.

emmener, to take (away).

s' emparer de, to get hold of, take possession of.

empêcher, to prevent, stop.

une emplette, purchase.

un employé, clerk; employee; porter.

empocher, to pocket.

l'emportement (*m.*), temper, heat.

emporter, to take (bring) away; **emporter à la nage**, to swim with; **s'emporter**, to lose one's temper.

s' empresser, to hasten.

emprunter, to borrow.

ému, moved; excited.

en, some any; of it (them); from it; for it.

enchanté, enchanted, delighted.

encombre; sans encombre, without difficulty.

encore, again; yet; **hier encore,** only yesterday; **encore une fois,** once more.

encourager, to encourage.

s' endormir, to go to sleep, fall asleep.

un endroit, place, spot.

énergique, energetic.

l' enfance (*f.*), childhood.

enfantin, (of) childhood.

l' enfer (*m.*), hell, inferno.

enfermer, to shut (lock) in.

enfiler, to go along, cut down.

enfin, at last, finally; in brief, in a word.

enfoncer, to thrust, shove.

engraisser, to grow fat, put on weight.

enjamber, to step over; to step on to.

enlever, to remove, take off.

l' ennui (*m.*), boredom, lack of interest.

ennuyer, to annoy, bother, bore.

ennuyeux, boring, tiresome.

énorme, enormous, huge; **énormément,** enormously.

enragé, mad (*dog*).

une enseigne, sign(-board).

ensemble, together.

ensuite, then, afterwards.

entendre, to hear.

entier, entire, whole; complete, intact; **entièrement,** entirely, completely.

entourer, to surround.

les entrailles (*f.*), entrails, inside.

entraîner, to drag (lead) away (off).

entre, between.

l' entrée (*f.*), entrance, entry.

entreprendre, to undertake.

entrer, to enter, go (come) in.

envelopper, to envelop, wrap.

une envie, wish, desire, inclination; **avoir envie de,** to feel inclined to, to feel like.

envieux, envious, desirous.

environ, about, approximately; **les environs,** surroundings, neighbourhood.

s' envoler, to fly away, take wing.

envoyer, to send.

épais, thick, dense.

épanoui, beaming.

une épaule, shoulder.

éperdu, distracted.

un éperon, spur.

une épicerie, grocer's shop.

un épicier, grocer.

épouvantable, frightful, appalling.

l' épouvante (*f.*), fright, terror.

les époux, spouses; married (couple).

éprouver, to experience, feel.

épuisé, exhausted.

un équipage, crew.

une erreur, error, mistake.

un escalier, stairs, steps.

un espace, space.

une espèce, kind, sort.

espérer, to hope; to look for.

l' espoir (*m.*), hope.

un esprit, spirit.

un essaim, swarm, host.

essayer, to try.

l' essence (*f.*), petrol.

essoufflé, breathless, puffed, short-winded.

essuyer, to wipe.

un estomac, stomach.

une étable, shed.

établir, to establish.

un établissement, establishment, place.

un étage, floor, storey.

un étang, pond, pool.

étant, being.

un état, state, condition.

l' été (*m.*), summer.

étendre, to extend, stretch (put) out, spread; **étendu,** stretched, lying.

s' étoiler, to show as a star; to show a little light.

l' étonnement (*m.*), astonishment, surprise.

étonner, to astonish, surprise; **s'étonner,** to be surprised (amazed).

étouffé, stifled.

étrange, strange.

un étranger, stranger, foreigner.

un être, creature; person.

étroit, narrow.

l' étude (*f.*), study; preparation; prep. room.

s' **évader**, to escape.
une **évasion**, escape.
évident, evident, obvious; **évidemment**, evidently, obviously.
un **examen**, examination; **passer un examen**, to take an examination.
examiner, to examine, inspect.
exécutez-vous! *may mean* execute yourself! *or* take action! do something about it!
un **exemple**, example; **par exemple**, for example; of course.
exercer, to exercise, to exert.
il **existe**, there exist(s).
une **explication**, explanation.
expliquer, to explain, account for; **s'expliquer avec**, to have it out with.

F

la **face**, face; side; **en face de**, in the face of; facing, opposite, in front.
fâcher, to annoy, upset; **se fâcher**, to get angry, lose one's temper; **se fâcher tout rouge**, to get in a blazing temper.
facile, easy; **facilement**, easily.
la **façon**, fashion, way, manner.
le **facteur**, postman.
le **factionnaire**, sentry.
faible, weak.
faillir; **il faillit tomber**, he nearly fell.
la **faim**, hunger; **avoir faim**, to be hungry.
faire, to do, to make.
le **fait**, fact; **tout à fait**, quite.
fameux, famous; **une fameuse bête**, a stunning beast, "some" beast.
la **famille**, family; **le père de famille**, family man.
faner, to fade, wither.
le **fantôme**, phantom, ghost.
le **fardeau**, burden.
le **faubourg**, suburb, outlying district.
il **faut**, it is necessary; **il faudra**, it will be necessary.

la **faute**, mistake.
faux, *f.* **fausse**, false, fake.
favoriser, to favour.
féliciter, to congratulate.
la **femme**, woman, wife.
la **fenêtre**, window.
le **fer**, iron.
la **ferme**, farm.
ferme, firm; **travailler ferme**, to work hard.
fermer, to close, shut; to lock.
la **fermière**, farmer's wife.
féroce, fierce, savage.
le **feu**, fire; **au coin du feu**, by the fire-side; **passer du feu**, to give a light.
la **feuille**, leaf, sheet.
le **fiacre**, cab.
fiévreusement, feverishly.
la **figure**, face.
se **figurer**, to imagine; **figurez-vous que**, just think that.
le **fil**, thread, twine.
la **file**, file, row.
filé, spun.
le **filet**, fillet; streak (*of light*).
la **fille**, girl, daughter.
le **fils**, son.
la **fin**, end.
fin, fine; clever, shrewd.
finir, to finish.
je **fis**, I made, I did.
fixe, fixed.
flamber, to blaze.
le **flanc**, flank, side.
flanqué, flanked.
flanquer (*pop.*), to throw, to let have; **si je lui flanquais un coup de fusil!** suppose I let him have a barrel!
flatter, to flatter; to stroke, pat.
la **flèche**, arrow.
fleuri, flowery.
le **fleuve**, river.
la **flûte**, flute.
ma **foi**, upon my word; **ma foi, non**, indeed no.
le **foin**, hay.
la **fois**, time; **encore une fois**, once more; **à la fois**, at the same time.
folle, *f. of* **fou**, mad, wild; fanciful, extravagant.

le **fond,** bottom; **au fond,** at bottom, fundamentally; **au fond de,** at the bottom (back, end, far side) of.

la **fondrière,** quagmire, swampy place.

la **fontaine,** fountain.

la **force,** strength; **avec force,** hard.

forcer, to force.

la **forêt,** forest.

la **forme,** form, shape; figure.

formidable, formidable, terrific.

fort (*adj.*), strong, loud; (*story*) good, stunning; **fort** (*adv.*), very.

le **fossé,** ditch.

fou, *f.* **folle,** wild, crazy, mad; **un monde fou,** a tremendous lot of people.

fouiller, to search.

la **foule,** crowd, host, swarm.

fouler, to tread.

la **fourmi,** ant.

fourrer, to stuff, cram.

le **foyer,** hearth, home; **le foyer conjugal,** (matrimonial) home.

le **fracas,** crash, clatter.

frais, *f.* **fraîche,** fresh, cool.

le **franc,** franc.

franchir, to cross, go over.

frapper, to strike, hit, slap.

la **fréquentation,** familiarity, long acquaintance.

frissonner, to shiver, shudder.

froissé, crumpled.

le **front,** forehead, brow.

frotter, to rub.

fuir, to flee, get away from.

la **fuite,** flight.

la **fumée,** smoke.

fumer, to smoke.

le **fumeur,** smoker.

le **fusil,** gun, rifle; **le coup de fusil,** shot.

G

en gage, as a security; in pawn.

gagner, to win; to earn; to reach; **gagnant,** winning.

gai, gay, lively.

la **gaieté,** gaiety, liveliness.

le **gaillard,** fellow, chap.

le **galon,** braid, stripe.

le **garçon,** boy, fellow; waiter.

la **garde,** guard; **prendre garde,** to be careful.

le **garde champêtre,** local (country) policeman.

garder, to guard; to keep.

la **gardeuse,** keeper, tender.

la **gare,** station.

le **garnement,** rascal, scoundrel, blackguard.

gauche, left.

le **gazon,** greensward.

gêné, hard-up.

le **genou,** knee.

le **genre,** kind.

les **gens,** people, folk.

la **gentillesse,** pleasantness.

le **geste,** gesture, motion.

le **gibier,** game.

la **girouette,** weather-vane.

la **glace,** mirror, looking-glass.

glacer, to freeze; to make one's blood run cold.

(se) **glisser,** to slip, slide, creep.

la **gloire,** glory.

se glorifier de, to pride oneself on.

le **gluau;** glue; bird-lime.

la **gorge,** throat.

le **goujon,** gudgeon.

goûter, to taste.

la **gouttière,** gutter(-ing), eaves.

la **grâce,** grace; **de bonne grâce,** readily, winningly; **grâce à,** thanks to.

le **grain,** grain.

grandissant, growing.

la **grange,** barn.

gratuit, free.

grave, grave, serious.

le **gravier,** gravel.

gravir, to climb.

grec, Greek.

grelotter, to shiver.

grésiller, to twitter, chirp.

la **grève,** strand.

la **grille,** railing(s); iron gate.

grimper, to climb.

gris, grey.

gronder, to scold, grumble at.

gros, *f.* **grosse,** big.

la **grotte,** grotto, cave.

le **groupe scolaire,** school party.

le gué, ford.
guère + ne, hardly, scarcely.
guérir, to cure, heal; to get well.
le guerrier, warrior.
guetter, to watch (look out) for.
gymnastique; le pas gymnastique, the double.

H

Words beginning with H *aspiré* are marked with an asterisk.

habile, clever, skilful.
habiller, to dress.
un habit, coat; les habits, clothes.
habiter, to live (in).
une habitude, habit.
la *hache, axe.
*hagard, wild, staring.
l' haleine (*f.*), breath; je retiens mon haleine, I hold my breath.
*hanter, to haunt.
*hardi, bold; hardiment, boldly.
se *hasarder, to venture, to chance it.
*hasardeux, hazardous, risky.
en *hâte, in haste, hastily.
se *hâter, to hasten.
*haut, high; en haut, at the top; le haut, top; du haut de, from (*anything high*).
la *hauteur, height; à la hauteur de, level with.
*hein? eh?
*hélas, alas.
l' herbe (*f.*), grass.
une heure, hour; time; à l'heure, on time; tout à l'heure, just now.
heureux, happy, lucky.
se *heurter contre, to knock into, collide with.
le *hibou, owl.
*hideux, bristling, jagged.
hier, yesterday.
une histoire, history; story; bunkum, nonsense; pas d'histoires! no trouble! no scandal!
un homme, man.
honnête, honest.

l' honneur (*m.*), honour; tenir à honneur de, to consider it an honour to.
la *honte, shame; avoir honte de, to be ashamed of.
un horaire, time-table.
*hors de, out of.
un hôte, host, landlord (*of an inn*).
un hôtelier, hotel-keeper.
une hôtesse, hostess.
la *houle, swell.
une huître, oyster.
la *huppe, crest.
*hurler, to shout, yell, roar.
la *hutte, hut.

I

ici, here; par ici, this way.
une idée, idea.
une île, island.
s' imaginer, to imagine.
un imbécile, fool, idiot.
immobile, motionless.
impoli, rude.
importer, to matter; n'importe où, anywhere.
imprévu, unforeseen.
imprimer, to imprint.
l'imprudence (*f.*), imprudence, folly.
inattendu, unexpected.
un incendie, fire, conflagration.
incertain, uncertain.
l' incertitude (*f.*), uncertainty.
incroyable, incredible.
un indice, clue.
indicible, unspeakable.
un indigène, native.
indiquer, to indicate, show.
un individu, individual.
infamant, defamatory, slanderous.
inférieur, lower.
ingénieux, ingenious, clever.
une inondation, flood.
inonder, to inundate, flood.
inquiet, anxious, worried, disturbed.
insister, to insist.
insolent, insolent, impertinent.
un instant, instant, moment.

un **instituteur,** schoolmaster, teacher (*primary*).
instruit, instructed, (well-) educated.
insupportable, unbearable.
interdit, taken aback, flabbergasted.
intéressant, interesting.
l' **intérêt,** interest, advantage.
l'**intérieur** (*m.*), interior, inside.
intermédiaire, intermediate; un **intermédiaire,** go-between.
interpeller, to hail, call out to.
un **interrogatoire,** questioning.
interroger, to question.
interrompre, to interrupt.
intime, intimate, homely.
un **intrus,** intruder.
inutilement, uselessly, to no purpose.
invraisemblable, improbable, unbelievable.
j' **irai** (*verb* **aller**), I shall go.
isolé, isolated, lonely.
une **issue,** exit, way out.

J

jaillir, to spurt.
jamais + **ne,** never.
la **jambe,** leg; **je prends les jambes à mon cou,** I take to my heels, I begin to run like mad.
le **jardin,** garden.
le **jet,** jet, gush, spurt.
jeter, to throw.
le **jeu,** game, sport, lark; **la salle de jeu,** gaming room.
jeune, young.
la **joie,** joy.
joli, pretty, nice.
la **joue,** cheek; **tenir en joue,** to aim at.
jouer, to play.
le **jouet,** toy.
le **jour,** day; daylight; **huit jours,** a week.
le **journal,** newspaper.
la **journée,** day.
juger, to judge.
jurer, to swear.
jusqu'à, as far as, right to.

jusqu'ici, up till now.
juste, just, exactly.

L

là, there; here; **par là,** that way; **là-bas,** over there, yonder; **là-dessus,** thereupon; **là-haut,** up there.
le **labyrinthe,** maze, puzzle.
lâcher, to loose, drop, leave.
laid, ugly.
la **laine,** wool.
laisser, to let; to leave.
lancer, to hurl, throw; **se lancer,** to dash, make a rush.
la **lande,** moor, heath.
la **langue,** tongue; language.
largement, comfortably, generously.
la **larme,** tear.
las, *f.* **lasse,** weary.
se **lasser,** to get tired, to tire.
lécher, to lick.
léger, light; slight; airy.
le **lendemain,** the next (following) day; **le lendemain matin,** the next morning.
lentement, slowly.
lever, to raise; **se lever,** to get up.
la **lèvre,** lip.
libre, free; **un libre-parcours,** pass.
le **lierre,** ivy.
le **lieu,** place; **avoir lieu,** to take place; **au lieu de,** instead of; **les lieux,** premises.
la **ligne,** line.
le **limonadier,** lemonade man.
lire, to read.
le **lit,** bed.
livrer, to hand over, give up.
la **loge,** lodge.
le **logis,** home.
loin, far; **au loin,** in(to) the distance.
long, *f.* **longue,** long.
longtemps, long, a long while.
lorsque, when.
le **lot,** prize (*in a lottery*).
la **loterie,** lottery.
le **loup,** wolf.
lourd, heavy.

la lueur, glimmer, gleam.
lugubre, lugubrious, dismal, ominous.
la lumière, light.
la lune, moon; **le clair de la lune,** moonlight.
lutter, to struggle, fight.
le luxe, luxury.
le lycée, high school.

M

le magasin, shop.
magnifique, magnificent.
la main, hand; **sous la main,** at (to) hand; **en venir aux mains,** to come to blows.
maint, many a.
maintenant, now.
le maire, mayor.
le maître, master.
la maîtresse, mistress.
mal, badly; **le mal,** trouble; ache; **le mal au ventre,** stomach trouble; **faire (du) mal,** to hurt; to ache.
malade, ill.
malgré, in spite of.
le malheur, misfortune; **par malheur,** by ill-luck.
malheureux, unhappy, wretched ; **malheureusement,** unhappily. unfortunately.
maman, Mother, Mummy.
manger, to eat.
manquer, to miss; to lack; **il ne manquerait plus que de,** it would be the last straw to.
le manteau, (*woman's*) coat.
le marchand, shopkeeper.
marche; remettre en marche, to start up again; **se remettre en marche,** to move on again.
marcher, to walk; to go (*of mechanical things*).
la mare, pond.
le mari, husband.
le marin, sailor.
le marmot, little tot, youngster.
le mât, mast.
le matelas, mattress.
le matelot, sailor, seaman, "hand".
le matin, morning.
la matinée, morning.

mauvais, bad.
méchant, wicked; vicious; nasty.
se méfier de, to distrust; to look out for; **méfiez-vous de,** beware of.
mégarde ; par mégarde, inadvertently, through carelessness.
meilleur, better; best.
même (*adj.*), same; **de même,** likewise; **au moment même où,** at the very moment when; **même** (*adv.*), even; **quand même,** all the same; actually.
menacer, to threaten.
la ménagère, housewife.
le mendiant, beggar, tramp.
mener, to lead.
tu mens (*verb* **mentir**), you lie.
le mensonge, lie; fiction.
la méprise, mistake, misunderstanding.
merci, thank you; (*in reply to an offer*) no, thank you.
la merveille, marvel, wonder.
merveilleux, marvellous, wonderful.
messieurs, gentlemen.
à mesure que, as, in proportion as.
mesurer, to measure.
le métier, job, occupation.
le mètre, metre, metre rule.
mettre, to put; **se mettre,** to place oneself, to sit; **se mettre à (faire),** to start to (do).
les meubles (*m.*), furniture.
midi, midday, twelve o'clock.
le mien, *f.* **la mienne,** mine.
mieux, better.
le milieu, middle.
mille, thousand; **un millier** thousand
le ministère, Ministry.
minuit, midnight.
le miroir, mirror.
la misère, misery, trouble.
il mit, he put; **j'ai mis,** I have put.
à mi-voix, quietly, in a low voice.
la mode, fashion.
le moineau, sparrow.
le moindre, smallest, slightest; **le moindre canard,** any duck at all.

moins, less; **le moins**, least; **au moins**, at least.

le mois, month.

la moitié, half; **à moitié**, (by) half.

le moment, moment; while; **au moment où**, just as (when); **du moment que**, seeing that.

le monde, world; people; **tout le monde**, everybody; **un monde fou**, a tremendous lot of people.

la monnaie, change.

le monsieur, gentleman.

la montagne, mountain(s).

monter, to go (come, get) up; to mount; **monter à cheval**, to ride; **monter dans**, to get into.

la montre, watch.

montrer, to show.

se moquer de, to laugh at, make fun of; to pull one's leg.

le morceau, piece, bit.

mordre, to bite.

morne, gloomy.

la mort, death; **mort**, dead; **faire le mort**, to sham dead.

le mot, word.

le moteur, engine.

la motte, lump, clod.

mouiller, to wet.

le moulin, mill.

mourir, to die; **mourant**, dying.

la mousse, moss.

muet, dumb, silent, speechless.

muni de, provided with.

le mur, wall.

la muraille, wall.

murmurer, to murmur, whisper.

N

la nage, swimming; **emporter à la nage**, to swim with.

nager, to swim.

le nageur, swimmer.

la nappe, sheet.

le narrateur, narrator, teller of the story.

natal, native.

le naufrage, shipwreck.

le navire, ship.

négliger, to neglect.

la neige, snow.

la netteté, clearness.

neuf, *f.* neuve, new.

le neveu, nephew.

le nez, nose; **lever le nez**, to look up.

ni . . . ni . . ., neither . . . nor.

le nid, nest.

nier, to deny.

noir, black.

le nom, name; **le petit nom**, first name, Christian name.

le nombre, number; **sans nombre**, countless.

nommer, to name; **le nommé Durand**, the man (named) Durand.

la nostalgie, homesickness, yearning.

le notaire, notary, lawyer.

notamment, in particular, more particularly.

nourrir, to feed.

nouveau, *f.* nouvelle, new fresh; **de nouveau**, again; **à nouveau**, again.

la nouvelle, (piece of) news; **les nouvelles**, news; **vous m'en direz des nouvelles!** you will find it lovely!

se noyer, to be drowned.

nu, bare; exposed.

le nuage, cloud.

nuancé, tinted, coloured.

la nuit, night, darkness; **il fait nuit**, it is dark.

nullement, not at all, not a bit of it; **ne . . . nullement**, in no way.

le numéro, number.

O

obéir, to obey.

un objet, object, thing.

obligé, obliged, compelled.

l' obscurité (*f.*), darkness.

l' occident (*m.*), west.

occuper, to occupy; **s'occuper de**, to busy oneself with; to go in for; **occupé**, busy.

un œil, *pl.* des yeux, eye; un coup d'œil, glance.

un œuf, egg.

une œuvre, work.
  offrir, to offer.

un oiseau, bird.
  l'ombre (*f.*), shadow, shade; darkness, gloom.

un oncle, uncle.
  opposé, opposite.
  or (*conj.*), now.

l' or (*m.*), gold.

une oreille, ear; prêter l'oreille, to listen.

un oreiller, pillow.

un original, a crank, a queer fish.

un orme, elm.

une ornière, rut.
  oser, to dare.
  ôter, to take off.
  ou, or; ou bien, or else.

la ouate *or* l'ouate, wadding, cotton wool.
  oublier, to forget.

un ours, bear.

un outil, tool, implement.
  ouvert, open; grand ouvert, wide open.

une ouverture, opening.

un ouvrage, work.

un ouvrier, workman; ouvrier (*adj.*), working, workaday.
  ouvrir, to open.

P

la paille, straw.
  paisible, peaceful, quiet.

ils paissent (*verb* paître), they feed, graze.

la paix, peace.

le palais, palace.
  pâle, pale.

le palier, landing.
  pan! bang!

en panne, broken down.

le pantalon, trousers.

le papier, paper.

le paquebot, liner, passenger ship.
  par, by, through; par ici, this way.
  paraître, to appear, look.

le parapluie, umbrella.

parce que, because.

le parcours, travel, journey.
  par-dessus, over.
  pardon, excuse me.
  pareil, *f.* pareille, like, alike; such.

le parent, relative, relation.
  paresseux, lazy; un paresseux, a lazy-bones.
  parfait, perfect; just so; parfaitement, perfectly; just so.
  parfois, sometimes, occasionally.
  parler, to speak, talk.
  parmi, among.

la parole, word.

la part, share; direction; de votre part, on your part.
  particulier, particular; private.
  particulièrement, particularly, especially.

le parti, decision; prendre son parti, to make up one's mind.

la partie, part.
  partir, to depart, leave, start, go off.
  partout, everywhere.
  parvenir à (faire), to succeed in (doing), to manage to (do).

le pas, step, footstep; pace; à deux pas de, close to, hard by; revenir sur ses pas, to retrace one's steps; le pas de la porte, doorstep.

le passage, passing; way through (across); au passage, as he (she, etc.) goes by.

le passager, passenger.

le passant, passer-by.
  passer, to pass, go by; to spend (time); se passer, to happen, to go on.

la passerelle de commandement (*ship's*) bridge.

le patron, boss; proprietor.

la patte, foot, paw, leg (*of an animal*).
  pauvre, poor.

le payement, payment.
  payer, to pay (for).

le pays, country, land.

le paysan, peasant; la paysanne, peasant woman, country woman.

la **pêche**, fishing.
pêcher, to fish.

le **pêcheur**, fisherman, angler.

la **peine**, trouble, difficulty; **faire de la peine**, to grieve, distress; **cela n'en vaut pas la peine**, it is not worth while; **à peine**, scarcely, hardly.

la **pelote**, ball of wool.

se **pencher**, to lean (forward).

pendant (*verb* **pendre**), hanging, dangling.

pendant, during, for; **pendant que**, while.

pénétrer, to penetrate, enter; to fill.

pénible, painful, distressing.

la **pensée**, thought.

penser, to think; **penses-tu! (pensez-vous!)** what an idea! don't be silly!

pensif, pensive, thoughtful.

perçant, piercing, shrill.

perdre, to lose; to ruin.

la **perdrix**, partridge.

le **père**, father; **le père Muche**, old Muche.

périlleux, perilous.

périr, to perish.

permettre, to permit, allow, enable.

la **personne**, person; **personne + ne**, nobody.

le **personnel**, personnel, staff.

persuader, to persuade.

la **perte**, loss.

peser, to weigh.

pétillant, sparkling.

un **peu**, a little; **un peu comme**, rather like; **à peu près**, about, within a little; **regardez un peu**, just look.

le **peuple**, (*common*) people.

la **peur**, fear; **avoir peur**, to be afraid; **de peur de**, for fear of, lest.

peut-être, perhaps.

le **pharmacien**, chemist.

la **phrase**, sentence.

au **physique**, physically.

la **pièce**, piece; coin; room.

le **pied**, foot; **à pied**, on foot.

la **pierre**, stone.

pierreux, stony.

piétiner, to trample (stamp) about.

piquer, to prick; to sting.

la **pirouette**, pirouette, twist, swing round.

la **piste**, trail, track.

le **pistolet**, pistol.

la **pitié**, pity.

la **place**, place; job, post; space, room; seat; (public) square.

se **plaindre**, to complain.

la **plainte**, complaint, groaning.

plaire, to please.

la **plaisanterie**, joke.

le **plaisir**, pleasure; **au plaisir (de vous revoir)!** until I have the pleasure of seeing you again!

planter, to plant; to stick, shove.

le **plateau**, tray.

la **plate-forme**, platform (*of bus*); flat roof.

le **plâtre**, plaster, rubble.

préféré, favourite.

plein, full; **en pleine mer**, in the open sea.

pleurer, to weep, cry.

le **pli**, fold, crease; habit.

la **pluie**, rain.

la **plume**, feather.

plus, more; **en plus**, in addition; **de plus en plus**, more and more; **tout au plus**, at the very most; **pas plus que**, any more than; **ne . . . plus**, no longer, no more; **non plus**, either.

plusieurs, several.

il **plut** (*verb* **plaire**), he pleased.

plutôt, rather; if anything.

la **poche**, pocket.

poignarder, to stab.

le **poignet**, wrist.

le **poil**, hair.

le **point**, point, spot.

point; **ne . . . point**, not, not a bit; **point d'argent**, no money.

la **pointe**, point, spike.

pointu, pointed.

le **policier**, policeman, police officer.

poliment, politely.

le **polisson**, scamp, rascal.

le **pont**, bridge.

la **porte**, door, gate; **mettre à la porte**, to throw out, to " fire ".

le **portefeuille**, wallet, note-book.

porter, to carry, bear; to wear.

le **porte-voix**, speaking-trumpet.

le **portier**, doorman.

posément, steadily, deliberately.

poser, to put (down), place; **se poser**, to alight.

le **poste**, post; **le poste de police**, police station.

la **poudre à canon**, gunpowder.

le **poulet**, chicken.

pour, for; **pour que**, so that, in order that; **le pour et le contre**, the pros and cons.

pourquoi, why.

je **pourrai** (*verb* pouvoir), I shall be able.

poursuivre, to pursue; to continue.

pourtant, however; yet; nevertheless.

pousser, to push; to urge, drive; **pousser un cri**, to utter a cry, give a shout; to shriek; **pousser un soupir**, to heave a sigh.

la **poussière**, dust.

pouvoir, to be able.

la **prairie**, meadow.

pratique, practical.

le **pré**, meadow.

la **précaution**, precaution; **avec précaution**, cautiously.

se précipiter, to rush (forward).

premier, first; **la dame du premier**, the lady on the first floor.

prendre, to take; to catch; to charge (*money*).

préoccuper, to preoccupy.

près (de), near (to), close (to); **tout près**, quite near; **de près**, closely; **à peu près**, within a little, about.

à **présent**, now.

présenter, to present, offer.

presque, nearly, almost.

se presser, to hurry (along); **pressé**, pressed, crowded.

prêt, ready.

prétendre, to claim, assert.

prêter, to lend; **prêter l'oreille**, to listen.

le **prêtre**, priest.

la **preuve**, proof.

prévenir, to warn.

prier, to ask, beg.

principal, principal, main, chief.

en **principe**, as a rule.

le **printemps**, spring.

le **prisonnier**, prisoner.

priver, to deprive.

le **prix**, price, cost; **à tout prix**, at all costs.

la **probité**, honesty, integrity.

prochain, next; nearest.

le **prodige**, prodigy, marvel, wonder.

produire, to produce; **se produire**, to happen, come about.

le **produit**, product; **les produits**, produce.

le **profil**, profile, outline.

profiter de, to profit by, take advantage of.

profond, profound, deep.

le **projet**, plan, project.

se prolonger, to be prolonged, to extend.

la **promenade**, walk, trip.

promener, to take for a walk; **se promener**, to walk, stroll, be out walking.

le **promeneur**, walker.

promettre, to promise.

prononcer, to pronounce, say.

à **propos de**, about, concerning; **à propos**, by the way.

propre, own.

protéger, to protect.

prouver, to prove.

la **prudence**, prudence, carefulness.

prudent, prudent, careful.

puérile, childish, boyish.

puis, then, next.

je **puis**, I can, I may.

puisque, since, seeing that.

je **puisse**, I can, I may be able.

le **puits**, well.

Q

quadrumane, four-handed.
le quai, quay, embankment; (*station*) platform.
quand, when; quand même, all the same.
quant à, as for.
le quart, quarter.
le quartier, quarter, district.
quelque, some; quelques, some, a few; quelqu'un, somebody; quelques-uns, some, a few.
quelquefois, sometimes.
la quenouille, distaff.
la queue, tail.
quitter, to leave; (*a garment*) to take off.

R

la race, race, breed; de race, thoroughbred.
raconter, to relate, tell.
radieux, radiant.
raide, steep.
raisonner, to reason, argue.
ramasser, to pick up.
ramener, to bring (take) back.
ramer, to row.
ramper, to creep.
le rang, rank, line.
rappeler, to recall, remind of; se rappeler, to remember.
le rapport, connection.
rapporter, to bring back, retrieve; to report, relate.
se rapprocher, to draw near, to close (with); rapproché, close, near.
se rasseoir, to sit down again.
rassurer, to reassure.
rauque, hoarse, rough.
le ravin, dell.
le rayon, ray, sunbeam.
rebrousser chemin, to retrace one's steps, to go back on one's tracks.
la recette, recipe, receipt.
recevoir, to receive.
rechercher, to seek, look for.
le récit, story, tale, account.

réclamer, to claim.
recommander, to recommend, advise.
recommencer, to recommence; to do (it) again.
reconnaître, to recognize.
recueillir, to recollect; recueilli, absorbed.
reculer, to recoil, retreat.
redescendre, to come down again.
redresser, to raise; se redresser, to stand (straighten) up; to sit up.
refaire, to do (make) again; to go over again.
refermer, to reclose, close again.
réfléchir, to reflect, think; réfléchi, thoughtful, deliberate.
le reflet, glimmer, gleam.
refléter, to reflect.
réflexion faite, on second thoughts.
se réfugier, to take refuge.
regagner, to regain; to get back to.
le regard, glance; eyes.
regarder, to look (at).
la règle, rule, regulation; en règle, in order.
régler, to settle, wind up.
régner, to reign; to be boss.
le regret, regret; longing, yearning.
regretter, to regret, be sorry.
la reine, queen.
rejoindre, to join, rejoin.
réjoui, joyful, delighted.
la relation, relationship; se faire des relations, to get to know people.
remarquer, to notice; to remark.
remercier, to thank.
remettre, to hand over; se remettre à (faire), to begin to (do) again; remettre en marche, to start up again; se remettre en marche, to move on again.
remonter, to go up again, to go back up.
remorquer, to tow, take in tow.
le rempart, rampart, wall.
remplacer, to replace.
remplir, to fill.

remporter, to take away, take back.

remuer, to move, stir; to fidget, shuffle about.

la rencontre, encounter; **à sa rencontre,** to meet him.

rencontrer, to meet, encounter.

renaître, to be reborn.

rendre, to give back, return; **cela le rend malheureux,** that makes him unhappy; **se rendre,** to surrender; to go; **se rendre compte,** to realize.

renouveler, to renew.

les renseignements, information, particulars.

renseigner, to inform, enlighten.

le rentier, person of independent means.

rentrer, to go (come) home; to go back.

renverser, to overturn, knock down (over).

reparaître, to re-appear, show up.

reparler, to speak again.

se répercuter, to re-echo, reverberate, strike back.

répéter, to repeat.

répondre, to reply, answer.

la réponse, reply, answer.

reprendre, to retake, take once more; to resume, go on.

le repos, rest.

se reposer, to rest.

repousser, to throw out, shoot out.

résolu, resolved, determined.

respirer, to breathe.

resplendissant, aglow, shining.

ressembler, to resemble, be like.

le ressort, spring.

le reste, rest.

rester, to stay, remain; **il reste,** there remains, there is left.

le retard, delay; **en retard,** late; **le train a du retard,** the train is late.

retenir, to retain, detain, keep back, hold back; **retenir son haleine,** to hold one's breath.

retentir, to ring out, resound.

retirer, to draw (pull, take, get) out; **se retirer,** to withdraw.

retomber, to fall back; **il nous retombe sur les bras,** he comes back on our hands.

le retour, return; **de retour,** back.

retourner, to return, go back; to turn over (ideas); **se retourner,** to turn (look) round; to turn over.

la retraite, retreat.

retrouver, to find again; to come across.

se réunir, to assemble, to meet.

réussir, to succeed.

le rêve, dream.

réveiller, to wake, awaken; **se réveiller,** to waken, wake up.

revenir, to come back, return; **je ne peux pas en revenir,** I can't get over it.

rêver, to dream.

le réverbère, street lamp.

le revers, lapel.

le rêveur, dreamer.

révolté, in revolt.

se rhabiller, to dress again.

ridé, wrinkled.

le rideau, curtain.

rire, to laugh; **éclater de rire,** to burst out laughing.

risquer, to risk, venture.

le rivage, shore, bank.

la rivière, river, stream.

la robe, dress, frock.

le robinet, tap.

la roche, rock (*formation*).

le rocher, rock.

le roi, king.

le rôle, role, part.

rond, round; **en rond,** in a ring (circle).

la rondeur, roundness, round shape.

le ronflement, snore.

ronfler, to snore.

rose, rosy, pink.

le roseau, reed.

le rosier, rose-tree.

la roue, wheel.

rouge, red.

le rouge-gorge, robin.

rougir, to redden, blush, flush.

rouler, to roll; to travel.

la route, road, way; **se mettre en route,** to start off.

rouvrir, to re-open, open again.

roux *f.* rousse, red, ginger.
le ruban, ribbon.
rudement, jolly well.
la rue, street, road.
le ruisseau, gutter.
ruisseler, to stream (down).
la rumeur, roar, rumble.

S

le sable, sand; gravel.
le sac, sack, bag.
sachant (*verb* savoir), knowing.
sage, wise.
saisir, to seize, grasp, grip.
sale, dirty, grubby, soiled; nasty, "rotten".
salir, to soil, dirty.
la salle, room.
le salon, sitting-room, lounge.
saluer, to greet.
le salut, salute.
le sang-froid, coolness, presence of mind.
le sanglot, sob.
sans, without.
la santé, health.
sapristi! great heavens!
le saucisson, (*dinner*) sausage.
sauf, save, except.
le saule, willow-tree.
je saurai (*verb* savoir), I shall know.
le saut, jump.
sauter, to jump; sauter en l'air, to blow (go) up.
sautiller, to hop.
sauvage, wild.
sauver, to save; se sauver, to run away, decamp.
savant, performing (*dog*, etc.).
savoir, to know.
scintiller, to glitter, shine.
scolaire, (of) school.
la séance, sitting, session.
sec, *f.* sèche, dry.
le sécateur, secateur, pruning-scissors.
secouer, to shake.
séduisant, attractive.
le seigneur, lord.
selon, according to, in keeping with.

la semaine, week.
semblable, like, similar.
semblant; faire semblant de, to pretend to.
sembler, to seem.
le sens, sense, meaning.
le sentier, path, pathway.
sentir, to feel; je me sens malade, I feel ill.
se séparer, to separate, part.
serein, serene.
la serge, serge.
le sérieux, seriousness; reprendre son sérieux, to become serious again.
serrer, to grip, to squeeze; to put away; serrer la main à, to shake hands with; serré, clinging.
la serrure, lock.
de service, on duty.
servir, to serve; servir de, to serve as; se servir de, to make use of, to use.
le seuil, threshold, doorstep.
seul, alone, only; single; seulement, only, merely.
si, so; if; yes (*in reply to a negative question*).
le sien, *f.* la sienne, his, hers.
siffler, to whistle; to hiss.
signaler, to signal; to report.
le signe, sign; un signe de tête, nod.
signifier, to mean.
silencieux, silent, quiet.
la silhouette, form, outline.
le sillon, furrow.
simple, simple; single (*ticket*).
le singe, monkey.
singulier, singular, strange, funny.
la sœur, sister.
soi, oneself.
la soif, thirst; avoir soif, to be thirsty.
le soin, care; avoir soin, to be careful.
le soir, evening.
il soit, he is, he may be.
le soldat, soldier; le soldat-citoyen, Home Guard.
le soleil, sun.
sombre, sombre, dark, gloomy.

la somme, sum.

le sommeil, sleep.

le songe, dream.

songer, to dream; to think; to muse.

sonner, to ring; to chime, strike (*of clocks*); faire sonner, to clatter.

le sort, fate, destiny.

la sorte, sort, kind; de la sorte, in this way, like that; de sorte que, so that; faire en sorte que, to act in such a way that.

la sortie, exit, way out; à la sortie de, coming out of.

sortir, to go (come) out; to take (put, stick) out.

le sou, halfpenny; je n'ai pas un sou, I haven't a farthing (a bean).

soudain, suddenly.

souffler, to breathe, blow.

souffrant, suffering; unwell.

souhaiter, to wish.

soulever, to lift, raise (up).

le soulier, shoe.

le soupir, sigh; pousser un soupir, to heave a sigh.

le soupirail, air-hole, grating.

souple, supple, lithe, nippy.

sourire, to smile; le sourire, smile.

sous, under.

le sous-chef, foreman, deputy.

la soutane, cassock (*priest's robe*).

soutenir, to sustain, hold up.

se souvenir, to remember; le souvenir, memory, recollection.

souvent, often.

stupéfait, taken aback, amazed.

la stupeur, amazement.

stupide, stupid, silly.

subit, sudden; subitement, suddenly.

subsister, to subsist, be in existence.

succéder (à), to succeed, follow on.

il suffit, it suffices, it is enough; il suffirait de, it would be sufficient to.

la suite, what follows, consequence; à la suite de, following, as a result of; tout de suite, at once.

suivant, following, next.

suivre, to follow; to go with; faire suivre, to send on, forward.

au sujet de, about, concerning.

sûr, sure.

surgir, to rise, soar.

surmené, overworked.

surprendre, to surprise; surprenant, surprising; surpris, surprised.

surtout, above all, especially.

surveiller, to supervise, watch over, keep an eye on.

survenir, to supervene, come on.

suspect, suspicious.

la sympathie, liking.

T

le tabouret, stool.

la tache, patch.

tâcher, to try.

la taille, waist.

se taire, to be (become) silent.

le talon, heel.

le talus, bank.

tandis que, while, whilst.

tant, so much (many); so; tant que, as long as; tant pis, so much the worse, it is a pity.

la tape, tap, pat.

tard, late; plus tard, later.

tarder, to linger; to be long; il ne tarda pas à revenir, he was not long coming back, he soon came back.

le tas, heap, mound.

le taureau, bull.

tel, *f.* telle, such; tellement, so.

le témoin, witness.

la tempête, storm, tempest.

le temps, time; weather; de temps en temps, from time to time.

tendre, to hold out, proffer; tendu, outstretched; straining, tense.

tenez! here! look here!

tenir, to hold; to keep (*a shop*, etc.); **tenir à,** to think a lot of, to prize; **tenir en joue,** to aim at; **se tenir,** to stand.

la tentative, attempt.

tenu de (faire), supposed to (do).

terminé, ended, finished.

le terrassier, navvy, labourer.

la terre, earth, ground; **à terre,** to the ground; **par terre,** on the ground.

terreux, dirty, caked with earth.

le testament, will.

la tête, head; face; **en tête à tête avec,** alone with.

tiens! well! what!

le tiers, third.

tirer, to pull, draw; to shoot, fire; **se tirer d'affaire,** to get out of it.

le tiroir, drawer.

le tison, brand, smouldering log.

le tissu, tissue, woven piece.

le titre, title.

la toilette, dress; **en toilette de soirée,** in evening dress.

le toit, roof.

tomber, to fall.

le ton, tone.

le tonneau, barrel.

tôt, early, soon.

la touche, key (*of piano*).

toucher, to touch.

toujours, always; still.

le tour, turn; trick; stroll; **à mon tour,** in my turn; **faire un tour,** to go for a stroll; **faire le tour de,** to go round.

la tourelle, turret.

se tourmenter, to worry.

tourner, to turn; **se tourner vers,** to turn to (towards).

tout, all; everything; **tout à l'heure,** just now; **tout à coup,** suddenly; **tout à fait,** quite; **tout de suite,** at once.

la trace, trace, track, mark.

tracer, to trace, draw.

trahir, to betray.

la traînée, track, trail; shaft.

traîner, to drag, trail.

le trait, feature.

traiter, to treat; **il m'a traité de voleur,** he called me a thief.

le trajet, journey.

tranquille, quiet, calm; **laisser tranquille,** to leave alone, to give a bit of peace to; **tranquillement,** quietly, calmly.

la transparence, transparence; **regarder en transparence,** to look through.

le travail, work.

travailler, to work.

à travers, across, through; **de travers,** wrong; **en travers de,** across, athwart.

la traversée, voyage.

traverser, to cross, go across.

la treille, vine-arbour.

le trésor, treasure.

la trêve, truce; **sans trêve,** without a pause, without ceasing.

tricoter, to knit.

triste, sad.

se tromper, to be mistaken.

trop, too, too much.

le trottoir, pavement.

le trou, hole.

troubler, to trouble, worry, disturb.

la troupe, troop.

le troupeau, herd.

trouver, to find; **se trouver,** to be (situated).

truqué, faked, "cooked".

tu (*verb* taire); **il s'est tu,** he has become silent (gone quiet).

tuer, to kill.

tut; il se tut, he became quiet.

le type (*pop.*), chap, bloke.

U

uni, level, smooth, flat.

uniquement, solely, merely.

une usine, factory.

V

les vacances (*f.*), holiday(s); **en vacances,** on holiday.

la vache, cow.

en vain, in vain.

vaincre, to vanquish, overcome.

la vallée, valley.

le vapeur, steamer.

vaste, vast, huge.

le vaurien, scamp, waster.

il vaut (*verb* valoir), he (it) is worth; il vaut mieux, it is better; cela n'en vaut pas la peine, it is not worth while; cela en valait d'autant plus la peine que, it was all the more worth while as.

le veau, calf; veal.

la veille, the day (evening) before.

veiller, to watch; to be awake, not to sleep; veiller sur, to watch over, look after.

vendre, to sell.

vendredi, Friday.

venir, to come; je viens de voir, I have just seen; je venais de voir, I had just seen.

le vent, wind.

le ventre, stomach; paunch, "corporation"; avoir mal au ventre, to have stomach trouble.

véritable, real, genuine.

la vérité, truth; à la vérité, in truth, in actual fact.

vermeil, bright red.

vérole; la petite vérole, small-pox.

je verrai (*verb* voir), I shall see.

le verre, glass.

le vers, verse, line (*of poetry*).

vers, towards; about.

verser, to pour (out).

vert, green.

le vestibule, (entrance) hall.

le veston, jacket.

le vêtement, garment.

la viande, meat.

vibrant, resounding, strong, lusty.

vide, empty.

la vie, life.

vieille, *f. of* vieux, old.

vieillir, to grow old, to age.

vieux (vieil *before a vowel*) old.

vif, *f.* vive, quick, sharp, lively.

la vigne, vine.

vilain, ugly; nasty.

le villageois, villager.

le vin, wine.

le violon, violin.

la virgule, comma.

je vis (*verb* voir), I saw; je vis (*verb* vivre), I live.

le visage, face.

vite, quick, quickly.

la vitre, window-pane.

vivant, living.

vivement, quickly, sharply; keenly.

vivre, to live; faire vivre, to keep alive.

voici, here is (are).

voilà, there is (are); voilà! there you are!

la voile, sail.

voir, to see.

le voisin, neighbour; voisin (*adj.*), neighbouring, next.

le voisinage, neighbourhood, proximity.

la voiture, car; carriage; pram.

la voix, voice; à voix basse, quietly.

le vol, flight.

le volant, steering wheel.

voler, to steal.

le volet, shutter.

le voleur, thief.

voltiger, to flit.

vouloir, to wish, want; vouloir bien, to be willing; vouloir dire, to mean; voulez-vous entrer? will you come in? il m'en veut, he bears me a grudge, he is upset with me.

la voûte, vault, (arched) roof.

voûté, bent, stooping.

voyager, to travel.

le voyageur, traveller, passenger.

voyons, let us see; come now!

vrai, true; real.

W

le wagon de messageries, goods van.

Y

y, there.

les yeux, *pl. of* l'œil, eyes.

Z

zéro, nought.

A

abbey, une abbaye.

able; to be able, pouvoir (*irr.*).

about (= *approximately*), environ; at about 2 o'clock, à deux heures environ, vers deux heures; about (= *concerning*), au sujet de, à propos de; to talk (speak, tell) about, parler de; he is about to leave, il va partir, il est sur le point de partir.

above, au-dessus de.

abroad, à l'étranger.

absent, absent.

accident, un accident.

to accompany, accompagner.

to acknowledge (*polite recognition*), saluer.

to add, ajouter.

address, une adresse.

to admire, admirer.

to advance, s'avancer.

to advise, conseiller, *e.g.* je lui conseille de rester.

afraid; to be afraid (of), avoir peur (de).

Africa, l'Afrique (*f.*).

after, après; after three days, au bout de trois jours; after eating, après avoir mangé.

afternoon, un après-midi.

again, encore; de nouveau.

against, contre.

age, l'âge (*m.*).

ago, il y a, *e.g.* il y a deux ans.

air, l'air (*m.*).

alas, hélas.

alike, pareil, *f.* pareille.

all, tout, tous, *f.* toute, toutes; all (= *everything*), tout; not at all, pas du tout.

to allow, permettre (*like* mettre); I allow them to play, je leur permets de jouer.

almost, presque.

alone, seul, tout seul.

along, le long de, *e.g.* along the beach, le long de la plage; I walk along the street, je marche dans la rue; a car passes along the road, une voiture passe sur la route.

Alps, les Alpes (*f.*).

already, déjà.

also, aussi.

although, bien que, quoique + *subj.*

always, toujours.

in amazement, étonné.

American, un(e) Américain(e); American girl, la jeune Américaine; American (*adj.*), américain.

among, parmi; among themselves, entre eux.

to amuse, amuser.

amusement, un amusement, la distraction.

amusing, amusant.

angry, fâché, en colère; angrily, avec colère, en colère.

animal, un animal (*pl.*-aux); la bête.

annoyed, ennuyé, vexé.

another, un(e) autre; we know one another, nous nous connaissons.

answer, la réponse; to answer, répondre (*like* vendre).

ant, la fourmi.

any, (*before noun*) du, de la *or* des, *e.g.* avez-vous de l'argent? any (*pron.*), en, *e.g.* je n'en ai pas; not ... anybody, ne + personne; not ... anything, ne + rien; not ... anywhere, ne + nulle part, *e.g.* on ne la voit nulle part.

to apologize, s'excuser.

to appear, paraître, apparaître (*like* connaître).

apple, la pomme.

to approach, s'approcher (de); (= *just to draw near*) approcher, *e.g.* nous approchons de la ville.

April, avril (*m.*).

to argue, discuter.

argument, la discussion.

arm, le bras.

armchair, le fauteuil.

around, autour de.

arrival, l'arrivée (*f.*); on my arrival, à mon arrivée.

to arrive, arriver (*conj. with* être).

arrow, la flèche.

as, comme; **as good as,** aussi bon que; **as much (many),** autant; **as soon as,** dès que, aussitôt que; **as if (though),** comme si.

to **ask (for),** demander; **I ask him for a ticket,** je lui demande un billet; **I ask him to come,** je lui demande de venir; **to ask** (*polite request*), prier, *e.g.* je les prie d'entrer; **to ask a question,** poser une question.

asleep; to be asleep, dormir (*irr.*), être endormi; **to fall asleep,** s'endormir (*like* dormir).

to **assure,** assurer.

astonishing, étonnant.

at, à; **at once,** tout de suite.

to **attack,** attaquer.

to **attend** (= *be present at*), assister à.

August, août.

aunt, la tante.

Austria, l'Autriche (*f.*).

autumn, l'automne (*m.*); **in autumn,** en automne.

to **await,** attendre (*like* vendre).

to **awaken,** éveiller, réveiller.

away; to go away, s'en aller; **to walk away,** s'éloigner; **to run away,** se sauver.

awful, affreux.

B

back, le dos.

back; to come back, revenir (*conj. with* être); **to run back,** retourner en courant; **to give back,** rendre (*like* vendre).

bad, mauvais; **badly,** mal.

bag, le sac.

baker, le boulanger.

ball (*of paper, snow,* etc.), la boule.

bank (*of river,* etc.), le bord, la rive; **bank** (*money*), la banque.

bar, le barreau.

to **bark,** aboyer.

barn, la grange.

basket, le panier.

to **bathe,** se baigner.

beach, la plage.

beast, la bête.

beautiful, beau (bel *before a vowel*), *f.* belle.

because, parce que; **because of** à cause de.

to **become,** devenir (*conj. with* être); **what has become of Louis?** qu'est devenu Louis?

bed, le lit; **in bed,** au lit; **to go to bed,** se coucher, aller se coucher; **to get into bed,** se mettre au lit.

bedroom, la chambre (à coucher).

before (*position*), devant; **before** (*time* or *order*), avant; **before (doing),** avant de (faire); **the day before,** la veille.

to **begin,** commencer; **to begin to (do),** commencer à (faire), se mettre à (faire); **to begin by (doing),** commencer par (faire).

behind, derrière.

to **believe,** croire (*irr.*).

bell, la cloche.

bellow, le beuglement.

to **belong,** appartenir (*like* tenir).

bench, le banc.

to **bend down,** se baisser.

beside, à côté de.

besides, d'ailleurs.

best, le meilleur, *f.* la meilleure; **best** (*adv.*), le mieux.

better (*adj.*), meilleur(e); (*adv.*) mieux; **I am better** (*in health*), je vais mieux; **it is better to (do),** il vaut mieux (faire).

between, entre.

bicycle, la bicyclette.

big, grand; (*bulky*) gros, *f.* grosse.

bird, un oiseau.

birthday, l'anniversaire (*m.*).

bit, le morceau, le bout; **a bit of** (= *a little*), un peu de.

to **bite,** mordre (*like* vendre); (*insects*) piquer.

black, noir.

blackboard, le tableau noir.

blanket, la couverture.

to **blindfold,** bander les yeux, *e.g.* je lui bande les yeux.

blue, bleu, (*pl.*) bleus.

boat, le bateau; (*passenger ship*) le paquebot.

book, le livre.

to **bore,** ennuyer; **to be bored,** s'ennuyer.

born; to be born, naître (*irr.*); **I was born,** je suis né(e).

to **borrow (from)**, emprunter (à).
boss, le patron.
both, tous (les) deux, *f.* toutes (les) deux.
bottle, la bouteille.
boy, le garçon; (*in school*) un élève; **a French boy**, un jeune (petit) Français.
box, la boîte.
brave, courageux.
bread, le pain.
to **break**, briser, casser; (*rope, chain,* etc.) rompre (*irr.*); **the chain breaks**, la chaîne se rompt.
breakfast, le petit déjeuner; **to have breakfast**, déjeuner.
breath; **out of breath**, essoufflé.
to **breathe**, respirer.
bridge, le pont.
bright (*of people*), gai.
to **bring** (*a thing*), apporter; (*a person*) amener; **to bring back**, rapporter; **to bring home**, rapporter (à la maison); **to bring down**, descendre (*conj. with* avoir); **to bring in**, rentrer (*conj. with* avoir).
brother, le frère.
brown, brun.
to **build**, bâtir (*like* finir); construire (*like* conduire).
building, le bâtiment.
bull, le taureau.
to **burn**, brûler.
bus, un autobus; (*long distance*) le car.
bush, le buisson.
business, les affaires (*f.*).
busy, occupé.
but, mais; **nothing but**, ne . . . que.
butcher, le boucher.
butter, le beurre.
to **buy**, acheter; **to buy from**, acheter à.
by, par; (= *near*) près de; (= *on the edge of*) au bord de; **to go by**, passer.

C

cabin, la cabine.
café, le café.
cake, le gâteau.

to **call**, appeler; **to call out**, crier.
calm, le calme; **calm** (*adj.*), calme; **calmly**, calmement, avec calme; **to calm down**, se calmer.
camera, un appareil.
to **camp**, camper.
I can, je peux, *e.g.* je peux marcher; **I can swim (dance, etc.)**, je sais nager (danser, etc.).
Canada, le Canada; **Canadian**, le Canadien, *f.* la Canadienne.
captain, le capitaine.
car, la voiture; une auto(mobile).
card, la carte; **to play cards**, jouer aux cartes.
be **careful!** attention!
carefully, soigneusement, avec soin.
caretaker, le (la) concierge.
to **carry**, porter; **to carry away**, emporter.
casino, le casino.
cat, le chat.
to **catch**, attraper; **to catch a fish**, prendre un poisson; **to catch a train**, prendre un train.
cautiously, avec précaution.
to **cease**, cesser.
cellar, la cave.
centimetre, le centimètre.
centre, le centre.
century, le siècle; **in the 19th century**, au dix-neuvième siècle.
certain, certain.
chair, la chaise.
chalk, la craie.
to **change**, changer.
charmed to (do), charmé de (faire).
charming, charmant.
to **chase**, poursuivre (*like* suivre).
to **chat**, causer.
to **chatter**, bavarder.
chauffeur, le chauffeur.
cheek, la joue.
cheese, le fromage.
chemist, le pharmacien.
chicken, le poulet.
chief (*adj.*), principal.
child, un(e) enfant.
to **chime**, sonner.
chimney, la cheminée; **chimney fire**, le feu de cheminée.

to **choose**, choisir (*like* finir).

Christmas, Noël; **Christmas Eve**, la veille de Noël.

church, une église; **church tower**, le clocher (de l'église).

cigar, le cigare.

cigarette, la cigarette.

cinema, le cinéma.

city, la ville.

to **claim (from)**, réclamer (à).

class, la classe; **in class**, en classe; **classroom**, la salle de classe.

clean, propre, *e.g.* un mouchoir propre; **to clean**, nettoyer.

clear, clair.

clerk, un employé.

clever, intelligent, habile.

client, le client.

to **climb**, grimper; **to climb up**, grimper sur (dans); **climbing**, grimpant.

clock (*in house*), la pendule; (*of church, building*, etc.) une horloge.

clod of earth, la motte de terre.

to **close**, fermer.

cloud, le nuage.

clown, le clown.

coat (*woman's*), le manteau.

coffee, le café.

cold, froid; **it (the weather) is cold**, il fait froid; **I am cold**, j'ai froid.

to **collect**, collectionner.

to **collide with**, entrer en collision avec.

colour, la couleur.

to **come**, venir (*conj. with* être); **to come back**, revenir (*with* être); **to come down**, descendre (*with* être); **to come home**, rentrer (*with* être), rentrer à la maison; **to come in**, entrer (*with* être); **to come out**, sortir (*with* être); **to come up**, monter (*with* être); **to come up (to)** (= *approach*), s'approcher (de); **come on!** allons!

to **comfort**, consoler.

comfortable, confortable.

companion, le compagnon, *f.* la compagne.

company, la compagnie; **he keeps me company**, il me tient compagnie.

compartment, le compartiment.

to **complain**, se plaindre (*like* craindre).

comrade, le camarade.

to **conceal (from)**, cacher (à).

to **consider**, considérer.

constable, un agent (de police).

to **contain**, contenir (*like* tenir).

to **continue to (do)**, continuer à (faire).

conversation, la conversation.

corner, le coin.

corridor, le corridor.

cost, le prix; **to cost**, coûter.

costume, le costume.

councillor, le conseiller.

to **count**, compter.

counter, le comptoir.

country (= *land*), le pays; **country** (*as opposed to town*) la campagne; **in the country**, à la campagne.

courage, le courage.

of **course**, bien entendu; évidemment, naturellement.

cousin, le cousin, la cousine.

to **cover**, couvrir (*like* ouvrir); **covered with**, couvert de.

cow, la vache.

crazy, fou, *f.* folle.

creature, la bête.

crime, le crime.

to **cross**, traverser.

crossroads, le croisement de routes, le carrefour.

crowd, la foule.

cruel, cruel, *f.* cruelle.

cry, le cri; **to cry** (= *weep*), pleurer; **to cry out**, crier.

cup, la tasse.

cupboard, une armoire, le placard.

curfew, le couvrefeu.

curtain, le rideau.

customer, le client, la cliente.

customs, la douane; **customs officer**, le douanier; **customs room**, la salle (le bureau) de douane.

to **cut (down)**, couper.

to **cycle**, aller à bicyclette.

cyclist, le cycliste.

D

dad, papa.

to **damage**, endommager.

to dance, danser; dance (*function*), le bal.

danger, le danger; in danger, en danger.

dangerous, dangereux.

to dare (to do), oser (faire).

dark, sombre, noir ; it is dark, il fait nuit, il fait noir.

darkness, l'obscurité (*f.*).

daughter, la fille.

day, le jour; day (*as in* " a busy day "), la journée; every day, tous les jours, chaque jour; the day before, la veille; twice a day, deux fois par jour.

dead, mort.

deal; a great deal, beaucoup.

dear, cher, *f.* chère; to pay dear, payer cher; my dear, mon ami(e); cher ami, chère amie; oh dear! ma foi!

December, décembre (*m.*).

to decide to (do), décider de (faire).

deck, le pont.

to declare, déclarer.

deep, profond.

delightful, délicieux.

dentist, le dentiste.

departure, le départ.

to depend, dépendre (*like* vendre); to depend on, dépendre de.

to describe, décrire (*like* écrire).

desk (*school*), le pupitre; (*office*) le bureau.

detail, le détail.

detective, le détective.

to die, mourir (*irr.*); he (has) died, il est mort.

different, différent.

difficult, difficile; difficulty, la difficulté.

to dine, dîner.

dining-room, la salle à manger.

dinner, le dîner.

direction, la direction; le sens, le côté.

director, le directeur.

dirty, sale.

to disappear, disparaître (*like* connaître).

to discuss, discuter.

distance, la distance.

to distinguish, distinguer.

district (*of town*), le quartier.

ditch, le fossé.

to do, faire (*irr.*).

doctor, le médecin, le docteur; Dr. Martin, le docteur Martin.

dog, le chien; hunting dog, le chien de chasse.

door, la porte; (*of vehicle*) la portière; door-lock, la serrure (de la porte).

doubt, le doute; doubtless, sans doute; to doubt, douter.

down; to go (come) down, descendre (*conj. with* être); to run down, descendre en courant; to bring down, descendre (*conj. with* avoir).

dozen, la douzaine.

to draw (*pull*), tirer.

drawer, le tiroir.

dreadful, effroyable, affreux.

dream, le rêve; to dream, rêver.

dress, la robe; to dress, s'habiller; dressed in, habillé (vêtu) de.

dressing-gown, la robe de chambre.

to drink, boire (*irr.*).

drive (= *broad path*), une allée, une avenue; to drive, conduire (*irr.*); driver, le conducteur.

to drop, laisser tomber.

dry, sec, *f.* sèche.

duck, le canard.

during, pendant.

E

each (*adj.*), chaque, *e.g.* chaque élève; each, each one (*pron.*), chacun(e); we know each other, nous nous connaissons.

early, de bonne heure; tôt; earlier, plus tôt.

to earn one's living, gagner sa vie.

easel, le chevalet.

easy, facile; easily, facilement.

to eat, manger.

edge, le bord; on the edge of, au bord de.

egg, un œuf.

either, non plus; I don't know either, moi, je ne sais pas non plus.

else; somewhere else, ailleurs.

end (*termination*), la fin; **in the end,**
à la fin; **end** (*of a thing*), le bout;
at the end of, au bout de; **to
end up by** (**doing**), finir par
(faire); **in the end he accepted,**
il finit par accepter.

enemy, un ennemi.

England, l'Angleterre (*f.*); **in
England,** en Angleterre; **English**
(*language*), l'anglais; **in English,**
en anglais; **English** (*adj.*))
anglais; **Englishman,** un
Anglais; **English people,** les
Anglais.

to enjoy oneself, s'amuser (bien).

enough, assez; **not big enough,**
pas assez grand.

to enter, entrer (*conj. with* être); **I
enter the house,** j'entre dans la
maison.

to entertain (*socially*), recevoir (*irr.*).

entrance, l'entrée (*f.*).

envelope, une enveloppe.

to escape, s'échapper, s'évader.

especially, surtout.

Europe, l'Europe (*f.*).

even, même.

evening, le soir; (*as in* " a
pleasant evening ") la soirée.

every, chaque; **every day,** chaque
jour, tous les jours; **everybody,**
tout le monde; **everything,**
tout; **everywhere,** partout.

exactly, exactement.

to examine, examiner.

example, un exemple; **for
example,** par exemple.

exasperated, exaspéré.

to exclaim, s'écrier, s'exclamer.

to excuse, excuser.

exercise book, le cahier.

to expect, attendre (*like* vendre);
what do you expect me to say?
que voulez-vous que je dise?

to experience, éprouver.

to explain, expliquer.

extraordinary, extraordinaire.

eye, un œil, *pl.* des yeux.

F

face, le visage, la figure.

factory, une usine.

fairly, assez.

to fall, tomber (*conj. with* être); **to
fall asleep,** s'endormir (*like*
dormir).

familiar, familier.

family, la famille.

famous, célèbre.

far (away), loin; **far from,**
loin de; **how far?** quelle
distance?

farther, plus loin.

farm, la ferme.

farmer, le fermier.

fast, vite; **faster,** plus vite.

to fasten, attacher.

fat, gras *f.* grasse; (= *thickset*)
gros.

father, le père; **Father** (*fam.*),
papa.

to favour, favoriser.

fear, la peur; **to fear,** avoir peur
de, craindre (*irr.*).

February, février (*m.*).

to feel, sentir (*like* dormir); (*pains,
etc.*) éprouver, ressentir (*like*
sentir).

feeling, le sentiment.

fellow, le garçon, le jeune homme;
(= *chap*) le bonhomme, le type;
young fellows, les jeunes gens;
a good fellow, un brave
homme.

a few, quelques.

field (*cultivated*), le champ; (*grass*)
la prairie.

to fight, se battre (*irr.*).

figure, la forme, la silhouette.

to fill, remplir (*like* finir); **filled with,**
rempli de.

finally, enfin, à la fin.

to find, trouver.

fine, beau (bel *before a vowel*), *f.*
belle; **it (the weather) is fine,** il
fait beau.

to finish, finir; **to finish (doing),**
finir de (faire).

fire, le feu; **by the fire,** au coin du
feu.

first (*adj.*), premier, *f.* première;
at first, first of all, d'abord.

fish, le poisson; **to fish,** pêcher;
fisherman, le pêcheur.

to flash, étinceler.

flat, an appartement.

flower, la fleur.

fluently, couramment.

flute, la flûte.

folk, les gens.

to follow, suivre (*irr*.); **following,** suivant; **the following day,** le lendemain; **the following morning,** le lendemain matin.

fond; **to be (very) fond of,** aimer beaucoup.

fool, un imbécile.

foot, le pied; **to get to one's feet,** se mettre debout.

football, le football; **to play football,** jouer au football.

footstep, le pas.

for (*conj*.), car; (*prep*.) pour, e.g. pour moi; (= *during*) pendant, e.g. pendant un mois; (= *since*) depuis, e.g. je suis ici depuis une heure.

forehead, le front.

foreigner, un étranger, *f*. -ère.

forest, la forêt.

to forget to (do), oublier de (faire).

to forgive, pardonner, e.g. je lui pardonne.

formidable, formidable.

fortnight, quinze jours, une quinzaine (de jours).

fortunately, heureusement.

fortune, la fortune.

to forward, faire suivre, e.g. il fait suivre mes lettres.

fox, le renard.

franc, le franc.

France, la France; **in France,** en France.

free, libre.

to freeze, geler; **it freezes,** il gèle.

French (*adj*.), français; **French** (*language*), le français; **to speak French,** parler français; **Frenchman,** le Français; **the French** (*people*), les Français.

Friday, vendredi (*m*.).

friend, un(e) ami(e); le (la) camarade.

to frighten, effrayer, faire peur (à); **to be frightened,** avoir peur, être effrayé.

frightful, effroyable.

frock, la robe.

from, de; (*time*) depuis, e.g. depuis lundi.

in front of, devant.

frontier, la frontière.

fugitive, le fugitif.

full, plein.

fun; **to make fun of,** se moquer de.

furious, furieux.

furniture, les meubles (*m*.).

further (on), plus loin.

G

to gallop, galoper.

gangway, la passerelle.

garage, le garage.

garden, le jardin; **gardener,** le jardinier.

gate, la porte; (*iron gate*) la grille; (*farm*) la barrière.

general, le général.

generous, généreux.

gentleman, le monsieur, *pl*. les messieurs.

German (*adj*.), allemand; **Germany,** l'Allemagne (*f*.).

to get (= *obtain*), chercher; **to get** (= *arrive*), arriver; **to get** (= *become*), devenir; **to get into,** entrer dans; **to get into** (*a conveyance*), monter dans; **to get near,** arriver près de; **to get over,** franchir (*like* finir); **to get out of** (*a conveyance*), descendre de; **to get through,** traverser; **to get up,** se lever.

gift, le cadeau.

girl, la fille, la jeune fille; **a French girl,** une jeune (petite) Française.

to give, donner; **to give back,** rendre (*like* vendre).

glad to (do), content de (faire).

glass, le verre; **glasses** (spectacles), les lunettes (*f*.).

gloomy, sombre.

glove, le gant.

to go, aller (*conj. with* être); **I am going to speak,** je vais parler; **I was going to speak,** j'allais parler; **to go** (*of vehicles*), marcher; **to go** (= *depart*), partir (*with* être); **to go off,** partir (*with* être); **to go away,** s'en aller; **to go out,** sortir (*with* être); **to go in,** entrer (*with* être); **to go back into,** rentrer dans; **to go up,** monter (*with* être); **to go down,** descendre (*with* être); **to go back,** retourner (*with* être); **to go home,** rentrer (à la maison); **I go home,** je rentre (retourne) à la maison (chez moi); **to go by,** passer; **to go on** (= *continue*), continuer; **to go for a walk,** faire une promenade, se promener; **to go to sleep,** s'endormir (*like* dormir).

golden, doré.

golf, le golf; **to play golf,** jouer au golf.

good, bon, *f.* bonne; **a good fellow,** un brave homme; **good morning, good afternoon** (*greeting*), bonjour; **good morning** (*leave-taking*), au revoir; **good evening,** bonsoir; **goodbye,** au revoir; **to have a good time,** s'amuser bien.

goods, la marchandise.

goose, une oie.

gracious me! mon Dieu!

grandfather, le grand-père.

grandmother, la grand'mère.

grandpa, grand-papa.

to grant, accorder.

grass, l'herbe (*f*).

great, grand.

green, vert.

grey, gris.

ground, la terre.

to grow (*in stature*), grandir (*like* finir); **to grow** (= *cultivate*), cultiver.

guard, le garde.

guest, un invité.

guide, le guide.

gun, le fusil.

H

hairdresser, le coiffeur.

half, la moitié (de), e.g. la moitié de mon argent; **half an hour,** une demi-heure; **half a dozen,** une demi-douzaine; **a year and a half,** un an et demi.

hall, la salle.

hand, la main; **in one's hand,** à la main.

handkerchief, le mouchoir.

to happen, arriver (*conj. with* être); se passer.

happy to (do), heureux de (faire).

harbour, le port.

hard, dur; (= *difficult*) difficile; **to work hard,** travailler dur (ferme).

hardly, à peine; ne . . . guère.

to harm, faire du mal (à), e.g. cela ne lui fera pas de mal.

harmless, inoffensif.

hat, le chapeau.

to have, avoir (*irr.*); **I have to pay,** je dois payer.

head, la tête.

headlamp, le phare.

headmaster, le directeur.

to hear, entendre (*like* vendre); **to hear of,** entendre parler de; **I hear that . . .,** j'entends dire que. . .

heavy, lourd.

hedge, la haie.

hedgehog, le hérisson.

hello! bonjour!

to help to (do), aider à (faire).

hen, la poule.

here, ici; **here is (are),** voici, e.g. voici l'école, voici les élèves; **here he is!** le voici! **here!** (*calling attention*) tenez!

to hesitate, hésiter.

to hide, (se) cacher; **hiding-place,** la cachette.

high, haut, e.g. la haute colline.

hill, la colline.

his (*adj.*), son, sa, ses; **his** (*pron.*), le sien, la sienne.

to hit, frapper.

hole, le trou, *pl.* les trous.

holiday(s), les vacances (*f.*); **on holiday,** en vacances.

home, la maison, chez moi (nous, lui, etc.); **I go home,** je rentre (retourne) à la maison (chez moi); **I come home,** je rentre (reviens) à la maison (chez moi).

to **hope,** espérer; **I hope to come,** j'espère venir.

horn, la corne.

horse, le cheval (*pl.* -aux).

hot, chaud.

hotel, un hôtel.

hour, une heure.

house, la maison; **at (to) my house,** à ma maison, chez moi.

how, comment; **how much (many),** combien; **how long,** combien de temps; **how pretty it is!** comme (que) c'est joli! **to say how-do-you-do,** dire bonjour.

however, cependant.

huge (*in bulk*), énorme; (*in extent*) vaste, immense.

hullo! tiens!

humour; in a good (bad) humour, de bonne (mauvaise) humeur.

hundred, cent; **hundreds of,** des centaines de.

hungry; to be hungry, avoir faim.

hunter, le chasseur.

hunting dog, le chien de chasse.

to **hurl,** lancer.

to **hurry (up),** se dépêcher; **in a hurry,** pressé.

to **hurt,** faire mal à, e.g. cela lui fait mal.

husband, le mari.

hut, la hutte, la cabane.

I

idea, une idée.

if, si.

ill, malade.

immediately, immédiatement, tout de suite.

importance, l'importance (*f.*).

important, important.

impossible, impossible.

imprudent, imprudent.

in, into, dans; **in Paris,** à Paris; **in there,** là-dedans.

incident, un incident.

indeed, en effet.

indifferent, indifférent.

individual, un individu.

industrial, industriel, *f.* -elle.

inhabitant, un habitant.

ink, l'encre (*f.*).

inn, une auberge.

innkeeper, un aubergiste.

inside (*adv.*), dedans.

inspector, un inspecteur; (*ticket inspector*) le contrôleur.

instance; for instance, par exemple.

instead of (doing), au lieu de (faire).

insured, assuré.

intelligent, intelligent.

to **intend to (do),** avoir l'intention de (faire).

to **interest,** intéresser; **interesting,** intéressant.

to **interrupt,** interrompre (*like* rompre).

to **invite to (do),** inviter à (faire).

island, une île.

Italy, l'Italie (*f.*).

J

jacket, le veston.

January, janvier (*m.*).

jewel, le bijou (*pl.* -x).

job (*employment*), un emploi; (*piece of work*) le travail.

to **joke,** plaisanter.

journalist, le journaliste.

journey, le voyage.

July, juillet (*m.*).

to **jump,** sauter.

June, juin (*m.*).

just; I have just come in, je viens d'entrer; **I had just come in,** je venais d'entrer; **I am just cleaning the car,** je suis en train de nettoyer la voiture; **just now,** tout à l'heure; **just then,** à ce moment-là.

K

to **keep,** garder; (*a shop*, etc.) tenir; **he keeps me company,** il me tient compagnie.

key, la clef.
kick, le coup de pied.
to kill, tuer.
kilometre, le kilomètre.
kind, bon, aimable; **kindness,** la bonté.
king, le roi.
kitchen, la cuisine.
to knock, frapper; **to knock down (over),** renverser; **there is a knock at the door,** on frappe à la porte.
to know, savoir (*irr.*); (= *be acquainted with*) connaître (*irr.*).

L

lad, le garçon.
laden with, chargé de.
lady, la dame; **young lady,** la demoiselle.
lake, le lac.
land, la terre; **to land,** à terre.
large, grand.
last (*adj.*), dernier; **last week,** la semaine dernière; **the last train,** le dernier train; **at last,** enfin.
late, tard; (= *after time*) en retard; **it is late,** il est tard; **later,** plus tard.
Latin, la latin.
latter; **the latter,** celui-ci, *f.* celle-ci.
to laugh, rire (*irr.*); **to laugh at,** rire de; **laugh** (*noun*), le rire; **with a laugh** *or* **laughingly,** en riant.
lazy, paresseux.
to lead, mener; conduire (*irr.*).
leader, le chef.
to leap, bondir (*like* finir); sauter.
to learn, apprendre (*like* prendre); **to learn to (do),** apprendre à (faire).
least; **the least,** le moins.
to leave (*a person or place*), quitter; (= *depart*) partir (*conj. with* être); (= *leave behind*) laisser.
left (*adj.*), gauche; **to (on) the left,** à gauche.
left; **I have 100 francs left,** il me reste 100 francs.

lemonade, la limonade.
to lend, prêter.
less, moins.
to let, laisser; **I let them play,** je les laisse jouer; **let us go,** allons.
letter, la lettre.
to lie down, se coucher, s'étendre (*like* vendre).
life, la vie.
light, la lumière; **to light,** allumer.
to like, aimer; vouloir, e.g. **I should like to see,** je voudrais voir.
like, comme; **to be like** (= *resemble*) ressembler à.
line, la ligne; (*of poetry*) le vers.
list, la liste.
to listen (to), écouter, e.g. j'écoute la musique; (= *listen attentively*) prêter l'oreille.
little (*adj.*), petit; **a little** (*quantity*), un peu; **very little,** très peu.
to live (in), habiter, e.g. ils habitent Bordeaux; **to live** (= *exist*), vivre (*irr.*).
lively, vif, *f.* vive.
living; **to earn one's living,** gagner sa vie.
living-room, la salle.
to load, charger; **laden with,** chargé de.
lock, la serrure.
London, Londres.
lonely, solitaire.
long (*adj.*), long *f.* longue.
long (*adv.*), longtemps; **longer** (*time*), plus longtemps; **how long,** combien de temps; **no longer,** ne . . . plus.
to look (at), regarder, e.g. je regarde ces enfants; **to look for,** chercher, e.g. je cherche la clef; **to look up,** lever la tête (les yeux); **to look round,** se retourner; **to look** (= *appear*), paraître (*like* connaître), avoir l'air, e.g. elle a l'air contente.
to loose, lâcher.
lorry, le camion.
to lose, perdre (*like* vendre).
a lot of, beaucoup de; **a lot to do,** beaucoup à faire.

loudly, fort.
to love, aimer.
to lower, baisser.
lucky; **to be lucky**, avoir de la chance.
luggage, les bagages (*m.*).
lump, le morceau.
lunch, le déjeuner; **to (have) lunch**, déjeuner.
lying, couché, étendu.

M

mad, fou, *f.* folle.
magnificent, magnifique.
maid (*servant*), la bonne.
mail (*post*), le courrier.
to make, faire (*irr.*); **that makes me laugh**, cela me fait rire; **that makes me ill**, cela me rend malade; **to make for** (= *go towards*), se diriger vers.
man, un homme.
manager, le directeur.
mansion, le château.
mantelpiece, la cheminée.
many, beaucoup; **how many**, combien; **too many**, trop; **so many**, tant; **as many**, autant.
map, la carte.
March, mars (*m.*).
market, le marché.
marsh, le marais.
marvellous, merveilleux.
master, le maître; (*school*) le professeur.
match; **football match**, le match de football.
mathematics, les mathématiques (*f.*).
matter; **what is the matter?** qu'y a-t-il? qu'est-ce qu'il y a? **what is the matter with you?** qu'avez-vous? qu'est-ce que vous avez?
May, mai (*m.*).
may I (ask)? puis-je (demander)? **you may go**, vous pouvez aller.
mayor, le maire.
meadow, le pré, la prairie.
meal, le repas.

to mean, vouloir dire, e.g. je veux dire que. . . .
meaning, le sens.
meanwhile, pendant ce temps.
meat, la viande.
Mediterranean, la Méditerranée.
to meet, rencontrer.
to mention, parler de.
metre, le mètre.
midday, midi.
middle, le milieu; **in the middle of**, au milieu de.
midnight, minuit.
might, la force, les forces; **with all my might**, de toutes mes forces.
milk, le lait.
million, le million.
millionaire, le millionnaire.
mind the cars! attention aux voitures!
mine (*pron.*), le mien, la mienne, etc.; **a friend of mine**, un de mes amis.
minute, la minute.
miserable, malheureux.
Miss, mademoiselle.
to miss, manquer.
mist, le brouillard, la brume.
mistaken; **to be mistaken, to make a mistake**, se tromper.
mistress, la maîtresse.
moment, le moment, un instant.
Monday, lundi (*m.*).
money, l'argent (*m.*).
month, le mois.
more, plus; **no more, not any more**, ne . . . plus; **more and more**, de plus en plus; **once more**, encore une fois; **some more wine**, encore du vin.
morning, le matin; (*as in* "a busy morning") la matinée.
most (of), la plupart, e.g. la plupart des élèves.
mother, la mère; **Mother** (*fam.*), maman.
motionless, immobile.
motor car, une automobile.
mountain, la montagne.
mouth, la bouche.
to move, bouger; **to move off**, s'éloigner.
movement, le mouvement.

much, very much, beaucoup; how much, combien; too much, trop; so much, tant; as much, autant.

to murmur, murmurer.

music, la musique.

musician, le musicien.

must; I must go, je dois partir; he must have seen me, il a dû me voir.

N

name, le nom; to be named (called), s'appeler; his name is John, il s'appelle Jean.

narrow, étroit.

near, près de; to get near, arriver près de.

nearly, presque; he nearly fell, il faillit (a failli) tomber.

necklace, le collier.

to need, avoir besoin de.

neighbour, le voisin.

neighbourhood, le voisinage, les environs (*m.*).

neither ... nor, ni ... ni ... + ne.

nest, le nid.

never (*alone*), jamais; (*in a sentence*) ne ... jamais.

new, nouveau (nouvel *before a vowel*), *f.* nouvelle; (= *brand new*) neuf, *f.* neuve.

newcomer, le nouveau-venu.

news, les nouvelles (*f.*).

newspaper, le journal (*pl.* -aux).

New York, New-York.

next (*adj.*), prochain; next week, la semaine prochaine; the next day, le lendemain; next (*adv.*), puis; ensuite; next to, à côté de.

nice (*person*), aimable, gentil, *f.* gentille; nice (*thing*), joli.

night, la nuit; last night, cette nuit; last night (= *yesterday evening*), hier soir; nightfall, la tombée de la nuit, la nuit tombante.

nobody (*alone*), personne; (*in a sentence*) ne + personne.

noise, le bruit.

noon, midi.

nothing (*alone*), rien; (*in a sentence*) ne + rien; nothing to do, rien à faire.

to notice, remarquer.

novel, le roman.

November, novembre (*m.*).

now, maintenant; just now, tout à l'heure.

number (*quantity*), le nombre; number (*in a series*) le numéro.

numerous, nombreux.

nurse, une infirmière.

O

to obey, obéir (*like* finir), e.g. nous lui obéissons.

obliged to (do), obligé de (faire).

obvious, évident; obviously, évidemment.

October, octobre (*m.*).

off; to go off, partir (*conj. with* être); s'en aller.

to offer, offrir (*like* ouvrir).

office, le bureau.

officer, un officier.

often, souvent.

oh dear! ma foi!

old, vieux (vieil *before a vowel*), *f.* vieille; âgé; how old is he? quel âge a-t-il? old man, le vieillard.

on, sur.

once, une fois; once more, encore une fois; at once, tout de suite; aussitôt.

one, un(e); one by one, un à un; the one who (which), celui qui. *f.* celle qui.

one (*pron.*), on, e.g. one knows, on sait.

only (*adj.*), seul; only (*adv.*), seulement, ne ... que.

to open, ouvrir (*irr.*).

opinion, un avis, une opinion; in my opinion, à mon avis.

opportunity, une occasion.

opposite (*prep.*), en face de; (*adv.*) en face.

or, ou.

orchard, le verger.

to order, ordonner; (*goods*, etc.) commander.

other, autre.

ought; I ought to stay, je devrais rester; I ought to have stayed, j'aurais dû rester.

ours (*pron.*), le (la) nôtre.

out; to take out, sortir (*conj. with* avoir); to run out, sortir en courant; to get out of (*a conveyance*), descendre de; out of, hors de; out of breath, essoufflé; I look out of the window, je regarde par la fenêtre.

over (= *finished*), fini, terminé; over it (= *on top*), dessus; over there, là-bas.

overall, la blouse.

overcoat, le pardessus.

to overtake, rattraper.

to owe, devoir (*irr.*).

own, propre, *e.g.* mon propre chapeau.

owner, le (la) propriétaire.

P

page, la page.

pain, la douleur.

painter (*artist*), le peintre.

pale, pâle.

palm-tree, le palmier.

paper, le papier.

parcel, le paquet.

parents, les parents (*m.*).

park, le parc.

part, la partie.

to pass, passer; I pass the school, je passe devant l'école.

passenger, le voyageur.

passer-by, le passant.

passport, le passeport.

path, le sentier.

patience, la patience.

patient (*doctor's*), le client; le (la) malade.

pavement, le trottoir.

to pay, payer; I pay for the tickets, je paye les billets.

peace, la paix.

peasant, le paysan.

pen, le porte-plume, la plume.

pencil, le crayon.

penknife, le canif.

people, les gens; French people, les Français; a lot of people, beaucoup de monde.

to perceive, apercevoir (*like* recevoir).

perhaps, peut-être; perhaps you know him, peut-être le connaissez-vous.

to permit, permettre (*like* mettre), *e.g.* je leur permets de sortir.

person, la personne.

personally, personnellement.

photograph, la photographie.

piano, le piano.

to pick (= *gather*), cueillir (*irr.*); to pick up, ramasser.

picture, le tableau.

picturesque, pittoresque.

piece, le morceau; (*of luggage*) la pièce.

pink, rose.

pipe, la pipe.

pity; what a pity! quel dommage! it is a pity that, c'est dommage que + *subj.*

place, un endroit; to place, placer.

'plane (*aeroplane*), un avion.

plant, la plante.

plate, une assiette.

platform (*station*), le quai.

to play, jouer; to play cards, jouer aux cartes; to play tennis, jouer au tennis; to play the violin, jouer du violon.

pleasant, agréable.

to please, plaire (à), *e.g.* vous lui plaisez.

please! s'il vous (te) plaît.

pleased to (do), content de (faire).

pleasure, le plaisir; it gives him pleasure to, cela lui fait plaisir de.

plenty of, beaucoup de.

to plunge, plonger.

pocket, la poche.

poem, le poème.

point; he is on the point of falling, il est sur le point de tomber.

policeman, an agent (de police); le policier; police station, le poste de police.

polite, poli.

pond, la mare, un étang.

to ponder, réfléchir (*like* finir).

poor, pauvre.

porter (*station*), un employé.

portrait, le portrait.

possible, possible.

post, la poste; **to post a letter,** mettre une lettre à la poste; **postman,** le facteur; **postal worker,** le postier; **post office,** le bureau de poste; **postcard,** la carte postale; **postage stamp,** le timbre-poste, *pl.* les timbres-poste.

potato, la pomme de terre, *pl.* les pommes de terre.

pound, la livre.

powerful, puissant.

prank, la farce; **we play pranks on him,** nous lui faisons des farces.

precious, précieux.

to prefer, préférer, aimer mieux; **I prefer to stay,** je préfère (j'aime mieux) rester.

to prepare, préparer.

present, le cadeau.

to present oneself, se présenter.

at present, à présent, en ce moment.

to pretend to (do), faire semblant de (faire).

pretty, joli.

to prevent, empêcher, e.g. je l'empêche de sortir.

price, le prix.

priest, le prêtre.

prison, la prison; **prisoner,** le prisonnier.

probable, probable; **probably,** probablement.

problem, le problème.

to promise, promettre (*like* mettre); **to promise to (do),** promettre de (faire).

proprietor, le (la) propriétaire; (*of café*) le patron.

to prove, prouver.

provided (that), pourvu que + *subj.*

to pull (out), tirer, retirer.

punch, le coup de poing.

to punish, punir (*like* finir).

pupil, un(e) élève.

to pursue, poursuivre (*like* suivre).

to push, pousser.

to put, mettre (*irr.*); **to put on,** mettre; **to put up** (= *raise*), lever; **to put down,** poser; **to put out** (= *extinguish*), éteindre (*like* craindre).

Q

quarter, le quart; **quarter of an hour,** le quart d'heure.

queen, la reine.

question, la question; **to ask a question,** poser une question; **it is a question of,** il s'agit de (agir *like* finir); **to question,** questionner, interroger.

quickly, vite.

quiet, tranquille, calme; (= *silent*) silencieux; **to be (become) quiet,** se taire (*irr.*); **quietly,** tranquillement.

quite, tout à fait.

R

rabbit, le lapin.

radio, la radio; la T.S.F. (télégraphie sans fil).

rain, la pluie; **to rain,** pleuvoir (*irr.*); **it rains,** il pleut; **it was raining,** il pleuvait; **it has rained,** il a plu; **it will rain,** il pleuvra.

to raise, lever.

rapid, rapide.

rare, rare.

rat, le rat.

rather, assez.

ray, le rayon.

to reach, arriver à; gagner.

to read, lire (*irr.*).

ready to (do), prêt à (faire).

to realize, comprendre; se rendre compte (de).

really, rèellement, vraiment; **really!** vraiment! pas possible!

to reappear, reparaître (*like* connaître).

to receive, recevoir (*irr.*).

to recognize, reconnaître (*like* connaître).

red, rouge.

to redden, rougir (*like* finir).

to reflect, réfléchir (*like* finir).

to refuse to (do), refuser de (faire).

relation, relative, le parent.

to remain, rester (*conj. with* être).

to remember, se souvenir (*like* venir), e.g. je me souviens de son nom; se rappeler, e.g. je me rappelle son nom.

to repeat, répéter.

to reply, répondre (*like* vendre).

responsibility, la responsabilité.

rest (= *remaining portion*), le reste; rest (= *the others*) les autres.

to rest, se reposer.

restaurant, le restaurant.

to retort, répliquer.

to retreat, reculer.

return, le retour; to return (= *go back*), retourner (*conj. with* être); (= *come back*) revenir (*conj. with* être).

rich, riche.

to rid of, débarrasser de.

right (*side*), droit; on (to) the right, à droite; to be right, avoir raison.

to ring, sonner.

river, la rivière.

Riviera (French), la Côte d'Azur.

road (*in country*), la route, le chemin; (*in town*) la rue; by the road-side, au bord de la route.

robber, le voleur.

Rome, Rome.

roof, le toit.

room (*downstairs*), la salle; (= *bedroom*) la chambre; (*any room*) la pièce; room (= *space*), la place.

rotten (*term of abuse*), sale.

round (*prep.*), autour de; we go round the shops, nous faisons le tour des magasins.

to rub, frotter.

rude, impoli.

ruler, la règle.

to run, courir (*irr.*); to run away, se sauver; to run in, entrer en courant; to run out, sortir en courant; to run back, retourner en courant; to run up, monter en courant; to run down, descendre en courant; to run over (= *crush*), écraser.

to rush, se précipiter, s'élancer.

S

sad, triste; sadly, tristement.

sailor, le marin.

salesman, le vendeur.

salt, le sel.

same, même.

satisfied, satisfait.

Saturday, samedi (*m.*).

saucepan, la casserole.

to save, sauver.

to say, dire (*irr.*).

Scotland, l'Ecosse (*f.*).

sea, la mer; by the sea(-side), au bord de la mer; sea-front, l'esplanade (*f.*).

to search, chercher.

seated, assis.

second (*of time*), la seconde; second (*adj.*), deuxième, second.

secret, le secret.

secretary, le (la) secrétaire.

to see, voir (*irr.*); (= *perceive*) apercevoir (*like* recevoir).

to seem, sembler; he seems to think, il semble croire; it seems to me that, il me semble que.

to seize, saisir (*like* finir).

seldom, rarement.

to sell, vendre.

to send, envoyer (*fut.* j'enverrai); to send back, renvoyer; to send for, envoyer chercher, e.g. je l'envoie chercher.

sentence, la phrase.

September, septembre (*m.*).

serious, sérieux; seriously, sérieusement.

servant, le (la) domestique.

serviette, la serviette.

to set off, partir (*conj. with* être); to set off again, repartir; to set (*of the sun*), se coucher, e.g. le soleil s'est couché; setting sun, le soleil couchant.

several, plusieurs (*m. and f.*).

to shake, secouer; I shake hands with him, je lui serre la main; we shake hands, nous nous serrons la main.

sharp (*tone*), sec, e.g. d'un ton sec; sharply (*tone*), sèchement.

to shave, se raser.

sheep, le mouton.

to shine, briller.
ship, le navire.
to shoot, tirer.
shop (*small*), la boutique; (= *store*) le magasin; shopkeeper, le marchand, *f.* la marchande.
short, court.
shot, le coup de feu.
shout, le cri; to shout, crier.
to show, montrer.
to shut fermer; to shut up (in), enfermer.
shutter, le volet, le contrevent.
sick, malade.
side, le côté; on one side, d'un côté.
to sign to, faire signe à.
silly, stupide.
since (= *from*), depuis; since (= *for the reason that*) puisque.
to sing, chanter.
single; there is not a single car, il n'y a pas une seule voiture, il n'y a aucune voiture.
sinister, sinistre.
sir, monsieur.
sister, la sœur.
to sit (down), s'asseoir (*irr.*); to sit down at table, se mettre à table; sitting, assis; I was sitting, j'étais assis.
situated, situé.
sky, le ciel.
to slam a door, fermer une porte avec bruit.
sleep, le sommeil; to sleep, dormir (*irr.*); (= *spend the night*) coucher; to go to sleep, s'endormir.
slightest, le (la) moindre.
to slip, glisser; he slipped into the room, il se glissa dans la chambre.
slipper, la pantoufle.
slow, lent; slowly, lentement; to slow down, ralentir (*like* finir).
small, petit.
to smash, briser, casser.
to smile, sourire (*like* rire); smile (*noun*), le sourire.
to smoke, fumer.
snake, le serpent.
snow, la neige; to snow, neiger.

so, si, e.g. si beau; so (= *therefore*), donc; so much (many), tant; so that (= *in order that*), pour que + *subj.*
soldier, le soldat; (= *military man*) le militaire.
some (*before noun*), du, de la *or* des; some (*pron.*), en, e.g. j'en ai; some of the children, quelques-uns des enfants; somebody, someone, quelqu'un; something, quelque chose; some time, quelque temps; sometimes, quelquefois; sometimes . . . sometimes . . ., tantôt . . . tantôt . . .; somewhere else, ailleurs.
son, le fils.
soon, bientôt; so soon, si tôt; as soon as, dès que, aussitôt que; as soon as possible, aussitôt que possible.
sorry; to be sorry, regretter; to be sorry to (do), regretter de (faire); to be sorry that, regretter que + *subj.*
sort, la sorte.
sound, le bruit; (*of bells*, etc.) le son.
to speak, parler.
spectacles, les lunettes (*f.*).
spectator, le spectateur.
speed, la vitesse.
to spend (*time*), passer; to spend one's time (doing), passer son temps à (faire).
spot (= *place*), un endroit.
spring, le printemps; in spring, au printemps.
square (*open space*), la place.
stairs, l'escalier (*m.*).
stamp, le timbre.
to stand, se tenir (*irr.*); standing, debout.
to start to (do), commencer à (faire), se mettre à (faire).
station, la gare.
statue, la statue.
to stay, rester (*conj. with* être).
to steal, voler; to steal from, voler à, e.g. il leur vole des pommes.
step, la marche.
stick, le bâton.
to stick, coller.

still, encore, toujours.
to stir, bouger.
stomach, le ventre.
stone, la pierre; (= *pebble*) le caillou (*pl.* -x).
to stop, (s')arrêter; **I stop writing,** je m'arrête d'écrire.
story, une histoire.
straight, droit; **to go straight on,** aller tout droit.
strange, étrange.
stream, la rivière.
street, la rue.
to stretch out, étendre (*like* vendre).
to strike (*of clocks*), sonner.
string, la ficelle.
strong, fort.
student, un étudiant.
stupid, stupide.
to succeed, réussir (*like* finir); **to succeed in (doing),** réussir à (faire).
such, tel, *f.* telle; **such a man,** un tel homme; **such a fine house,** une si belle maison.
suddenly, tout à coup; soudain, subitement.
sugar, le sucre.
suit, le costume, le complet.
suitcase, la valise.
sum, la somme.
summer, l'été (*m.*); **in summer,** en été.
summit, le sommet.
sun, le soleil; **in the sun,** au soleil; **the sun sets,** le soleil se couche; **setting sun,** le soleil couchant.
Sunday, dimanche (*m.*).
supper, le souper.
to suppose, supposer.
sure, sûr, certain.
surprise, la surprise, l'étonnement (*m.*).
to surprise, surprendre, étonner; **surprising,** surprenant, étonnant; **I am surprised to see,** je suis surpris (je m'étonne) de voir.
to surrender, se rendre (*like* vendre).
to surround, entourer; **surrounded by,** entouré de.
suspicious, suspect.
to sweep, balayer.

sweet, le bonbon.
to swim, nager.
system, le système.

T

table, la table; **to sit down at table,** se mettre à table.
tail, la queue.
to take, prendre (*irr.*); **to take** (*a person*), mener, emmener; **to take** (= *bear, carry*), porter; (= **transport**) transporter; **to take** (*time*), demander, e.g. ce voyage demande quatre heures; **to take from,** prendre à, e.g. je lui prends le livre; **to take away,** emporter; **to take off,** ôter, enlever; **to take out,** sortir (*conj. with* avoir); **to take up,** monter (*conj. with* avoir).
tall (*person*), grand; (*thing*) haut.
taxi, le taxi.
tea, le thé.
to teach, apprendre, e.g. je lui apprends à conduire.
teacher, le professeur.
tear (*of eye*), la larme.
to telephone, téléphoner.
television, la télévision.
to tell, dire (*irr.*), e.g. je lui dis de sortir; **to tell** (= *relate*), raconter.
temper; **in a temper,** en colère; **in a bad temper,** de mauvaise humeur.
tennis, le tennis; **to play tennis,** jouer au tennis.
terrible, terrible, affreux.
to thank (for), remercier (de); **thanks, thank you,** merci; **thank you very much,** merci beaucoup.
theatre, le théâtre.
them, les, e.g. je les ai; **to them,** leur, e.g. je leur écris; **with them,** avec eux (elles).
then (= *next*), puis; (= *afterwards*) ensuite; (= *at that time*) alors; **just then,** à ce moment-là.
there, y, e.g. il y est; là, e.g. il est là; **there is (are),** il y a; **there is, there are** (*pointing out*), voilà; **there he is!** le voilà! **in there,** là-dedans.

therefore, donc.

these (*adj.*), ces; these (*pron.*), ceux-ci, *f.* celles-ci.

thief, le voleur.

thin, maigre.

thing, la chose.

to think, croire (*irr.*), penser; (= *reflect, ponder*), réfléchir (*like* finir); to think about (of), penser à; to think over, réfléchir à; to think of (= *have an opinion of*), penser de.

thirsty; to be thirsty, avoir soif; to be very thirsty, avoir grand'soif (très soif).

those (*adj.*), ces; those (*pron.*) ceux-là, *f.* celles-là.

though; as though, comme si.

a thousand, mille; five thousand, cinq mille; thousands of, des milliers de.

through, à travers; to get through, traverser.

to throw, jeter.

Thursday, jeudi (*m.*).

ticket, le billet; theatre ticket, le billet de théâtre.

tide, la marée.

tie, la cravate.

time, le temps; (*by the clock*) l'heure; from time to time, de temps en temps; at the same time, en même temps; in time, à temps; in an hour's time, dans une heure; to have time to (do), avoir le temps de (faire); to have a good time, s'amuser bien; to spend one's time (doing), passer son temps à (faire); time (= *occasion*), la fois; many times, bien des fois.

time-table, un horaire.

tin, la boîte.

tip, le pourboire.

to tire oneself, se fatiguer; tired, fatigué; tiring, fatigant.

to-day, aujourd'hui.

together, ensemble.

tomato, la tomate.

tomorrow, demain.

tone, le ton; in that tone, sur ce ton.

too, trop; (= *also*) aussi.

tooth, la dent.

to touch, toucher.

tourist, le touriste.

towards, vers.

tower; church tower, le clocher (de l'église).

town, la ville; in(to) town, en ville; Town Hall, l'hôtel de ville.

traffic, la circulation.

train, le train.

travel, le voyage; to travel, voyager; traveller, le voyageur.

tree, un arbre.

to tremble (with), trembler (de).

trip, la promenade, le voyage.

trousers, le pantalon.

true, vrai; truly, vraiment.

trunk (*baggage*), la malle.

truth, la vérité; to tell the truth, dire la vérité.

to try, essayer; to try on, essayer; to try to (do), essayer de (faire).

Tuesday, mardi (*m.*).

to turn, tourner; to turn (look) round, se retourner; to turn to, se tourner vers.

U

umbrella, le parapluie.

unbearable, insupportable.

uncle, un oncle.

under, sous.

to understand, comprendre (*like* prendre); to make oneself understood, se faire comprendre.

to undress, se déshabiller.

unfair, injuste.

unfortunately, malheureusement.

unhappy, malheureux.

United States, les États-Unis.

unless, à moins que + ne *before verb in subj.*

until (*prep.*), jusqu'à; until (*conj.*), jusqu'à ce que + *subj.*

unwell, souffrant, malade.

unwise, imprudent.

up; to go (come) up, monter (*conj. with* être); to run up, monter en courant; to take up, monter (*conj. with* avoir); to shut up (in), enfermer.

to upset, fâcher, ennuyer, contrarier.

to use, employer; se servir de.

as usual, comme d'habitude; usually, d'habitude, généralement.

to utter a cry (yell), pousser un cri.

V

valley, la vallée.

vegetable, le légume.

Venice, Venise.

very, très.

villa, la villa.

village, le village.

violin, le violon.

visit, la visite; to visit, visiter; (= *call on*) rendre visite à; visitor, le visiteur, *f.* la visiteuse.

voice, la voix.

W

to wait (for), attendre (*like* vendre); I wait for my friend, j'attends mon ami.

waiter, le garçon.

to wake up, s'éveiller, se réveiller; to waken, éveiller, réveiller.

walk, la promenade; to go for a walk, se promener, faire une promenade; to walk, marcher; (*for pleasure*) se promener; (= *go on foot*) aller à pied; to walk away, s'éloigner.

wall, le mur.

wallet, le portefeuille.

to want, vouloir (*irr.*), désirer, e.g. je veux (désire) rester.

warm, chaud; it (the weather) is warm, il fait chaud; I am warm, j'ai chaud.

to wash, (se) laver.

to waste, perdre (*like* vendre); to waste one's time (doing), perdre son temps à (faire).

watch, la montre.

to watch, regarder.

water, l'eau (*f.*); *pl.* les eaux.

wave, la vague.

way (= *road*), le chemin; (= *manner*) la manière; to make one's way toward, se diriger vers; by the way, à propos.

wealthy, riche.

to wear, porter.

weary, las, *f.* lasse.

weather, le temps; the weather is warm, il fait chaud.

Wednesday, mercredi (*m.*).

week, la semaine.

to weep, pleurer.

well, bien; well (*beginning speech*), eh bien.

what do you say? que dites-vous? qu'est-ce que vous dites? I know what you think, je sais ce que vous pensez; what! (*exclam.*) comment!

when, quand; lorsque (*not in questions*).

where, où.

while, pendant que; while eating, en mangeant.

whilst, tandis que.

to whisper, chuchoter, murmurer.

white, blanc, *f.* blanche.

whole, entier, *f.* entière.

whose book is this? à qui est ce livre?

why, pourquoi.

wide, large.

widow, la veuve.

wife, la femme.

wild (*not tame*), sauvage.

will you come in? voulez-vous entrer?

willing; I am willing to come, je veux bien venir.

to win, gagner; winning, gagnant.

wind, le vent.

window, la fenêtre.

wine, le vin.

wing, une aile.

winter, l'hiver; in winter, en hiver.

to wipe, essuyer.

to wish, vouloir (*irr.*), e.g. je veux sortir.

with, avec; what does he do with his money? que fait-il de son argent?

to withdraw, se retirer.

without, sans; without seeing, sans voir.

woman, la femme.

to wonder, se demander.

wonderful, merveilleux.

wood, le bois.

word, le mot; (= *pledged word, promise*) la parole.

work, le travail; to work, travailler; to work hard, travailler dur (ferme).

workman, un ouvrier.

wretched, misérable.

to write, écrire (*irr.*).

writing, l'écriture(*f.*).

wrong; to be wrong, avoir tort.

Y

yard (*enclosed area*), la cour; yard (*measure*), *use* le mètre.

year, un an, une année; many years, bien des années.

yell, le cri.

yes, oui; si (*after negative question*).

yesterday, hier; yesterday evening, hier soir.

yet, encore; (= *however, nevertheless*) pourtant.

young, jeune; young lady, la demoiselle.

INDEX TO THE GRAMMAR AND
GRAMMATICAL EXERCISES

The paragraph numbers (§ 8, § 52, etc.) refer to the paragraphs of Section V (*Grammar*). The ensuing reference indicates where the topic is dealt with in Section III (*Exercises in Grammar and Composition*). Thus 4 A means that the point comes up in Lesson 4, Exercise A.